Robert LeFaouët

Roter Saft

Henriette Courgette (1): Blutdoping

Robert LeFaouët

Roter Saft

Henriette Courgette (1): Blutdoping

Roman

ISBN 978-3-384-17390-4

tredition

Oliven

Lektorat von: Susanne Reeck
Coverdesign von: Robert LeFaouët
Satz & Layout von: Harald Hoos
Covergrafik von: DEMedBook
Druck und Distribution im Auftrag des Autors:
tredition GmbH, Heinz-Beusen-Stieg 5, 22926 Ahrensburg, Germany

Für Azmera und Lars

Kapitel 1

— Frankfurt, Freitag/Samstag, 24./25.1.2014

Die Sportkarriere von Lars Schübel hatte bislang einen ziemlich geradlinigen Verlauf genommen. Er hatte sich im besten Nachwuchsalter gegen Golf und für Fußball entschieden. Sein Zuhause war in Dillingen, und bis zum Saarbrücker Golfclub war es mit dem Auto seiner wohlhabenden Eltern nur eine Viertelstunde gewesen. Der Saarländische Golfverband hatte um ihn gekämpft, aber verloren. Im Nachhinein war Lars sich nicht mehr sicher, warum er sich für den Fußball entschieden hatte.

Seine Eltern hatten eine gut gehende Buchladenkette mit Läden im Saarland und in der Pfalz. Er las wirklich gerne, und das Buchgeschäft schien ihm ziemlich interessant zu sein. Möglicherweise ging es bei seiner Entscheidung für die Fußballprofikarriere vor allem um eine Abgrenzung von der elterlichen finanziellen Versorgung nach seinem Abitur und auch von seiner älteren Schwester Kathi, die sich mit einem BWL-Studium auf die Nachfolge ihrer Eltern vorbereitete.

Über Engagements in Saarbrücken und Kaiserslautern war er mittlerweile seit zwei Jahren im Kader eines mittelklassigen, aber aufstrebenden Erstligavereins. Seine Eltern hatten ihm diese Entscheidung nicht übel genommen und unterstützten ihn weiterhin emotional. Er war 25 Jahre alt und fühlte sich finanziell unabhängig.

Jetzt war er enttäuscht. Es war Freitagabend, und nach dem letzten Training der Winterpause war klar, dass er am Samstag wieder nur auf der Ersatzbank sitzen würde. Das hatte ihm der Trainer unmissverständlich mitgeteilt.

Bislang hatte er sich auf seinen Körper verlassen können. Er war knappe 190 cm groß und hatte gute und vor allem schnelle Muskeln. Zumindest war es immer so gewesen, dass es in der Mannschaft, in der er gerade spielte, kaum jemanden gab, der ihm auf 20 Metern wirklich folgen konnte.

Vor drei Monaten hatte er sich jedoch eine Oberschenkelverletzung zugezogen, die alles veränderte. Beim Sprinttraining hatte es plötzlich einen heißen Schmerz in der Muskulatur gegeben, und an den Folgen litt er noch immer. Seine Leistungen hinkten seitdem den Anforderungen des Trainers hinterher. Vor dieser Verletzung hatte er wie selbstverständlich zur Grundaufstellung gehört.

Es müsste doch aber möglich sein, nach einer kleinen Verletzung in vertretbarer Zeit wieder in Form zu sein, oder? Die Sportmediziner und Physiotherapeuten seines Vereins gaben sich alle Mühe und rieten zu Geduld.

Ich verstehe den Trainer, dachte er, ich bin ja selbst nicht mit meinen Leistungen zufrieden. Beim letzten Treffen hatte sein Berater vorgeschlagen, einen Spezialisten zu konsultieren, der sich mit solchen Problemen bestens auskennen würde. Dieser Mediziner habe von einer Kur gesprochen, die nicht von der Krankenkasse bezahlt werde und circa 10.000 Euro kostete. Der Berater meinte, dass sich die Investition lohnen würde.

Am nächsten Morgen fühlte Lars sich gut. Es war Samstag, und um 15:30 Uhr sollte das Spiel gegen den Hamburger SV angepfiffen werden. Er würde zwar zum Anpfiff nur auf der Bank sitzen, aber er hoffte auf seine Einwechslung im Spielverlauf.

Als er während des Frühstücks seine E-Mails checkte, gab es eine kurze Mitteilung seines Beraters mit einem sehr konkreten Terminvorschlag für die Spezialbehandlung. Er sollte morgen früh, also am Sonntag, von Frankfurt nach Madrid fliegen und dort um zwölf Uhr am Flughafen abgeholt werden. Dann würde er von »Dr. Enrico«, wie es hieß, untersucht werden, und es könne eine passende Therapie begonnen werden. Der Rückflug würde noch am selben Abend erfolgen.

Aber er musste dem Trainer seine Abwesenheit erklären, der darauf bestand, dass am Sonntag, also direkt nach dem Spieltag, eine Trainingseinheit zur Verbesserung der Regeneration und zur gemeinsamen Analyse des vergangenen Spiels durchgeführt wurde.

Die Mannschaft traf sich um zwölf Uhr auf dem Vereinsgelände. Lars überlegte, wann er am besten mit dem Trainer sprechen sollte. Nach dem Spiel ging es meistens ziemlich hektisch zu, weil Fernsehen und Rundfunk den Coach in Beschlag nahmen. Es war nicht sicher, ob er dann überhaupt ein persönliches Gespräch mit ihm führen könnte. Deshalb entschied er sich, es schon vor dem Spiel zu versuchen.

Die Chance ergab sich beim Einsteigen in den Bus, der sie ins Stadion bringen würde. Der Trainer stand mit dem Physiotherapeuten vor der geöffneten Gepäckklappe des Busses. Lars bat ihn um ein kurzes Gespräch unter vier Augen, was den Physiotherapeuten dazu bewegte, seinen Sitzplatz im Inneren des Busses aufzusuchen. Lars teilte seinem Trainer dann mit, dass er wegen seiner offensichtlich andauernden Leistungsdefizite neben den Vereinsmedizinern auch andere Spezialisten aufsuchen und deshalb morgen nicht am Training teilnehmen wolle. Das war kein Problem, er bekam sofort frei.

Das Spiel lief nicht gut. Zur Halbzeit stand es 1:1. Alfons, der auf Lars‘ Position spielte, überzeugte nicht wirklich. Er machte einige haarsträubende Fehler, und Lars rechnete damit, dass er in der zweiten Halbzeit eingesetzt würde. Aber er irrte sich. In der Halbzeit wurde zwar die Taktik verändert, personell blieb aber alles beim Alten. Auch nach dem 2:1 für den Hamburger SV wurde er nicht eingewechselt, obwohl Alfons an diesem Gegentor eine erhebliche Mitschuld hatte.

— Madrid, Sonntag, 26.1.2014

In Madrid wurde Lars pünktlich abgeholt. Der Service war angenehm. Dr. Enrico war ein mittelgroßer, schlanker Mittvierziger mit dunklen Haaren und grauen Schläfen. Er und seine Praxis machten einen professionell-sympathischen Eindruck. Nach einer ausgiebigen Diagnostik mit verschiedenen Geräten, die Lars im Detail nicht einordnen konnte, aber auch mit manuellen Verfahren, die von Valentina, einer attraktiven Mitarbeiterin von Dr. Enrico, durchgeführt wurden, bekam er zwei Spritzen. Anschließend sollte es ein Abschlussgespräch mit Dr. Enrico geben.

Es war 15 Uhr, und er saß in einem Warteraum, der ein wenig wie eine VIP-Lounge eingerichtet war. Natürlich gab es WLAN, und natürlich gab es eine Bar, an der sowohl Kaffeespezialitäten als auch eine Auswahl gängiger Whiskys und anderer hochprozentiger Getränke verfügbar waren. Eine beschränkte, aber exklusive Weinkarte und einige kleine Speisen rundeten das Angebot ab. Er nahm einen Espresso und zwei Croissants, sah sich seine E-Mails an und bemerkte dann einen international bestückten Zeitungsständer. Er scannte wie gewohnt die großen Überschriften und stolperte über die Meldung der »NZZ«, dass sich der Verdacht systematischen Dopings in der russischen Fußballnationalmannschaft erhärtet habe. Also nicht nur Wintersport, sondern auch Fußball, eigentlich kein Wunder, dachte Lars.

Er fand es merkwürdig, dass diese Zeitschrift hier auslag. Ihm war sehr bewusst, dass er genau auf dem Weg war, seine fußballerische Leistungsfähigkeit medizinisch verbessern zu lassen, und dass es ihm ziemlich egal war, ob er damit irgendwelche Regeln missachten würde. Soweit er wusste, taten dies viele seiner Kollegen, und er betrachtete den Vorgang als relativ normal.

Es war ihm allerdings klar, dass sein Besuch in Madrid und diese medizinische Intervention so weit wie möglich unter dem Deckel bleiben sollten. Er las den Artikel nicht wirklich, sondern driftete gedanklich in seine persönliche Situation ab, und es wurde ihm noch klarer, dass er sich jetzt auf gefährlichem Terrain bewegte. Er nahm sich vor, alle Fragen mit Dr. Enrico zu besprechen.

Es kam anders. Dr. Enrico erklärte Lars in gutem Englisch: »Wir haben einige Defizite bei Ihnen festgestellt, aber mit den beiden Spritzen, die Sie bekommen haben, sind Sie auf einem guten Weg. In den nächsten sechs Wochen sollten Sie morgens und abends je eine der grünen Tabletten einnehmen, abends zusätzlich eine der roten und eine der gelben Tabletten. Die grünen Tabletten sind leistungswirksam, die roten und gelben Tabletten sollen verhindern, dass Sie bei Kontrollen auffallen. Die Tabletten gebe ich Ihnen mit. Sie werden damit am Flughafen keine Probleme haben.«

Dann übergab er Lars eine kleine schwarze Plastikbox, verabschiedete sich und wünschte ihm einen guten Rückflug.

Lars hatte seine Fragen nicht gestellt. Eine Mitarbeiterin begleitete ihn zu einem wartenden Taxi, das ihn zum Flughafen brachte. Die Taxirechnung musste er nicht bezahlen.

— Saarbrücken, Montag, 25.7.2016

Arne Fischer staunte nicht schlecht. Da lief diese Frau jetzt schon über zehn Runden 400-Meter-Zeiten, von denen seine Athletinnen nur träumen konnten. Aber es war ja auch keine saarländische Nachwuchsläuferin, sondern Azmera Yifter, eine äthiopische Spitzenläuferin, die hier am Olympiastützpunkt seit einigen Monaten mit anderen äthiopischen Läuferinnen trainierte.

Er saß außerhalb des Laufbahn-Areals – der Begriff »Stadion« wäre dann doch übertrieben – auf einem Stein, tat wie ein unbeteiligter Zuschauer und stoppte die Rundenzeiten dieser Spitzenläuferin mit einer Stoppuhr, die er unter der linken Kniekehle verbarg. Kein Trainer ließ sich gerne in die Karten gucken, das war ihm klar, aber er war nun einmal sehr wissbegierig und wollte sich hier etwas abgucken.

Nach einiger Zeit verließ er seinen Platz und ging zurück in Richtung seines Trainerbüros. Er hatte jetzt mal wieder herausgefunden, dass diese Läuferin sehr gut war, aber das war nicht besonders originell. Das war sie auch schon in den Monaten zuvor gewesen. Jetzt würde er eher behaupten, dass sie außerirdisch gut war, mehr würde er jedoch mit seiner Spionagetätigkeit nicht entdecken können. Es hätte ihn schon sehr interessiert, wie ihr Training aufgebaut war. Aber die Trainingspläne im Hochleistungssport wurden leider nicht veröffentlicht.

Ihr Management hatte mit dem Olympiastützpunkt und dem Landessportbund vereinbart, dass sie zusammen mit einigen anderen jüngeren Läuferinnen das Trainingsgelände, vor allem die Laufbahn und einen Kraftraum, im Zeitraum von April bis September nutzen konnte. Sie wollte sich hier auf die Olympischen Spiele in Rio de Janeiro vorbereiten. Ihre jüngeren Kolleginnen sollten von hier zu den lukrativen Wettkämpfen in Europa reisen. Sie selbst würde nur bei einigen wenigen Wettkämpfen zur speziellen Vorbereitung starten. Die Läuferinnen wohnten allerdings nicht in den Sportlerunterkünften des Olympiastützpunktes. Physiotherapeutische und medizinische Betreuung waren ebenfalls nicht Gegenstand der Übereinkunft.

Vor dem »Sportlertreff«, dem örtlichen Restaurant, stieß Arne Fischer auf seinen Chef Dr. Michael Klein, den Leiter des Olympiastützpunktes.

»Hallo, Michael, ich habe gerade unsere Gastsportlerin trainieren sehen, das ist immer wieder beeindruckend.«

»Hallo, Arne, ja, stimmt, sehr beeindruckend. Sie könnte in Rio am 12. August gute Chancen haben.«

»Ach, am 12. ist das 10.000-Meter-Finale? Aber ja, das kann ich mir gut vorstellen, wenn ich sie so laufen sehe. Wie ist es denn eigentlich dazu gekommen, dass Azmera Yifter bei uns trainiert? Und was bewegt sie dazu, sich gerade in Saarbrücken auf Rio vorzubereiten?«

»Es gab eine offizielle Anfrage vom Äthiopischen Leichtathletik-Verband, ob Azmera Yifter mit anderen jungen Läuferinnen hier trainieren könne. Dann tauchte auch Benny Wilders hier auf, aber das ist ja kein Wunder. Es ist bekannt, dass Azmera Yifter zu seinem Stall gehört. Er unterstützt den Äthiopischen Leichtathletik-Verband finanziell.«

»Okay, aber wer ist Benny Wilders?«

»Na, das wundert mich jetzt aber, dass du den nicht kennst. Immerhin gehört er zu den einflussreichsten Managern in der internationalen Leichtathletik.«

»Aber ja, natürlich, dieser Wilders. Ich bin über den Vornamen ›Benny‹ gestolpert, den kannte ich nicht. Was hast du denn mit dieser Person zu tun?«

»Eigentlich gar nichts, außer dieser aktuellen Geschichte.«

»Sag mal, Michael, hältst du es für möglich, dass meine Mädels mal eine Trainingseinheit mit Azmera Yifters Gruppe zusammen machen könnten? Vielleicht nach den Olympischen Spielen?«

»Keine Chance. Azmera Yifter und ihre Gruppe werden regelrecht abgeschottet, und am liebsten wäre es ihnen, wenn der Trainingsplatz gesperrt werden könnte, während sie trainieren. Das habe ich ihnen allerdings ausgeredet. Aber noch einmal: Da hast du keine Chance.«

Michael Klein ging weiter in den »Sportlertreff«, um einen kleinen Nachmittagsimbiss zu sich zu nehmen. Arne Fischer nahm die Treppe hinauf zu seinem Büro und verbrachte den Rest des Arbeitstages mit einem Antrag zur Finanzierung eines Trainingslagers für seine Nachwuchsathletinnen im kommenden Frühjahr.

Kapitel 2

— Saarbrücken, Samstag, 10.9.2016

Das Kammermusik-Konzert hatte allen sehr gut gefallen. Anschließend gingen sie noch zum St. Johanner Markt, um im »Gemmel« zu essen und über die Leistungen der Musiker zu sprechen. Henriette Courgette liebte Klassik, Jazz konnte sie auch genießen. Weil es auch am Abend noch warm war, saßen sie vor dem Restaurant an einem Tisch, der gerade frei geworden war. Sie bestellten und prosteten sich mit Sauvignon blanc und Grauburgunder zu.

Sie waren zu dritt im Konzert gewesen, Henriette, ihre neue Freundin Roberta Miltrat sowie Dr. Karl Limbach, den Henriette schon seit Ewigkeiten kannte und der für sie mehr als ein guter Freund war.

Henriette war schlank mit der Tendenz zur Knabenhaftigkeit. Dieser Eindruck wurde durch ihre schwarze Kurzhaarfrisur noch unterstrichen. Roberta war ebenfalls schlank, aber mit sehr deutlichen weiblichen Konturen und dunkelblonden mittellangen Locken. Beide trugen leichte Sommerkleider, und Karl fühlte sich in Gegenwart dieser beiden attraktiven Frauen wohl, obwohl Roberta eigentlich als Konkurrentin zu verstehen gewesen wäre. Er hatte seinen Leinen-Blazer über den Stuhl gehängt und empfand ein leichtes Bedauern, dass er nicht ebenso luftig angezogen sein konnte wie seine beiden Begleiterinnen.

Nachdem sie bestellt hatten, fragte er nach ihren Konzerteindrücken. Roberta war besonders vom Cellisten angetan.

»Tja, wirklich ein attraktiver Musiker«, meinte Henriette und lachte laut los.

Roberta schaute sie gespielt beleidigt an. »Ich meine das rein musikalisch, wie du dir denken kannst.«

Karl hörte sich das Geplänkel an und beschloss dann, noch eins draufzusetzen. »Mir persönlich hat die Pianistin am besten gefallen, übrigens auch musikalisch.«

Jetzt mussten alle lachen, und es folgte eine etwas ernsthaftere Auseinandersetzung mit dem vergangenen Konzert.

Das Essen und die zweite Runde Wein kamen. Nach einer kurzen Pause fragte Karl Roberta, wie es denn bei ihr im Job aussehe. Sie antwortete etwas zurückhaltend, dass das Landespolizeipräsidium zurzeit vorrangig mit den Banden beschäftigt sei, die für den Großteil der Wohnungseinbrüche in den letzten Monaten verantwortlich gemacht würden.

»Ich habe mir da auch schon Gedanken gemacht«, sagte Karl. »Was kann man denn als Wohnungseigentümer präventiv tun?«

»Das hängt von der Gebäudesituation ab. Wie wohnst du denn?«

»Es ist eine Maisonettewohnung mit Balkon in der dritten und vierten Etage in der Nauwieser Straße.«

»Die Balkone finde ich nicht besonders gefährlich, das ist bei ebenerdigen Terrassen oder Erdgeschossbalkonen anders. Aber die Wohnungstür sollte schon sicher sein.«

»Und was heißt das?«

»Das heißt mindestens RC2-Standard, prüfe das mal für deine Tür. Da müsste ein entsprechender Aufkleber zu finden sein.«

Und zu Henriette gewandt sagte sie:

»Das solltest du übrigens auch mal checken.«

Henriette schaute zur Seite und murmelte so etwas wie: »Ach, wirklich?«

Dann drehte sich die Unterhaltung in erster Linie um Debussy, seine Pentatonik und Ganztonskalen. Während

Henriette eher meinte, man müsse nicht alles verstehen, verstrickten sich Roberta und Karl in eine Diskussion, die auch so interpretiert werden konnte, dass es darum ging zu zeigen, wer mehr über Debussy und seine Kompositionen wusste. Karl war rhetorisch brillant. Es war kaum zu entschlüsseln, ob er wirklich so viel über Debussy wusste oder einfach nur gnadenlos gut argumentierte. Dabei sprach er sehr zurückhaltend.

Henriette sah ihn von der Seite an und freute sich. Die große Gestalt saß vornübergebeugt und war offensichtlich völlig gefangen in dem Gespräch mit ihrer Freundin. Henriette zog sich etwas zurück. Sie hatte den Eindruck, dass es halbwegs ausgeglichen zuging, und war damit zufrieden.

— Saarbrücken, Mittwoch, 21.9.2016

Karl Limbach kam aus der dritten Sitzung des Tages. In der ersten Sitzung war es um den Lehrplan der Psychologischen Fakultät für das kommende Semester gegangen, der eigentlich schon seit Juni feststand. Da aber wahrscheinlich im nächsten Wintersemester deutlich mehr Studierende ihr Studium aufnehmen würden, als ursprünglich vorgesehen, musste die gesamte Lehrplanung umgestrickt werden. Für eine einfache Erweiterung des Lehrangebots standen jedoch keine finanziellen Mittel zur Verfügung. Das zusätzliche Problem bestand darin, dass vier Wochen vor Semesterbeginn noch keine verlässlichen Zahlen über die Studienanfänger vorlagen. Man rechnete aber mit einem Anstieg um 30 bis 40 Prozent.

Die zweite Sitzung hatte direkt im Anschluss stattgefunden. Karl musste mit seinen Mitarbeitern besprechen, wie das zusätzliche Lehrangebot organisiert werden könnte. In einem ersten Schritt kalkulierten sie, wie sich eine Erhöhung der maximalen Seminarteilnehmerzahl von 25 auf 40 auswirken würde. Allen war klar, dass dieses Vorgehen die

Qualität der Seminare beeinträchtigen würde, aber was sollten sie tun? Eine andere Lösung wäre, dass die Mitarbeiter zusätzliche Lehrveranstaltungen durchführten, allerdings ohne zusätzliche Bezahlung.

In Karls Abteilung waren neben seiner Sekretärin Ingeborg Molitor, die eine halbe Stelle hatte und normalerweise vormittags da war, fünf wissenschaftliche Mitarbeiter und eine wechselnde Anzahl studentischer Hilfskräfte beschäftigt. Einer der wissenschaftlichen Mitarbeiter, Dr. Mathias Förster, hatte eine volle Dauerstelle, alle anderen hatten befristete halbe Stellen.

Dass es in der Regel nur halbe Stellen für wissenschaftliche Mitarbeiter gab, war normal. Karl wusste, dass das auch einmal anders gewesen war, allerdings in grauer Vorzeit. Ende der 70er Jahre wurden die Stellen der wissenschaftlichen Mitarbeiter mit zwei Argumenten von vollen Stellen auf 2/3-Stellen reduziert. Das erste Argument bezog sich auf das Eigeninteresse der Stelleninhaber: Wer den Doktortitel anstrebt, also promovieren möchte, tut das auch für sich persönlich. Das sollte dann aber nicht auch noch bezahlt werden. Als zweites Argument wurde angeführt, dass mit den frei werdenden Mitteln zusätzliche Mitarbeiter eingestellt würden, um das auch schon damals an den Universitäten herrschende Personaldefizit auszugleichen. Leider wurde dies nie realisiert. Über die Jahre wurden dann die 2/3-Stellen noch einmal reduziert, so dass aktuell eine halbe Stelle für wissenschaftliche Mitarbeiter der Normalfall war.

Stellen, die direkt von der Uni finanziert wurden, waren gesetzlich befristet. Bis zur Promotion hatte man sechs Jahre Zeit und danach noch einmal sechs Jahre. Wer also nach sechs Jahren die Promotion nicht geschafft hatte, flog raus. Wer nach der geglückten Promotion nicht im Verlaufe der nächsten sechs Jahre eine Professur oder eine der wenigen anderen Dauerstellen erreicht hatte, musste ebenfalls gehen. Mit diesen Anstellungen waren außerdem Lehraufgaben in unterschiedlicher Quantität, je nach Art des Vertrages, verbunden.

Wenn die Stelle über ein Forschungsprojekt finanziert wurde, galt die Befristung für die Dauer des Projekts. Wer nicht über ein Folgeprojekt finanziert werden konnte oder die Chance hatte, auf eine Uni-Stelle zu wechseln, flog auch raus.

Mit diesen Verträgen waren formal keinerlei Lehraufgaben verbunden. Allerdings war es inzwischen schon halbwegs normal geworden, dass diese Mitarbeiter auch »freiwillig« in der Lehre eingesetzt wurden. Aus Gesprächen mit Kollegen wusste Karl, dass es an anderen Universitäten noch weitaus fragwürdigere Beschäftigungskonstruktionen gab, um mit den unzureichenden finanziellen Mitteln die vielen Studierenden zu bewältigen.

Es war eine schwierige Sitzung, und nach einer Stunde hatten alle begriffen, dass die Situation tatsächlich ernst war und sie die Probleme irgendwie lösen mussten. Dann hatten sie sich auf Freitag vertagt. Bis dahin sollte sich jeder Gedanken machen.

In der dritten Sitzung war es um den Fakultätsbericht gegangen. Der Dekan hatte sich zum Ziel gesetzt, jährlich einen Bericht in Buchform herauszugeben, in dem die Leistungen der gesamten Fakultät dargestellt wurden. Von einigen Kollegen wurde der Aufwand im Verhältnis zum Nutzen als deutlich zu hoch eingeschätzt, aber der Dekan hatte sich im Fakultätsrat mit seiner Idee durchgesetzt.

Jetzt freute sich Karl auf die Mittagspause und ging ins sogenannte »Juristencafé«. Er setzte sich an einen freien Tisch auf der Terrasse, bestellte ein Croissant und einen Cappuccino. Er hoffte, dass er sich unbehelligt von Kollegen und Studenten für eine halbe Stunde seiner »Süddeutschen Zeitung« widmen könnte.

— Saarbrücken, Mittwoch, 21.9.2016

Henriette lehnte sich in ihrem Bürosessel zurück. Sie lebte jetzt seit einem halben Jahr in Saarbrücken. Vorher war sie in Hamburg bei einem bekannten Nachrichtenmagazin beschäftigt gewesen. Ihre Aufstiegschancen dort hatte sie selbst vorsichtig ausgedrückt als ungünstig bewertet, die Männer dominierten die Redaktion massiv. Mit einigen investigativen Beiträgen hatte sie sich eine gute Reputation erarbeitet, und sie wurde grundsätzlich geschätzt.

Einen Aufstieg in die Chefetage konnte sie sich aber in Hamburg völlig abschminken, das war ihr klar gewesen. Eine Alternative wäre möglicherweise das Hauptstadtbüro gewesen, aber in Berlin zu wohnen war für sie keine attraktive Idee. Berlin hatte sich zu einer Metropole mit den üblichen negativen Begleiterscheinungen entwickelt, und Henriette kannte Ur-Berliner, die ihrer Stadt lieber heute als morgen den Rücken kehren wollten. Vor der politischen Hauptstadt-Schlangengrube hatte sie keine Angst, höchstens Respekt. Sie wusste, dass die Uhren in der bundespolitischen Zentrale noch einmal anders tickten als in Hamburg. Nein, es war die Abneigung, in dieser Stadt zu leben, die sie von Karriereüberlegungen in Richtung Hauptstadtbüro abgehalten hatte.

Sie war sich aber nicht sicher, ob die Karriere der entscheidende Grund gewesen war, oder ob sie vielleicht doch auch einfach ins Saarland zurückkehren wollte, wo sie aufgewachsen war und ihr Studium begonnen hatte, und welche Rolle ihr Vater spielte, welche Rolle Karl spielte …

Immerhin hatte sie die Entwicklung der »Neuen Saarbrücker Zeitung« schon immer intensiv verfolgt und war so auf die vakante Stelle gestoßen, die ausgezeichnet zu ihr passte. Letztlich war ihre Bewerbung auf die Chefposition des Wochenmagazins der »Neuen Saarbrücker Zeitung« erfolgreich gewesen. Die Position war nicht ohne Risiko. Ihr Vorgänger hatte es nicht geschafft, das Magazin aus den roten Zahlen zu bringen. Die Geschäftsführung versprach sich von Henriette, dass sie den investigativen Anteil der Beiträge steigerte und damit die Attraktivität des Magazins erhöhte.

Die Bewerbung wurde von ihrem Hamburger Ex-Chef aktiv unterstützt. Er schätzte seine Mitarbeiterin sehr. Sie hatte immer ein gutes Näschen. Andere nannten es »journalistischen Instinkt«. Sie hatte außerdem die Gabe, ihn argumentativ überzeugen zu können, und das schafften nicht viele. Er nannte sie Henry, und der Name verbreitete sich schnell in der Branche.

Zuerst war er versucht, Henriettes Bewerbung zu torpedieren, um sie zu halten. Aber schon nach einer sehr kurzen Überlegung wurde ihm klar, dass eine solche Vorgehensweise sich so negativ auf ihre Hamburger Arbeitsbeziehung auswirken würde, dass ihm die Saarbrücker Variante günstiger erschien: Vielleicht konnten sie ja auf einigen Gebieten auch über die Entfernung weiterhin gegenseitig voneinander profitieren.

Ihre Umzugswünsche verstand er vor allem als das Bestreben, ihren 85-jährigen Vater zu unterstützen, von dem er wusste, dass er nach dem Tod seiner Frau allein in der Nähe von Saarbrücken lebte. Über mögliche andere Gründe für ihren Wunsch, Hamburg und seine Redaktion zu verlassen, hatte er lange, aber erfolglos nachgedacht.

Einen Besuch bei ihrem Vater hatte Henriette genau für diesen Nachmittag vorgesehen. Kurzfristig hatte sie jedoch eine Redaktionsbesprechung zur Vorbereitung eines Beitrages zu den Wohnungseinbrüchen in Deutschland und speziell im Saarland einberufen müssen, weil sie unterschiedliche Informationen zu den Strategien von Innenministerium und Polizeiführung bekommen hatte.

Sie rief ihren Vater an:

»Hallo, Papa, wie geht es dir?

»Hallo, Henriette, wie es einem alten Mann so geht. Aber du rufst wahrscheinlich nicht nur an, um zu fragen, wie es mir geht. Immerhin willst du mich in zwei Stunden besuchen.«

»Stimmt. Aber leider ist mir ein Termin dazwischengekommen, den ich nicht absagen konnte. Können wir den Besuch auf morgen verschieben?«

»Das können wir gerne. Ich muss dich nur darauf hinweisen, dass verbindliche Termine mit zunehmendem Alter ein höheres Risiko beinhalten, sie möglicherweise nicht einhalten zu können, aber ich bin da optimistisch. Melde dich doch bitte, wenn du etwas Genaueres sagen kannst.«

Jetzt hatte sie noch eine halbe Stunde bis zum Beginn der Sitzung. Henriette machte sich an ihrer Espressomaschine einen Lungo, lehnte sich wieder zurück und ließ sich den Vorlauf dieser Sitzung noch einmal durch den Kopf gehen.

Wohnungseinbrüche hatten in den letzten Jahren dramatisch zugenommen. Die Situation war nicht einfach. Die Öffnung der Grenzen im Schengen-Raum und das Wohlstandsgefälle führten dazu, dass kriminelle Organisationen über Landesgrenzen hinweg operierten. Sie hatten gut recherchiert und die Passagen zur Entwicklung der Georgien-Mafia und anderer mafiöser Strukturen in verschiedenen Regionen Deutschlands schon fertig. In Arbeit waren noch Aussagen zu den möglichen Gegenstrategien von Bundes- und Landesregierung sowie der Polizei. Hier wollten sie ihren Artikel deutlich auf das Saarland fokussieren. Sie kamen schnell auf zwei Problemfelder: das Problem der offenen Grenzen zu Frankreich und Luxemburg und die Forderung nach einer Intensivierung der polizeilichen Streifendienste.

Die offenen Grenzen waren ein europapolitisches Problem, das zurzeit im Zusammenhang mit der Flüchtlingsfrage höchst intensiv diskutiert wurde. Die politischen Reaktionsmöglichkeiten schienen äußerst beschränkt zu sein.

Eine Verbesserung der Polizeiarbeit durch Aufstockung des Personals schien ebenfalls nicht sonderlich wahrscheinlich zu sein. Polizeipersonal wurde aktuell in den Bundesländern eher reduziert als aufgestockt. Nicht nur im Saarland war die Personalentwicklung der Finanzpolitik untergeordnet, und da war striktes Sparen angesagt. Eine Umorientierung dieser Sparpolitik hin zur Einstellung zusätzlicher Polizeikräfte, die Wohnobjekte schützen könnten, war aktuell kaum denkbar. Außerdem zeigten die internen Diskussionen, dass keine halbwegs genaue Quantifizierung des zusätzlichen Personals möglich zu sein schien: Wie viele zusätzliche Polizeikräfte wären notwendig, um für eine deutliche Verminderung der Anzahl von Wohnungseinbrüchen zu sorgen?

Von einem Maulwurf im Innenministerium hatte Henriette gehört, dass ein sogenanntes Drei-Standorte-Modell geplant sei. Dahinter verberge sich eine Zentralisierung in der Bekämpfung der Wohnungseinbruchsdiebstähle mit schwerpunktmäßigen Fallbearbeitungen an den drei Standorten Dillingen, Neunkirchen und Saarbrücken.

Von Roberta hatte sie bei ihrem letzten Treffen dagegen gehört, dass das Landespolizeipräsidium etwa 15 zusätzliche Stellen schaffen wolle, um eine Beratungsstelle einzurichten. Beamte würden sich auf Anfrage Wohnobjekte ansehen und Vorschläge unterbreiten, wie diese Objekte besser geschützt werden könnten. Gemessen an dem Aufwand, der für einen hinreichenden Objektschutz ausreichte, wären das sehr geringe Personalanforderungen, die damit eine gute Realisierungschance hätten. Und es gab noch eine weitere Argumentationslinie: Eingebrochen wurde eher bei den Wohlhabenden, und die konnten sich eine bessere private Sicherung auch leisten. Die Einbruchszahlen in Sozialbauwohnungen stagnierten dagegen. Als Nebeneffekt wäre über die Zunahme der Auftragszahlen eine Stärkung der heimischen Wirtschaft zu erwarten. Außerdem ließe sich eine solche Aktion sehr gut positiv in der Öffentlichkeit darstellen. Dies sollte durch weitere flankierende Maßnahmen unterstützt werden.

Die Idee kam von Roberta als Leiterin des Landeskriminalamtes, und es war nicht allzu schwierig gewesen, diese Beratungsstelle im Präsidium durchzusetzen.

Die Sitzung verlief dann wie gewohnt zügig. Henriette berichtete von den beiden verschiedenen Informationen, die sie zur strategischen Entwicklung der Einbruchsbekämpfung bekommen hatte, selbstverständlich ohne die Quellen zu nennen. Sie stellten fest, dass beide Strategien Sinn ergeben könnten, und beschlossen, sowohl die Zentralisierung der Einbruchsbekämpfung als auch die Einrichtung einer Beratungsstelle als Forderungen an Politik und Polizei in ihren Beitrag aufzunehmen.

Henriette ging in ihr Büro, machte sich einen weiteren Lungo, legte die Füße auf den Schreibtisch und griff zum Telefon.

— Saarbrücken, Donnerstag, 22.9.2016

Gegen sieben Uhr war Henriette wach, stieg vorsichtig aus dem Bett und bewegte sich leise ins Bad. Eigentlich hatte sie keinen Zeitdruck. Aber nach der gestrigen Entscheidung wollte sie doch möglichst schnell Nägel mit Köpfen machen. Weil es ihr Beitrag war, musste sie den Text zusammenschreiben. Es war üblich, dass Texte, auch wenn sie von der Chefin kamen, in der Redaktion abschließend besprochen wurden. Das könnte morgen passieren, und übermorgen müsste alles druckfertig sein.

Nach einer kurzen Dusche verbrachte sie noch zehn Minuten vor dem Spiegel und ging dann vorsichtig die Wendeltreppe hinab in den großen Wohn- und Küchenraum von Karls Maisonettewohnung im Nauwieser Viertel. Hier hatte sie sich gestern Abend ausgezogen, und hier lag auch ihre Tasche mit neuem Slip und T-Shirt.

Sie zog sich an, verließ Karls Wohnung und war zu Fuß nach 15 Minuten in der Gutenbergstraße. Wie gewohnt machte sie sich zuerst einen Lungo und stellte dabei fest, dass sie eine neue Nespresso-Bestellung aufgeben musste. Es waren nur noch 20 Kapseln da, und ein Lungo-Defizit musste mit allen Mitteln verhindert werden. Also bestellte sie zuallererst 200 neue Kapseln. Dann dachte sie versonnen an den vergangenen Abend.

Sie hatte Karl gestern in der Uni angerufen und gefragt, ob sie sich bei ihm treffen könnten. Glücklicherweise war er gleich am Apparat gewesen:

»Nun ja, ich habe noch Lammkoteletts im Kühlschrank, rein zufällig natürlich. Wäre das etwas für dich?«

»Lammkoteletts wären fantastisch. Was gibt es denn dazu?«

»Wenn ich jetzt bald aufbreche, bekomme ich unten im Gemüseladen noch ein paar grüne Bohnen. Und Wein ist genug im Haus.«

»Das hört sich ja gut an. Wann soll ich kommen?«

»Gegen acht wäre gut. Passt dir das?«

»Natürlich passt das. Schließlich bin ich diejenige, die dich gerade überfallen hat.«

»Diese Art von Überfällen ist mir nicht besonders unangenehm, um mich mal vorsichtig auszudrücken. Und außerdem weiß ich ja, dass ich mich auch wehren dürfte, wenn es nicht passen sollte. Übrigens: Gibt es etwas Besonderes, oder hast du nur mal wieder Lust, ins Nauwieser Viertel zu kommen?«

»Eher Letzteres, aber es gibt auch Neuigkeiten.«

»Das klingt ja interessant. Ich hatte eine stressige Sitzung, dann haben wir ja einiges zu erzählen.«

Nach dem Telefonat war Henriette noch eine Weile sitzen geblieben. Sie freute sich sehr auf den Abend mit Karl.

Sie kannten sich jetzt seit fast 15 Jahren. Henriette hatte Karl in der Endphase ihres Journalistikstudiums, für das sie nach Hamburg gezogen war, kennengelernt. Sie hatte als Nebenfach Psychologie belegt. Karl war ein junger, gut aussehender Dozent, der ihr wegen seines offenen Seminarstils spontan sympathisch gewesen war. Anscheinend fand er sie auch interessant. Als sie ihn nach einem Seminartermin etwas im Zusammenhang mit ihrer Seminararbeit fragte, lächelte er sie unschuldig an und meinte, dass sie das lieber in einem Café besprechen sollten. Er würde sie gerne einladen. Henriette war zuerst etwas überrascht, stimmte dann aber schnell zu. Sie hatte es bislang nie bereut, und außerdem war die Seminararbeit mit »Sehr gut« bewertet worden.

In den vergangenen Jahren hatten sie eine vertrauensvolle und vielschichtige Beziehung aufgebaut. Henriette konnte mit Karl fast jedes Thema besprechen, das sie bewegte, aber es gab auch Dinge, die sie lieber von ihm fernhielt. Andersherum war sie sich sicher, dass sie alles Wichtige aus seinem Leben wusste und dass Karl nichts vor ihr verbarg. Und außerdem war ihr Sex immer gut.

Gestern Abend stand nach dem ersten Glas Grauburgunder und ein paar Naschereien dann auch der Sex zuerst auf der Agenda. Nachdem sie etwas abgekühlt waren, fragte Karl, was es denn für Neuigkeiten gebe. Das war für Henriette der Startschuss zu einem kurzen Bericht der Redaktionssitzung. Inzwischen saßen sie wieder halbwegs bekleidet mit dem zweiten Glas an Karls großem Esstisch.

»Ich nehme an, dass du die Information über die geplante Beratungsstelle von Roberta hast?«, fragte Karl vorsichtig.

»Stimmt.«

»Und die Information aus dem Innenministerium?«

»Lass mal gut sein. Das willst du nicht wirklich wissen.«

»Ja, ist wohl besser so. Aber musst du mit Roberta nicht vorsichtiger sein? Ich meine, eigentlich geht mich das ja nichts an, und ich verstehe eure Beziehung auch nicht wirklich.«

»Da musst du dir nichts draus machen, dass du diese Beziehung, wenn es denn eine sein sollte, nicht verstehst. Es gibt dafür eine einfache Erklärung: Du bist ein Mann! Aber mach dir wegen Robertas Information keine Gedanken. Erstens ist es eine Präsidiumsentscheidung, das bedeutet, dass fünf bis zehn Personen und die entsprechenden Sekretariatskräfte informiert sind. Das Leck muss also nicht zwangsläufig bei Roberta liegen. Zweitens bin ich mir ziemlich sicher, dass es kein ›Informationsleck‹ gibt. Roberta ist eine kluge Frau. Sie wird sich gut überlegt haben, was sie mir erzählt. Ein bisschen Propaganda schadet vielleicht auch nicht, wenn zusätzliches Personal bewilligt werden muss.«

Karl empfand zu seiner eigenen Überraschung eine Spur von Eifersucht, aber glücklicherweise nur sehr kurz. Die beiden Frauen schienen eine ziemlich vertrauensvolle Beziehung zu haben.

»Vor dir muss man sich schon ein wenig vorsehen«, meinte er doppeldeutig und eine Spur ironisch.

»Aber nicht jeder«, antwortete sie gleichermaßen ironisch. »Hattest du nicht etwas von Lammkoteletts und Bohnen erzählt?«

Karl hatte die Bohnen schon geschnitten und gewaschen. Jetzt wurden sie ein paar Minuten blanchiert, bis sie bissfest waren. Anschließend wurden sie mit fein gewürfeltem gebratenem Speck und einer großzügigen Portion Butter in einer Sauteuse geschwenkt. Die Lammkoteletts waren auch schnell fertig, Henriette drapierte sie mit den Bohnen auf zwei Teller, während Karl die zweite Flasche Grauburgunder öffnete und etwas Baguette aufschnitt.

»Und gibt es bei dir was Neues?«, fragte Henriette, nachdem sie die ersten Bissen verspeist hatten und sich einig waren, dass das kleine Mahl köstlich sei.

»Oje«, sagte Karl, »kein schönes Thema. Die Uni will deutlich mehr Studierende aufnehmen, aber keine zusätzlichen Lehrkräfte einstellen.«

»Und was heißt das konkret?«

»Für die Psychologie bedeutet das, wir müssen circa ein Drittel mehr an Studienanfängern aufnehmen als letztes Wintersemester, bekommen aber keine einzige zusätzliche Stelle.«

»Und wie soll das gehen? Das ist doch schlicht unmöglich.«

»Sag das nicht. Mir hat der Kanzler unserer Uni, also unser oberster Personalchef, zu diesem Thema mal verraten, dass man auch aus einer schon halbwegs ausgepressten Zitrone noch etwas Saft herausholen kann, wenn man noch etwas stärker drückt.«

»Das ist ja ein schönes Bild, also das ist ja richtiggehend zynisch. Was wollt ihr denn jetzt tun?«

»In der Psychologie werden wir nicht zu einer gemeinsamen Strategie kommen, dazu sind wir zu zerstritten. Also wird jeder Arbeitsbereich selbst sehen, wie er klarkommt. Ich habe heute mit meinen Mitarbeitern sofort eine erste Gesprächsrunde gehabt, und wir haben zuerst einmal verschiedene Lösungsansätze nebeneinandergestellt. Grundsätzlich sehen wir zwei Möglichkeiten: Alle Lehrenden führen zusätzliche Lehrveranstaltungen ohne Bezahlung durch, und/oder die Zahl von Studierenden pro Lehrveranstaltung wird erhöht. Beides sind schlechte Möglichkeiten, aber etwas anderes sehen wir nicht. Übermorgen wollen wir uns wieder treffen.«

»Also, dass deine Mitarbeiter so einfach mir nichts, dir nichts ohne Bezahlung arbeiten, finde ich unmöglich. Die meisten sitzen doch außerdem noch an ihrer Doktorarbeit. Ich finde das unverantwortlich. Was willst du denn selbst tun?«

»Ich weiß noch nicht so richtig. Aber ich habe eine Idee: Bislang gibt es im Bachelorstudium eine Vorlesung von mir. Die anderen Inhalte werden durch Seminare vermittelt, und das ist, in der Währung von Lehrkräften ausgedrückt, sehr teuer. Wenn ich eine zweite Vorlesung einrichten würde, könnten mehrere Seminare eingespart werden, die normalerweise parallel laufen.«

»Was meinst du mit parallel laufen?«

»Na, stell dir vor, dass im dritten Semester sensorische und motorische Systeme behandelt werden sollen. Dazu gibt es ein Seminar, das aber bei 100 Studierenden viermal, also parallel, angeboten werden muss, wenn wir 25 Studierende pro Seminar ansetzen.«

»Okay, das verstehe ich. Das wäre ja wirklich eine große Einsparung. Wenn ihr dann statt deiner angenommenen 100 Studierenden jetzt 130 aufnehmt, bräuchtet ihr nach der alten Methode ungefähr fünfmal so viel Lehrkapazität wie mit deiner neuen Vorlesung.«

»Ja, genau. Aber erinnere dich daran, ob du lieber in Vorlesungen oder Seminaren gesessen hast. Anderthalb Stunden Vortrag oder anderthalb Stunden mehr oder weniger Diskussion. Wie schätzt du denn die Lehrqualität dieser beiden Veranstaltungstypen ein?«

»Das hängt von den einzelnen Veranstaltungen ab. Ich kann mich an blendende Vorlesungen erinnern, die mich wirklich inspiriert haben.«

»Das wundert mich jetzt, bei mir hattest du doch gar keine Vorlesung«, lachte Karl.

»Stimmt, aber es gab da einen charismatischen Medienrechtler, völlig trockener Stoff, aber der Typ war faszinierend.«

»Ach, du meinst Franzmann?«, fragte Karl süffisant.

»Ich weiß nicht, wen du meinst, aber er hieß Bouvier und kam aus dem Elsass.«

»Ja, genau, und er hatte diesen Spitznamen. Er war an der ganzen Uni dafür bekannt, dass er seine französische Herkunft ständig betonte. Und nicht nur dafür. Es ging das Gerücht um, dass er nach jeder Vorlesung eine andere Studentin zur Nachhilfe mit nach Hause nahm.«

»Na, mich jedenfalls nicht. Aber was übrig bleibt, ist, dass die Qualität von Vorlesungen eben stark vom Professor abhängt. Das kann so oder so sein.«

»Ist das denn bei Seminaren anders?«, fragte Karl jetzt etwas angriffslustig. »Meist sind es doch grottenschlechte studentische Referate, begleitet von Diskussionsbeiträgen unwissender und schlecht vorbereiteter Studierender. Das können nur Toplehrkräfte kompensieren.«

»Na schön. Ich weiß nicht wirklich, wie gut du in Vorlesungen bist, aber vielleicht ist das ein guter Kompromiss, den du da im Kopf hast. Du musst es ja nicht in allen Details wie Franzmann machen.«

»Um Gottes willen, das würde mir noch fehlen. Die jungen Mädels reizen mich wirklich nicht mehr. Aber gut, dann werde ich morgen mit diesem Vorschlag starten und dann die weiteren Ideen abwarten.«

Es war rundherum ein sehr schöner Abend gewesen, und Henriette wurde noch einmal klar, wie wichtig ihr diese Beziehung war.

Jetzt war es aber Zeit, in den Text einzusteigen. Sie arbeitete konzentriert bis Mittag, machte sich dann einen Lungo und rief ihren Vater an, um sich mit ihm für den Nachmittag zu verabreden.

Kapitel 3

— Frankfurt, Mittwoch, 20.8.2014

Sein Handy klingelte irgendwo, und Lars musste es erst suchen. Als er es endlich gefunden hatte, war der Bundestrainer in der Leitung. Er teilte ihm mit, dass er die positive sportliche Entwicklung des Lars Schübel in der zweiten Hälfte der letzten Saison zur Kenntnis genommen hätte, und fragte nach dem Verlauf der Saisonvorbereitung und der aktuellen Befindlichkeit. Abschließend informierte er ihn, dass Lars »auf dem Zettel« stehe und in den nächsten Spielen unter besonderer Beobachtung stünde. Möglicherweise könne man über eine Einladung zur Nationalelf nachdenken.

Lars war völlig konsterniert. Er hatte nie im Leben damit gerechnet, vom Bundestrainer angerufen zu werden. Seine Handynummer musste der vom Verein bekommen haben, und das hieß, dass so ziemlich alle Personen aus der Vereinsführung von diesem Anruf wussten.

Nachdem er eine Weile bewegungslos auf der Couch gesessen hatte, entwickelte sich eine Ahnung von Erkenntnis. Also hatte es sich wirklich gelohnt. Nach seinem ersten Besuch bei Dr. Enrico waren die Beschwerden schnell zurückgegangen, und seine Trainingsleistungen hatten den früheren Stand erreicht. Nach kurzer Zeit wurde er vom Trainer gelobt und in die Startelf zurückgeholt. Diese Erfolgserlebnisse überzeugten ihn von der Qualität der Unterstützung durch Dr. Enrico. In Absprache mit seinem Berater wurde der Kontakt aktiviert, und seitdem war er noch viermal in Madrid gewesen. Die Leistungsentwicklung, die er seitdem erfahren hatte, imponierte ihm selbst. Er regenerierte nach anstrengenden Trainingseinheiten und Spielen besser, seine

Sprintschnelligkeit und Sprungkraft hatten zugenommen, aber am meisten beeindruckte ihn, dass er auch noch am Ende der zweiten Halbzeit in der Lage war, längere Sprints durchzuführen und mit einem platzierten Torschuss abzuschließen.

Ihm war klar, dass Dr. Enrico nicht seine Schusstechnik positiv beeinflussen konnte, sondern dass auch dieser Effekt etwas mit verbesserter Ausdauer zu tun hatte. Die leistungsdiagnostischen Werte, die im Training regelmäßig erhoben wurden, bestätigten seine subjektive Einschätzung. Auch die Trainingsanforderungen wurden verändert. Er nahm an, dass sie der Trainer wegen seiner verbesserten Leistungsfähigkeit erhöhte.

Offiziell hieß es in Absprache mit seinem Berater, dass Lars seine Ernährung umgestellt habe und insgesamt eine professionellere Einstellung an den Tag lege.

Ob die Vereinsführung und der Trainer eine Ahnung hatten oder gar wussten, dass die wirklichen Ursachen für seine Leistungssteigerungen andere waren, konnte er nicht einschätzen, und es interessierte ihn auch nicht wirklich. Entscheidend war, dass alle mit ihm zufrieden waren, dass er gelobt wurde, dass er in der Mannschaft akzeptiert wurde – und jetzt hatte ihn auch noch der Bundestrainer angerufen.

— Saarbrücken-Dudweiler, Donnerstag, 22.9.2016

Allmählich schien Simone die Sache etwas befremdlich. Nicht nur, dass das Bad und der Nebenraum eher wie Räume einer Arztpraxis aussahen. Jetzt hatte sie im Abfalleimer des Bades eine Einwegspritze gefunden. Sie hatte sofort die Berichte von Süchtigen im Kopf, die Aids hatten und ihre verseuchten Spritzen einfach in den Müll warfen.

Simone Heinrich war nicht zimperlich, und als Angestellte eines Reinigungsunternehmens war sie einiges gewohnt. Sie kannte die Mieter dieses Einfamilienhauses nicht. Jeden Dienstag und Donnerstag sollte sie von 14 bis 17 Uhr, also innerhalb von drei Stunden, die drei Zimmer, die Küche, das Bad und den Flur putzen. Um 17 Uhr hatte sie das Haus zu verlassen, so lautete ihr Auftrag.

Als sie im ersten Stock den Nebenraum des Bades betrat, konnte sie einen kurzen Aufschrei nicht unterdrücken. Es gab eine Liege, einen verschlossenen Kühlschrank und einige Regale. Die ungewöhnliche Einrichtung kannte sie bereits. Aber jetzt waren die Liege mit der Auflage und der Fußboden davor mit Blut verschmiert.

Sie trat zurück, schloss die Tür und hastete ins Erdgeschoss, wo ihre Handtasche mit dem Handy lag. Sie rief im Sekretariat ihrer Reinigungsfirma bei Helen an, wie es für »außergewöhnliche Vorkommnisse während der Reinigungstätigkeit« vorgeschrieben war. Die Sekretärin verband sie sofort mit dem Geschäftsführer:

»Hallo, Simone, was ist passiert?«

»Hallo, Herr Potriani, in einem Zimmer hier ist alles voller Blut, ich will hier weg.«

»Wo bist du genau, und was heißt ›alles voller Blut‹? Vielleicht hatte jemand Nasenbluten?«

»Ich bin in Dudweiler, in dem Haus in der Scheidter Straße. Nein, kein Nasenbluten. Eine Liege ist voller Blut, und auch davor ist alles blutig.«

»Okay, versuch, dich zu beruhigen. Das hört sich wirklich nicht nach Nasenbluten an. Du verlässt jetzt sofort das Haus und kommst her. Lass die Verbindung laufen, solange du im Haus bist.«

»Oh ja, das ist gut. Ich lasse das Putzzeug einfach stehen, geht das?«

»Ja, das ist okay.«

»Dann packe ich jetzt einfach meine normalen Sachen in die Tasche für meine Arbeitskleidung und komme sofort zu euch.«

»Ja, mach das.«

Simone verließ das Haus, schloss ab und schaute sich dabei ängstlich um. Sie sah niemanden in der Nähe. Auf dem Weg zum Gartentor hörte sie plötzlich eine laute Stimme vom Nachbargrundstück:

»Hallo, geht es Ihnen gut?«

Sie sah sich um. Hinter der schulterhohen Hecke erblickte sie das Gesicht einer alten Frau. Kurz war sie versucht, von ihrem Erlebnis zu berichten, aber dann besann sie sich und verließ eilig das Grundstück, ohne zu antworten.

In der Firma angekommen, berichtete sie ihrem Chef noch einmal, was sie gesehen hatte. Dieser reagierte so, wie sie es sich erhofft hatte:

»Gut, also bis auf Weiteres gehst du dort nicht mehr hin. Ich werde mir das jetzt selbst noch einmal ansehen, bis 17 Uhr ist ja noch etwas Zeit. Gib mir bitte die Schlüssel. Und melde dich bitte morgen früh bei Helen wegen des neuen Einsatzplans.«

15 Minuten später betrat Potriani ungestört das Haus in Dudweiler. Im Erdgeschoss mit Küche, Ess- und Wohnraum sowie einem Gäste-WC sah alles normal aus. Im ersten Stock ging er sofort ins Bad und dann in den angrenzenden Nebenraum. Es sah genau so aus, wie Simone es beschrieben hatte, eher noch schlimmer. Das Blut schien überall zu sein.

Er fragte sich, wozu die Mieter wohl diesen Raum mit der Liege und dem abschließbaren Kühlschrank benutzten. Er war versucht, sich etwas umzusehen, hielt sich dann aber zurück. Er hatte keinerlei Recht, hier herumzuschnüffeln, wozu auch.

Sein Auftraggeber für die Reinigung war der Vermieter. Die Mieter hatten das Haus also inklusive Reinigung gemietet, und Potriani wusste nichts über sie.

Ein ängstliches Unbehagen kroch ihm den Rücken herauf, und plötzlich hatte er das Gefühl, am Schauplatz eines

Verbrechens zu stehen. Er musste sich zusammennehmen. Morgen Vormittag würde er mit dem Vermieter telefonieren. Er nahm die Reinigungsutensilien, die seiner Firma gehörten, und war gerade dabei, sie in seinen Kombi zu packen, als ihn eine ältere Dame von hinten ansprach:

»Wissen Sie, ich habe mir gleich gedacht, dass da etwas nicht in Ordnung ist.«

»Wie bitte, was meinen Sie?«

»Na, eben ist die Frau, die in diesem Haus regelmäßig zum Putzen kommt, blass und hektisch aus dem Haus gestürzt, und jetzt kommen Sie und holen die Putzmittel. Irgendetwas muss da wohl vorgefallen sein. Aber ich habe mir gleich gedacht, dass da etwas faul ist. Dieser Mann mit den fünf schwarzhäutigen Mädchen, das ist doch nicht normal. Und das in dem alten Haus der Zweigelts.«

»Wissen Sie, ich bin nur der Inhaber der Reinigungsfirma. Ich habe sonst nichts mit diesem Haus und seinen Bewohnern zu tun. Ich kenne sie nicht einmal.«

»Und jetzt habe ich schon seit Tagen keinen Menschen mehr kommen oder gehen sehen, und Sie können mir glauben, dass ich gut aufpasse.«

»Das glaube ich Ihnen gerne«, schloss Potriani das kurze Gespräch ab, »aber ich muss jetzt los.«

— Saarbrücken, Donnerstag, 22.9.2016

Henriette überarbeitete ihr Manuskript mehrfach, bis sie von seiner Qualität überzeugt war, und schickte es an die Redaktionskollegen. Bis 15 Uhr arbeitete sie die wichtigsten Post- und E-Mail-Eingänge ab. Dann überlegte sie, ob sie ihren kleinen Peugeot nehmen sollte, der seit zwei Tagen in der Tiefgarage des Zeitungsgebäudes schlief. Beim letzten Mal hatte sie allerdings auf der A6 im Stau gestanden.

Sie meldete sich bis zum nächsten Morgen bei ihrem Sekretariat ab, lief zehn Minuten bis zum Hauptbahnhof und fuhr dann mit dem Regionalexpress nach Kirkel. Nach weiteren zehn Minuten Fußweg stand sie vor dem Haus ihres Vaters und klingelte.

Besuche in Kirkel waren für Henriette immer Reisen in die Vergangenheit. Das Haus ihres Vaters war auch das Haus ihrer Kindheit. Ihre Mutter war vor fünf Jahren gestorben, und seitdem hatten sich ihre Besuche verändert. Als ihre Mutter noch lebte, war sie aus der Kinderrolle kaum herausgekommen, heute hatte das überhaupt keine Bedeutung mehr. Sie fühlte sich grundsätzlich von ihrem Vater akzeptiert, wusste aber genau, dass dies auch an dem Bild lag, das sie ihm von sich vermittelte. Sie wollte ihn auf der einen Seite gerne an ihrem Leben teilhaben lassen, und auf der anderen Seite traute sie sich nicht, allzu viel von ihrem komplizierten Privatleben zu berichten. Sie war sich nicht sicher, ob sie damit eher sich oder ihren Vater schützen wollte.

Es gab wie üblich Kaffee und Kuchen, und auch ihr Gespräch verlief in den üblichen Bahnen. Henriette erkundigte sich nach seiner Gesundheit und dem Kirkeler Klatsch, ihr Vater vor allem nach ihrem Job. Glücklicherweise ging es ihm gesundheitlich gut, und die neusten Kirkeler Nachrichten führten wie immer zu großem beidseitigen Gelächter. Er berichtete ausführlich von seiner Nachbarin Lena und ihrem zunehmend dementen Gatten Paul, aber Henriette fragte nicht nach, obwohl sie die Art und Weise seiner Darstellung etwas nachdenklich machte. Sie berichtete ihm ausgewählte Details ihres Jobs, und er fragte an einigen Stellen nach. Dann kam es, wie es kommen musste.

»Hast du eigentlich Karl mal wieder getroffen?«

»Ja, wir waren erst gestern Abend zusammen essen. Es geht ihm gut.«

»Ach, das freut mich aber, also sowohl, dass ihr euch getroffen habt, als auch, dass es ihm gut geht. Weißt du, manchmal mache ich mir Sorgen um dich, weil du so viel allein bist. Und dann noch die viele Arbeit, das kann doch nicht guttun, oder?«

»Also, mir tut die Arbeit schon gut, ich mache das alles ja gerne. Und ich fühle mich auch nicht zu sehr alleine.«

»Versteh mich alten Zausel nicht falsch, und ich will dir wirklich nicht zu nahe treten, aber ich würde mich sehr freuen, wenn aus dir und Karl mehr würde.«

»Papa, Karl ist ein guter Freund, aber nicht mehr. Mach dir da keine Illusionen. Außerdem muss ich jetzt los, ich habe noch einen Termin.«

»Okay, ich habe verstanden. Ich glaube, ich war mal wieder übergriffig. Wann geht dein Zug?«

»In einer Viertelstunde, das klappt schon.«

Trotz der entstandenen Irritation verabschiedeten sie sich herzlich, und Henriette kündigte einen nächsten Besuch für irgendwann in der nächsten Woche an.

Um 18:30 Uhr war sie wieder vor der Redaktion und entschied, nur schnell ihr Auto zu holen. Ihr Büro musste halt bis morgen früh warten. Nach einer Viertelstunde hatte sie den Peugeot in ihrer Tiefgarage abgestellt.

Sie hatte die oberste Etage in einem dreigeschossigen Neubau in der Nähe des Ilseplatzes gekauft, und zwei Parkplätze in der Tiefgarage gehörten dazu. Es gab einen Fahrstuhl von der Tiefgarage bis vor ihre Wohnungstür, das war mit ein Grund für ihre Kaufentscheidung gewesen.

Henriette hatte noch etwas Gemüse besorgt, und die Sprudelkiste, die schon seit zwei Tagen im Kofferraum stand, nahm sie auch mit. Sie ließ den Fahrstuhl im Erdgeschoss halten und nahm die Post aus ihrem Briefkasten.

In ihrer Wohnung angekommen, schaute sie auf die innen liegende Schmalseite ihrer Wohnungstür. Da gab es eine RC2-Typenbeschreibung. Sie war erleichtert und legte die Post ungesehen auf den Küchentisch. Im Schlafzimmer zog sie sich aus und schlüpfte in ein Schlabber-Sweatshirt, das ihr bis zum Oberschenkel reichte. So konnte sie zwar keine Gäste empfangen, aber das hatte sie auch nicht vor. Karl gestern Abend und ihr Vater heute Nachmittag, das war erst mal genug an sozialen Events. Sogar auf ein Telefonat mit ihrer neuen Freundin Roberta hatte sie keine Lust, aber das lag vielleicht auch daran, dass ihr Treffen mit Karl noch zu frisch in ihrer Erinnerung war.

Sie hatte Roberta im Fitnessstudio kennengelernt. Roberta hatte ihre Chipkarte an einer Station liegen gelassen, Henriette fand die Karte, suchte Roberta – und war beeindruckt. Sie hatten später darüber gestritten, ob Roberta ihre Karte absichtlich liegen gelassen hatte; sie hatte das strikt zurückgewiesen. Es war so etwas wie Sympathie auf den ersten Blick gewesen, und aus Sympathie war inzwischen mehr geworden. Meist trafen sie sich im Fitnessstudio und gingen danach in die »Tomate 2«, eine Art Bistro in der Saarbrücker Altstadt. Und mit zunehmender Tendenz führten sie den gemeinsamen Abend in Robertas oder Henriettes Wohnung weiter. Aber heute stand weder Fitness noch sonst etwas an, Henriette wollte einfach nur für sich sein.

Sie ging in den großen Wohn-Ess-Kochbereich ihrer Wohnung und öffnete eine Flasche Sauvignon blanc. Sauvignon schmeckte ihr normalerweise besser als Grauburgunder, aber zu Besuch bei Karl war das anders. Irgendwie gehörte der Grauburgunder zu den Abenden bei ihm. Jetzt aber genoss sie den fruchtigeren Geschmack des Sauvignons, trank das erste Glas, schaltete den Fernseher mit den Nachrichten ein und begann mit dem Ritual der Zubereitung ihrer Gemüsepfanne.

Nach dem Essen und den Nachrichten stellte sie den Fernseher aus, legte sich aufs Sofa und sah nach der Post. Sofort fiel ihr ein Brief mit handgeschriebener Adresse auf. Sie las den Absender und lachte laut auf.

Sie kannte Birgitta Erikson seit ihrem Studienbeginn in Saarbrücken, und das war ungefähr 20 Jahre her. Jetzt hier von ihr einen Brief zu bekommen hätte sie aber völlig ausgeschlossen, weil sich ihre Wege fünf Jahre später in Hamburg, wohin Birgitta Henriette gefolgt war, getrennt hatten. Birgitta konnte Karl nicht aushalten, das war die Kurzfassung der Erklärung.

Bevor Henriette den Brief öffnete, goss sie sich ein neues Glas Sauvignon ein. Dann begann sie zu lesen.

Die Essenz des Inhalts war, dass Birgitta Henriette in Saarbrücken besuchen wollte, um herauszufinden, ob ein Neuanfang ihrer Beziehung möglich wäre. Sie waren in Hamburg ein Paar gewesen, bevor Henriette Karl kennengelernt hatte. Birgitta hatte nicht dulden können, dass Henriette und Karl auch eine Beziehung eingingen, die offensichtlich bedeutsam war. Es gab einige lautstarke Auseinandersetzungen und letztlich die Trennung.

Henriette fragte sich, wie Birgitta ihre neue Adresse herausgefunden hatte. Öffentlich zugänglich war sie jedenfalls nicht. Schließlich zerriss sie den Brief in kleine Schnipsel und warf sie in den Mülleimer. Sie würde darauf nicht reagieren. Sie goss sich ein letztes Glas Sauvignon ein, griff zu ihrer aktuellen Lektüre und dachte nicht mehr an Birgittas Brief.

— Saarbrücken, Freitag, 23.9.2016

Am Morgen war Potriani gegen acht Uhr im Büro und schaute sich zuerst den Vertrag für die Reinigung des Hauses in Dudweiler an. Er war im April für sechs Monate befristet abgeschlossen worden und umfasste die normale Hausreinigung jeweils dienstags und donnerstags im Zeitraum von 14 bis 17 Uhr. Es war ein zugegebenermaßen großzügiger Pauschalbetrag vereinbart und auch schon bezahlt worden.

Vermieter war ein Professor Dr. Thomas Zweigelt. Ein Makler hatte den Reinigungsvertrag in dessen Namen vorbereitet, Potriani hatte jedoch darauf bestanden, dass der Vermieter selbst unterschrieb. In den Unterlagen fand Potriani neben anderen persönlichen Daten zwei Telefonnummern, von denen eine als dienstlich und die andere als privat gekennzeichnet war. Er versuchte zuerst die dienstliche Nummer.

Es meldete sich eine Frauenstimme: »Sekretariat Professor Zweigelt, Sie sprechen mit Frau Paul, was kann ich für Sie tun?«

»Ulf Potriani, schönen guten Morgen. Könnte ich bitte Herrn Zweigelt sprechen?«

»Da haben Sie aber Glück, Professor Zweigelt ist gerade hereingekommen. Ich verbinde Sie.«

»Vielen Dank.«

Es piepte ein paarmal, dann meldete sich Zweigelt:

»Professor Zweigelt, guten Morgen.«

»Guten Morgen, Herr Professor, hier ist Potriani. Ich bin von der Reinigungsfirma, mit der Sie den Vertrag für das Haus in Dudweiler haben.«

»Hallo, Herr Potriani, was gibt es?«

»Ich habe leider keine guten Nachrichten. Meine Angestellte ist gestern aus Ihrem Haus geflüchtet. Das Nebenzimmer des Bades war voller Blut, und sie hat es mit der Angst zu tun bekommen. Ich habe mir das dann gleich selbst angesehen und muss leider bestätigen, was sie sagte.«

»Ach, du lieber Gott. Was hat denn das zu bedeuten?«

»Da bin ich leider überfragt. Ich wollte Ihnen nur Bescheid sagen, dass da irgendwas nicht in Ordnung ist. Möglicherweise hat dort ein Verbrechen stattgefunden. Und außerdem muss ich Ihnen sagen, dass ich unseren Vertrag mit sofortiger Wirkung kündige. So etwas kann ich meinen Angestellten nicht zumuten. Den entsprechenden Teilbetrag werde ich Ihnen in den nächsten Tagen zurücküberweisen. Die Schlüssel schicke ich Ihnen per Einschreiben zu, wenn Sie damit einverstanden sind.«

»Moment, jetzt bin ich erst mal etwas perplex. Aber gut, vielleicht ist da ja wirklich etwas nicht in Ordnung.«

»Ich bin mir ziemlich sicher.«

»Okay, und Sie wollen den Vertrag kündigen, da kann ich wohl wenig machen.«

»Richtig.«

Zweigelt hatte sich jetzt wieder etwas gefasst:

»Gut, dann gehe ich davon aus, dass ich von Ihnen die Vertragskündigung schriftlich bekomme, mit der Angabe der Gründe und einer Abrechnung. Die Schlüssel schicken Sie bitte an die Uni-Adresse, Sie müssten sie in den Unterlagen haben.«

»Moment, ich schaue schnell nach ... Ja, die Adresse ist da.«

»Das ist natürlich alles sehr unschön, und ich weiß noch nicht, wie ich damit jetzt weiter umgehen soll. Was würden Sie denn vorschlagen?«

»Also, ich würde mal Kontakt mit dem Makler aufnehmen. Eine Nachbarin, so eine von den älteren Damen, die immer über alles Bescheid wissen, hat die Bewohner als einen Mann mit fünf dunkelhäutigen Mädchen beschrieben. Das hört sich schon irgendwie komisch an. Und jetzt sind sie anscheinend wie vom Erdboden verschluckt.«

Potriani diktierte Helen die Kündigung sowie die Abrechnung und bat sie, morgen die Schlüssel von Herrn Zweigelt zur Post zu bringen. Die Rücküberweisung datierte er auf den übernächsten Tag.

Zweigelt machte sich Sorgen. Das Haus in Dudweiler hatte er neben einem beträchtlichen Barvermögen vor zehn Jahren von seinen Eltern geerbt. Das Geld hatte er zum Teil verwendet, um ein Haus am Rotenbühl zu kaufen und zu renovieren. Das Haus in Dudweiler hatte er dann bis Anfang des Jahres vermietet, zwar etwas überteuert, weil die Ausstattung von Bad und Küche eher dem Stil der Achtzigerjahre des letzten Jahrhunderts entsprach und der Gesamtzustand des Hauses nur mittleren Ansprüchen genügte, aber ein schlechtes Gewissen hatte er deshalb nicht. Die Mieter hatten dann regulär gekündigt und waren ausgezogen. Sein Makler hatte ihm empfohlen, das Haus komplett entrümpeln und renovieren zu lassen, um es anschließend noch lukrativer zu vermieten.

Zweigelt hatte diesem Vorschlag grundsätzlich zugestimmt. Er wollte das Haus seiner Eltern nicht verkaufen, und wenn es nicht verrotten sollte, musste er etwas tun. Er hatte mit dem Architekten gesprochen, der auch schon die Renovierung seines anderen Hauses geplant und organisiert hatte, um einen ungefähren Kostenplan erstellen zu lassen.

Die Gespräche liefen noch, als Zweigelts Makler von einem belgischen Mietinteressenten berichtet hatte. Der Belgier hätte beruflich vorübergehend im Saarland zu tun und suchte für sechs Monate ein Haus. Große Ansprüche an das Mobiliar hätte er nicht, und einiges hätten die Vormieter auch stehen gelassen. Ob er sich das Haus zusammen mit dem Interessenten ansehen und den Mietvertrag in Zweigelts Namen abschließen solle, falls dem Belgier, er heiße übrigens Wilders, das Haus für seine Zwecke gefiele? Die Miete würde das Anderthalbfache der vorigen Vermietung betragen und vorab pauschal entrichtet werden.

Zweigelt hatte sofort zugesagt, weil er so die Zeit bis zum Start der Renovierung bestmöglich überbrücken konnte.

Er rief den Makler an. Der berichtete, dass er diesen Herrn Wilders auch nur einmal getroffen habe, und zwar bei der Hausbesichtigung Ende März und direkt anschließend in seinem Büro, um den Mietvertrag zu unterzeichnen und zwei Paar Schlüssel zu übergeben. Das Geld sei pünktlich überwiesen worden, wie Zweigelt ja wisse. Er könne da auch nicht helfen, und außerdem sei das Betreten von

Mietimmobilien ohne die Zustimmung der Mieter höchst problematisch, Zweigelt solle da sehr aufpassen. Vielleicht hätte die Reinigungsfirma das mit dem Blut auch übertrieben dargestellt. Aber er würde versuchen, den Herrn Wilders telefonisch zu erreichen, der habe seine Mobilnummer angegeben. Er würde sich dann wieder bei Zweigelt melden.

Zweigelt hatte jetzt noch eine Viertelstunde Zeit, um sich auf die Sitzung des Promotionsausschusses, dessen Leitung ihm oblag, vorzubereiten. Aber das musste reichen. Frau Paul hatte wie immer alle Unterlagen in der Reihenfolge der Tagesordnungspunkte vorbereitet, es gab heute fünf TOPs.

Die eigentliche Arbeit, die er als Vorsitzender dieses Ausschusses zu leisten hatte, nämlich die Prüfung der Promotionsberechtigung der Kandidaten sowie die Zusammensetzung der Gutachter und der Kommissionen, die letztlich über Annahme oder Ablehnung der Dissertationen entschieden, wollte er eigentlich immer direkt nach dem Eingang der Anträge erledigen. Das gelang ihm allerdings immer seltener. Er überflog noch einmal die TOPs, notierte die bislang nicht bearbeiteten Anträge und machte sich dann auf den Weg in den Besprechungsraum der Psychologischen Fakultät.

— Saarbrücken, Freitag, 23.9.2016

Um 10:30 Uhr hatte Karl seinen ersten Uni-Termin: Promotionsausschuss. Das war völlig unproblematisch, er musste in erster Linie anwesend sein. Allerdings konnte ein wenig Konzentration nicht schaden, weil sein Kollege Zweigelt, der den Vorsitz hatte, häufig schlecht vorbereitet war.

Um 11:30 Uhr stand der Termin mit seinen Mitarbeitern an. Spätestens dann müsste er richtig wach sein.

Er trank einen Espresso im »Ubu Roi«, einem Café um die Ecke, und fuhr dann mit seinem alten Mercedes-Cabrio über den Meerwiesertalweg am Wildpark vorbei zur Uni. Obwohl er nur knapp zehn Minuten unterwegs war, öffnete er das Verdeck, es war warm genug.

Der vorherige Tag war nicht so gut gelaufen. Als Karl gestern wach geworden war, hatte er auf sein iPhone geschaut, es war 9:15 Uhr. Dann hatte er sich umgedreht und gesehen, dass Henriette nicht da war. Er hatte kurz aufgestöhnt, es war so etwas zwischen Trauer und Kopfweh. Wieder einmal hatte er sicherlich das doppelte Grauburgunder-Quantum wie Henriette verinnerlicht.

Nach einer Dusche und etwas kaltem Wasser auf seinem Kopf hatten Trauer und Kopfweh abgenommen. Henriette war nicht das erste Mal morgens geflüchtet. Karl wusste, dass sie diese und andere Freiheiten brauchte. Es war jedes Mal schwer für ihn, wenn sie ihm ihre Unabhängigkeit demonstrierte, aber es war ihm klar, dass er keine weiteren Chancen bei Henriette hätte, wenn es ihm nicht gelänge, sie so zu akzeptieren, wie sie offensichtlich war.

Und jetzt war da noch Roberta. Henriette hatte immer wieder Freundinnen, mal mehr, mal weniger offen. Dass Henriette den letzten Konzertabend zu dritt gestaltet hatte, war schon etwas provozierend offen. Aber Roberta war interessant und unkompliziert, anscheinend über Henriettes Beziehung zu ihm halbwegs informiert, und Henriette gelang es, ihre Gunst gleichmäßig zu verteilen.

Früher hatte Karl auch ab und zu Beziehungen zu anderen Frauen neben Henriette gehabt, darunter seine Ex und eine junge Kollegin, aber das war schon einige Jahre her.

Ihr Abend zu zweit war wieder einmal so schön gewesen, dass er den Genuss in der Vergangenheit deutlich höher bewertete als die Enttäuschung in der Gegenwart und er die Zukunft positiv sah. Nach dem ersten Kaffee erinnerte er sich außerdem daran, dass Henriette ihn angerufen hatte und nicht umgekehrt und dass Journalisten und Professoren unterschiedliche Arbeitszeiten hatten. Das war insofern trivial, als er überhaupt keine festen Arbeitszeiten kannte.

Karl war um zehn Uhr im Büro, begrüßte Ingeborg, seine Sekretärin, und sie besprachen die aktuellen Fakultätsneuigkeiten. Karl nahm den vorbereiteten Ordner für den Promotionsausschuss.

»Du wirst dich wundern«, sagte Ingeborg, »ich glaube, Professor Zweigelt hat in der Vorbereitung nicht alles geschafft.«

»Oje, schon wieder?«

»Ja, und es ist ein Glück, dass kein Kandidat von uns dabei ist. Ich weiß von zwei weiteren Anträgen, die rechtzeitig bei ihm eingegangen sind, die aber nicht auf der Tagesordnung stehen.«

»Na gut, ich bin ja jetzt vorbereitet. Mal sehen, wie Gregor reagiert.«

Karl setzte sich mit dem Ordner an seinen Schreibtisch und überflog kurz die TOPs. Gregor Kantor, ebenfalls Professor an ihrer Fakultät und Zweigelts Intimfeind, würde im Dreieck springen, wenn Ingeborg recht hatte. Und normalerweise war sie bestens informiert, nicht nur, was die Belange der Fakultät betraf.

Karl machte sich auf den Weg und war um 10:25 Uhr im Besprechungsraum. Gregor war auch schon da und ebenso das vierte Mitglied des Ausschusses, Martin Kunder, ein wissenschaftlicher Mitarbeiter eines anderen Profs.

Gregor schwitzte, wie immer, wenn er sich aufregte. Anscheinend hatten sie schon über die Antragssituation gesprochen, Martin Kunder sah betreten zur Seite.

»Aber so geht das doch nicht«, begrüßte Gregor Karl. »Es sind wieder nicht alle Anträge auf dem Tisch.«

»Guten Morgen zusammen«, sagte Karl. »Hast du nicht gut geschlafen?«, fragte er zu Gregor gewandt.

»Aber ist doch wahr«, antwortete Gregor. »Wir haben doch eine Verantwortung für unsere Promovenden.«

»Jetzt warte erst mal ab, was Zweigelt sagt.«

In diesem Moment betrat Thomas Zweigelt den Besprechungsraum. Es hieß ringsum »Guten Morgen«, und er eröffnete die Sitzung. Die vorbereiteten TOPs wurden zügig behandelt. Nach dem letzten TOP wollte Zweigelt die Sitzung gerade schließen, als Gregor ihn frontal anschoss:

»Kollege Zweigelt, was ist mit den beiden weiteren Anträgen, die Ihnen außerdem noch vorliegen müssten?«

»Lieber Kollege Kantor, da gibt es in der Tat noch zwei Anträge, die aber leider so kurzfristig eingereicht wurden, dass ich mich nicht mehr in der Lage sah, sie bis zu dieser Sitzung vorzubereiten.«

Gregor schimpfte: »Aber das können Sie doch nicht machen. Die Anträge sind schließlich fristgerecht bei Ihnen eingetroffen.«

»Aber Gregor, in der Ordnung gibt es keine solchen Fristen«, sagte Karl vorsichtig.

An Zweigelt gewandt fragte er: »Wann sind die Anträge denn bei Ihnen eingegangen?«

Zweigelt suchte in seinen Unterlagen und antwortete dann: »Der eine Antrag kam vor zehn Tagen, der andere vor 14 Tagen.«

Gregor stöhnte laut auf.

»Wir sollten sehen, dass wir eine konstruktive Lösung finden«, versuchte Karl zu beschwichtigen. »Ich persönlich würde mich bereit erklären, nächsten Mittwoch zur gleichen Zeit an einer Fortsetzung dieser Sitzung teilzunehmen.«

Und wieder direkt an Zweigelt gewandt:

»Sie haben ja insofern recht, als es keine offiziellen Fristen gibt, aber normalerweise sollten zehn bis 14 Tage ausreichen, davon gehen die Promovenden jedenfalls aus. Denken Sie bitte auch an die jungen Leute und ihre Interessen.«

Zweigelt kämpfte sichtbar mit sich und sagte dann, wieder äußerlich etwas ruhiger:

»Vielen Dank für den Vorschlag, Kollege Limbach.«

An alle Teilnehmer gerichtet:

»Wären Sie mit dem Vorschlag von Herrn Limbach einverstanden? Das wäre dann der nächste Mittwoch, 10:30 Uhr.«

Glücklicherweise hatte niemand der Anwesenden andere dringendere Termine, und so einigten sie sich auf diese Lösung. Karl sah Gregor aufmunternd an, doch dieser verließ ohne ein weiteres Wort mit immer noch rotem Kopf den Sitzungsraum.

Als sich die Sitzung auflöste, nahm Zweigelt Karl zur Seite: »Ich denke ja, dass die jungen Leute – wie Sie sagen – ihre Anträge auch etwas rechtzeitiger einreichen könnten. Wir haben ja auch noch etwas anderes zu tun. Aber um des lieben Friedens willen bin ich mit Ihrem Vorschlag einverstanden.«

Nach einer kurzen Pause, während derer Karl ruhig abwartete, sprach Zweigelt gedämpft weiter: »Wissen Sie, ich habe da gerade noch ein privates Problem mit einer Immobilie, aber damit will ich Sie eigentlich nicht weiter behelligen.«

Karl schätzte, dass es gerade so kurz nach elf Uhr sein könnte, er also bis zur nächsten Sitzung mit seinen Mitarbeitern noch etwas Zeit hätte, überlegte eine Sekunde und fragte dann zurück:

»Was ist das für ein Problem? Wenn ich Ihnen irgendwie helfen kann?«

Die Bemerkung über sein Immobilienproblem war Zweigelt eigentlich nur so rausgerutscht. Karl Limbach hatte den Ruf eines für einen Psychologieprofessors relativ bodenständigen, pragmatischen Gesprächspartners, und so hatte sich Zweigelts Beratungsbedarf gegenüber seiner Abneigung, private Themen im Kollegenkreis zu erörtern, spontan durchgesetzt.

Zweigelt schilderte kurz die Situation mit seinem vermieteten Haus, wobei er die Blutspuren eher untertrieb. Karl meinte, er würde erst mal abwarten, was der Makler sagte.

Und sonst sollte Zweigelt versuchen, diesen Mieter Wilders direkt ans Telefon zu bekommen. Von allen weiter gehenden Aktionen würde er aktuell abraten.

Er verließ den Fakultätsbesprechungsraum und ging in sein Sekretariat. Ingeborg schaute ihn fragend an, und er sagte nur:

»Die zwei Fälle haben wir auf nächsten Mittwoch vertagt.«

»Gleiche Zeit?«

»Gleiche Zeit. Ist inzwischen sonst etwas aufgelaufen?«

»Der Dekan wollte dich sprechen. Aber nicht wegen des Berichts, sondern wegen der Lehrplanung. Er klang ziemlich besorgt. Ich habe ihm deine Sitzungstermine genannt und angekündigt, dass du danach versuchst, ihn zu erreichen.«

»Okay, vielen Dank.«

»Die anderen sind übrigens schon alle da.«

Karl schaute auf die Uhr und stellte fest, dass es schon 11:40 Uhr war.

Er betrat durch den direkten Zugang vom Sekretariat sein sehr komfortables Büro von circa 40 Quadratmetern mit einem beeindruckend großen kreisrunden Besprechungstisch. Er hatte ihn vor einiger Zeit bei einem Brocante in Lothringen gefunden. Der Transport war teurer gewesen als der Tisch selbst, aber er liebte das Möbel.

Alle Mitarbeiter waren schon da und schauten ihn erwartungsvoll an. Er entschuldigte sich wegen seiner Verspätung und konnte es sich nicht verkneifen, dies mit einer kleinen Bemerkung zulasten des Kollegen Zweigelt zu tun. Alle grinsten.

Karl fasste die kommende Lehrsituation noch einmal zusammen:

»Ich weiß ja, dass ihr eigentlich keinen Spielraum habt. Eure Lehrkapazität ist ausgereizt. Ihr könntet also nur die Seminargröße aufstocken oder ohne Bezahlung zusätzliche

Seminare durchführen. Letzteres kommt für mich überhaupt nicht infrage. Höchstens Katrin könnte sich überlegen, ob sie ein Seminar anbieten möchte.«

Er wandte sich jetzt direkt an Katrin, die über ein Forschungsprojekt für zwei Jahre mit einer halben Stelle finanziert wurde:

»Du hast dazu keinerlei Verpflichtung. Andererseits wäre es möglicherweise gut für deinen Lebenslauf, wenn du auch Lehrveranstaltungen aufführen könntest. Und außerdem kann ich dir sagen, dass man nie mehr über ein Gebiet lernen kann, als wenn man es selbst unterrichtet. Überlege es dir und besprich es dann mit Mathias, der unseren Lehrplan fertigstellt.«

Dann präsentierte er seine Idee der zweiten Vorlesung im Bachelor-Studiengang.

Nach einer lebhaften Diskussion, in der Karl auch darauf hinwies, dass er für die Vorbereitung der neuen Vorlesung auf Zuarbeiten aller Mitarbeiter angewiesen sei, wurde diese Variante letztlich beschlossen. Er bat Mathias, mit den Mitarbeitern die Konsequenzen für die einzelnen Seminare zu konkretisieren und einen modifizierten Lehrplan anzufertigen. Nächste Woche würden sie diesen Lehrplanentwurf dann abschließend besprechen.

Den Dekan konnte er telefonisch nicht erreichen und beließ es bei diesem einen Versuch.

— Saarbrücken, Freitag, 23.9.2016

Henriette war pünktlich im Verlag. Um neun Uhr sollte die Redaktionssitzung beginnen, und sie hatte gerade noch Zeit, sich in ihrem Büro einen Lungo zu machen, bevor sie zusammen mit den anderen den Sitzungsraum betrat. Tagesordnungspunkte waren der Abschluss des Beitrages über die Wohnungseinbrüche und weitere Themen für das Magazin. Sie hatten einige Standardthemen wie andere Magazine auch. Dazu gehörten Essen und Trinken samt dem »Rezept der Woche«, ein halbwegs satirischer Wochenrückblick sowie einige Themen aus Politik und Kultur, die in längeren, gut recherchierten Beiträgen behandelt wurden. Der ambitionierte Plan war, den investigativen Charakter dieser Beiträge zu verstärken und außerdem regelmäßig einen wirklich harten investigativen Beitrag zu platzieren.

Es gab einige kleine Korrekturvorschläge für ihr Manuskript, von denen sie die meisten akzeptierte. Dann sprachen sie über das Problem der Ämterhäufung und der damit einhergehenden Gefahr von Interessenkonflikten saarländischer Landtagsabgeordneter und beschlossen schnell, hier weiter zu recherchieren, möglichst auch über das Saarland hinaus. Ein relativ neuer junger Mitarbeiter von Henriette, Stefan Suter, sollte die Federführung übernehmen.

Bei der Suche nach möglichen weiteren Themen war es dann auch dieser Kollege, der das Doping-Thema nannte. Er meinte, dass sie dieses Thema nicht nur der ARD und der »Süddeutschen Zeitung« überlassen sollten. Und außerdem gebe es in Saarbrücken einen Olympiastützpunkt und mit Horst Medow einen exponierten Sportmediziner, der darüber hinaus Arzt der Fußballnationalmannschaft sei. Sie einigten sich, mal in das Thema einzusteigen. Henriette fragte Stefan, ob er sich zutrauen würde, auch dieses Thema vorzubereiten, und er sagte zu.

Kapitel 4

— Bekoji, Äthiopien, 2003

Azmera Yifter hatte zweifach Glück gehabt. Zum einen gehörte sie zu den bessergestellten Familien in der Gegend von Bekoji. Deshalb hatte sie die Grundschule besuchen können, in Äthiopien die Schulform der ersten acht Schuljahre. Zum anderen hatte sie in ihrer Verwandtschaft einige sehr gute Läuferinnen und Läufer. Daher war sie in das Lauftraining praktisch wie von selbst hineingewachsen.

Sie war jetzt 14 Jahre alt, und seit einem Jahr trainierte sie bei dem »Coach«. Der »Coach« war der Trainingsspezialist, der die Talente aus Bekoji an das internationale Leistungsniveau heranführte.

Die Ernährungssituation war recht schwierig, und nur mit den landesüblichen Gerstenprodukten war Hochleistungssport nur schwer möglich. Deshalb war es normal, dass Ernährungsdefizite mit Zusatzstoffen ausgeglichen wurden. Das war sowohl für Azmera als auch ihre Familie höchst plausibel. Alle waren von Anbeginn ihrer Karriere als Läuferin davon überzeugt, dass das Einnehmen von Mitteln zusätzlich zur üblichen Ernährung für Leistungssportlerinnen normal sei, und hatten es nie infrage gestellt.

Das Training war sehr anstrengend, und manchmal schaffte es Azmera am Nachmittag nicht in die Schule. Aber das war nicht wichtig. Ihre Familie hatte sie in dieses Training geschickt, damit sie als Läuferin erfolgreich wäre und auf diese Weise den Wohlstand der Familie mehrte.

Bei ihrer jüngeren Schwester Fatuma hatte die Familie anders entschieden. Fatuma hatte schon früh keinerlei Freude am Laufen gezeigt. Ihr Lehrer war allerdings schon in der zweiten Klasse dazu übergegangen, ihr besonders anspruchsvolle Aufgaben zu übertragen. Später hatte er ihr zusätzlich zum regulären Unterricht vor allem naturwissenschaftliche Lehrbücher besorgt, deren Inhalte er dann gegen private Bezahlung im Hause der Yifters mit Fatuma besprochen hatte.

Weil er Franzose war, der über Umwege in Bekoji gelandet war, hatte ihn die Familie gebeten, ihr auch die französische Sprache beizubringen. Schon damals war klar gewesen, dass Fatuma später im Ausland, möglichst in Paris, Medizin studieren sollte.

Azmera trainierte ein bis zwei Einheiten am Tag und gehörte zu den Besten. Sie gewann lokale und regionale Wettkämpfe. Dann kamen die Europäer. Sie beobachteten die Trainingseinheiten und besprachen sich mit dem Coach. Sie besuchten sie zu Hause und verhandelten mit ihren Eltern.

Im Ergebnis veränderte sich ihre gesamte Trainingssituation. Von nun an gab es regelmäßige medizinische und physiotherapeutische Untersuchungen, und es gab Joe. Er war so etwas wie ein persönlicher Betreuer für Azmera und andere ausgewählte Sportlerinnen. Von Joe bekam sie jetzt auch die leistungsfördernden Mittel.

Im Jahr darauf wurde sie in die Jugendnationalmannschaft Äthiopiens aufgenommen. Und wiederum ein Jahr später nahm sie im Juli an den Jugendweltmeisterschaften in Marrakesch teil.

Das war eine wirkliche Revolution in ihrem Leben. Das erste Mal war sie längere Zeit von ihrem Zuhause und ihren Eltern entfernt. Und das erste Mal spürte sie die Erwartungen, die in sie gesetzt wurden, sehr deutlich. Es wurde einfach erwartet, dass sie mit einer Medaille nach Hause kam. Dabei kannte sie die internationalen Konkurrentinnen nur dem Namen nach.

Neben den äthiopischen Trainern wurde Azmera von Joe begleitet. Obwohl sie alle Anweisungen und Instruktionen, vom Verhalten bei der Einreise bis zu den letzten Trainingseinheiten vor Ort, von ihren Trainern erhalten hatte, hatte sie den Eindruck, dass letztlich Joe das Sagen hatte, was sie anging.

Sie war für die 1.500-Meter-Wettkämpfe nominiert und gewann ihren Vorlauf souverän. Auch im Endlauf führte sie, wurde jedoch auf den letzten 200 Metern von einer Japanerin und einer Kenianerin überholt. Völlig erschöpft rettete sie den dritten Platz ins Ziel. Sie war unglücklich, dass sie zum Schluss noch eingeholt worden war, aber sie war glücklich, mit einer Medaille nach Hause zu kommen. Die Trainer gratulierten ihr, und von der Teamleitung bekam sie einen Seidenschal als Belohnung.

Auch Joe gratulierte ihr, kritisierte jedoch als Einziger ihr taktisches Verhalten. Er war der Ansicht, dass sie sich hatte verleiten lassen, das Rennen zu schnell anzugehen, um ihre gewohnte Führungsposition zu sichern. Im Vorlauf hatte das noch geklappt, aber im Endlauf gab es mehrere Mädchen mit ähnlich hohem Niveau. Zum Schluss hatte sie dann nichts mehr zusetzen können.

Azmera lernte in Marrakesch, dass sie nicht immer nur vorneweg laufen durfte und dass es auch andere Mädchen gab, die sehr gut laufen konnten.

Joe übernahm mehr und mehr auch die Trainerrolle. Es ging jetzt Schlag auf Schlag. Im September lief sie bei den Afrikanischen Juniorenmeisterschaften in Tunis über 1.500 Meter auf Platz zwei. Im darauffolgenden Jahr startete sie in Brazzaville, dann ging es nach Europa, und sie lief 5.000 Meter in Liège, zwei Tage später in Saragossa 3.000 Meter und letztlich sogar beim Leichtathletik-Weltfinale in Stuttgart. Das waren alles Rennen in der Altersklasse der Frauen, und Azmera war damit in der internationalen Szene angelangt.

— Bekoji, Äthiopien, 2008

Azmeras Leben hatte sich komplett verändert. Sie war jetzt nur noch während der Wintermonate in Bekoji bei ihrer Familie und erholte sich zuerst ein wenig von den vergangenen Rennen und Reisen, bevor dann das Training für die nächste Saison begann. Sie trainierte in Bekoji, aber auch in Addis Abeba, weil es dort, anders als in Bekoji, eine Laufbahn gab, die internationalen Standards entsprach.

In ihrer Familie war sie sehr anerkannt.Sie lieferte ihren Anteil der Antritts- und Preisgelder zum größten Teil zu Hause ab und erhöhte damit den Wohlstand der Familie beträchtlich. Allerdings musste sie ihre Einkünfte mit Joe und Benny, ihrem Manager, teilen.

Weil Azmera inzwischen volljährig war, hatte sie den neuen Vertrag mit Joe und Benny selbst unterschrieben. Dabei hatte sie gelernt, dass es eigentlich drei Töpfe gab, die sie mit ihren Einkünften bediente. Der größte war der Unterhaltstopf, aus dem Joe alle laufenden Kosten bestritt, also zum Beispiel Reisen, Hotels, Verpflegung und medizinische Betreuung. Dann gab es den Topf für Joe und Benny und ihren eigenen Topf. Zehn Prozent ihres eigenen Topfes waren früher auf ihr Taschengeldkonto gegangen, wie Joe es nannte, der Rest auf das Konto ihrer Familie. Seit ihrer Volljährigkeit wurde ihr ganzer Topf auf ihr eigenes Konto überwiesen.

Das alles wäre ohne Joe und Benny nicht möglich gewesen. Azmera war nicht naiv und hatte inzwischen auch einige andere Protagonisten der internationalen Leichtathletik persönlich gut kennengelernt. Sie war sich sicher, dass sie ohne Joe und Benny keinerlei Chance gehabt hätte, eine ähnliche Karriere zu starten. Das betraf die Versorgung mit leistungsfördernden Mitteln, eventuelle Einflussnahmen auf den Äthiopischen Leichtathletik-Verband in Fragen der Nominierung zu Meisterschaften und ganz sicher den Zugang zu den etablierten internationalen Meetings.

Sie war zu einem internationalen Star über die 5.000 und 10.000 Meter geworden. Ihre Leistungen nahmen stetig zu, auch wenn sich die Laufzeiten nicht mehr so dramatisch verbesserten wie zu Beginn ihrer Laufbahn. Ihren ersten Weltmeistertitel und ihre erste olympische Goldmedaille erlebte sie wie im Traum. Alle jubelten ihr zu, und sie war das erste Mal in ihrem Leben zumindest kurzfristig mit sich zufrieden gewesen. Das Leben glitzerte.

Dieses Glitzern bekam den ersten blinden Fleck, als mehrere kenianische Läuferinnen wegen Dopings gesperrt wurden, unter ihnen auch Lilian, die Azmera persönlich sehr gut kannte und mit der sie befreundet war. Lilian und die anderen kenianischen Läuferinnen gehörten nicht zu Bennys Stall.

Azmera hatte sich vorher nie mit Doping-Fragen beschäftigt, es war einfach kein Thema für sie gewesen. Sie fragte Joe, was er davon hielte. Joe schaute sie lange an und sagte dann: »Du kannst sicher sein, dass dir das nicht passiert. Wir kontrollieren dich so gut, dass es da keinerlei Risiko gibt.«

Diese Antwort machte sie zunächst sprachlos. Nach einiger Zeit sagte sie:

»Okay, das heißt, eigentlich bin ich auch gedopt, aber ihr bekommt es so gut hin, dass ich nicht erwischt werde, obwohl ich ja ziemlich häufig getestet werde?«

»Ja, natürlich, aber du kannst dich wirklich auf uns verlassen.«

»Gut, ich bin einverstanden, aber ab jetzt will ich genau wissen, was ich zu mir nehme und warum und wie ihr es schaffen wollt, dass ich nicht erwischt werde. Ich möchte einfach über meinen medizinischen Status und eure geplanten Maßnahmen regelmäßig von euch informiert werden.«

»Ich werde mit Benny darüber reden, wie wir das regeln wollen. Der Vertrag, den du unterschrieben hast, sieht das so nicht vor, aber ich verstehe dich schon.«

Irgendwann kam es Azmera in den Kopf, ihre Schwester zurate zu ziehen. Fatuma studierte inzwischen wirklich in Paris Medizin, und dazu hatte Azmera ja auch indirekt finanziell beigetragen. Sie hatte die Idee, ihrer Schwester die jeweils aktuellen Analysedaten und die geplanten Interventionen von Joe mitzuteilen und Fatuma um ihre Meinung zu bitten.

In einem ersten Telefonat bat sie ihre Schwester um Hilfe, um überhaupt zu verstehen, wie solche Befunde erhoben wurden. Es wurde ein längeres Gespräch, in dem ihr Fatuma ein paar grundsätzliche Dinge erläuterte und ihr außerdem einige Websites nannte, auf denen sie sich weiter informieren konnte. Der Begriff »Doping« fiel bei diesem Telefonat nicht, es ging um das Verständnis von Gesundheitsuntersuchungen.

Zunächst ging es dann leichter als erwartet. Nach dem nächsten Diagnostik-Termin mit Blut- und Urin-Check nahm Joe Azmera zur Seite und gab ihr drei Seiten mit Ergebnissen. Der Haken war, dass circa zehn Prozent der angegebenen Parameter geschwärzt waren. Joe sagte dazu, dass diese Parameter niemals irgendwo schriftlich zu finden sein dürften, weil sie Doping nahelegten.

Jetzt wurde das Gespräch richtig schwierig, und Azmera musste alle Register ziehen, die sie zur Verfügung hatte. Dabei nutzte sie aus, dass Joe und Benny ihre Intelligenz und auch ihre Internet-Kompetenz drastisch unterschätzten. Das tat ihr immer wieder weh, aber jetzt konnte sie damit spielen. Wahrscheinlich dachten die beiden, dass sie mit den Ergebnistabellen nichts anfangen könnte, weil sie die gemessenen Parameter mit ihren Abkürzungen nicht kannte und ihre Bedeutung für ihre Gesundheit und Leistungsfähigkeit erst recht nicht einschätzen konnte.

Das war aber inzwischen nur noch bedingt richtig, weil die Erläuterungen ihrer Schwester und das Studium der von ihr angegebenen Websites Azmera zumindest Anhaltspunkte dafür gaben, worum es jeweils ging. Und Joe und Benny kamen nicht auf die Idee, dass sie sich Hilfe von ihrer Schwester einholte, weil sie Fatuma nie kennengelernt hatten.

Azmera benutzte eine Strategie, die Frauen gegenüber Männern häufig erfolgreich anwandten. Sie bestätigte das männliche Vorurteil von der weiblichen Unwissenheit und kam damit in die bessere Position. Sie bestand auf Einsicht in die ungeschwärzten Dokumente, verzichtete aber auf ihre Aushändigung.

Konkret lief es dann in Bekoji so ab, dass Joe ihr in seinem Besucherzimmer die Tabellen übergab und dann in seinem Büro verschwand. Azmera konnte die Seiten problemlos mit ihrem iPhone fotografieren. Nach einer Weile kam Joe zurück, um ihre Fragen zu beantworten und die kommenden Maßnahmen zu erläutern. Dann gab sie ihm die Unterlagen zurück, damit er sie in den »Giftschrank« legte, wie er seinen Büro-Safe nannte.

— Paris, 2008

Fatuma hatte zwei relativ schlafarme Nächte und einen anstrengenden Klausurvormittag hinter sich. Sie war sich jetzt aber sicher, dass sie die Klausur bestanden hatte. Das war auch unbedingt notwendig, weil davon ihr Stipendium abhing. Ohne das Stipendium konnte sie ihr Medizinstudium in Paris nicht abschließen. Und ohne diesen Abschluss konnte sie sich nie wieder in Bekoji blicken lassen, da war sie sich sicher. Ihre Familie zahlte schließlich noch einen beträchtlichen Betrag zum staatlichen Stipendium dazu.

Nachdem sie nach acht Jahren die gleiche Grundschule wie Azmera abgeschlossen hatte, war sie auf die Mittelschule und danach auf die Oberschule gewechselt. Glücklicherweise konnte sie bei ihrer Familie in Bekoji bleiben. Hier schloss sie als Jahrgangsbeste ab. Es wurde ihr ein Auslandsstipendium angeboten. Die Idee war, die besten Nachwuchsköpfe in Europa oder den USA ausbilden zu lassen, von wo sie dann zurückkehren sollten, um Äthiopien voranzubringen. Fatuma unterschrieb eine Vereinbarung, nach der sie beabsichtigte, nach ihrem Studienabschluss für mindestens fünf Jahre in Äthiopien tätig zu sein. Dann reiste sie tatsächlich nach Paris, mit ein paar nützlichen Kontaktadressen ihres Privatlehrers im Gepäck.

Sie freundete sich mit einer Jurastudentin aus dem Senegal an, und gemeinsam mieteten sie ein kleines Appartement, das sie eigentlich nur zum Schlafen nutzten, weil sie tagsüber und auch meistens abends an der Uni waren.

Zu ihrer Schwester hatte sie gelegentlichen Kontakt über E-Mail und Skype, aber nicht besonders intensiv. Fatuma freute sich über Azmeras Erfolge und betrachtete sie als Ansporn, es ihr auf ihrem eigenen Feld möglicherweise einmal gleichzutun.

Die E-Mail, die sie dann von Azmera bekam, überraschte sie dann trotz des vorangegangenen Telefonats schon etwas. Ihre Schwester fragte, ob sie sich jetzt mit einer konkreten medizinischen Frage an sie wenden könne. Fatuma dachte zuerst an eine Schwangerschaft Azmeras, wurde dann aber mit völlig anderen Fragen konfrontiert, die sie fachlich und emotional ziemlich forderten.

Es kam eine E-Mail mit drei Fotos von verschiedenen Tabellen. Azmera bat Fatuma in der E-Mail, sich die Tabellen anzusehen und sie ihr telefonisch zu erläutern. Es handele sich um die Ergebnisse ihrer Gesundheitsuntersuchung.

Fatuma konnte mit der Hälfte der Abkürzungen direkt etwas anfangen. Alle Werte waren im Normalbereich, hier gab es also nichts Aufregendes. Mit der anderen Hälfte der Abkürzungen der erhobenen Parameter hatte sie jedoch ihre Probleme. Sie kannte sie nicht, und wenn sie recherchierte, kam sie auf völlig abwegige potenzielle Krankheitsbilder. Sie verstand die Zusammenstellung und den Zusammenhang der gemessenen Parameter nicht wirklich.

Aber da gab es ja Bernard. Er hatte ein Auge auf Fatuma geworfen, sie fand ihn auch sympathisch, mehr wollte sie sich aber nicht zugestehen. Sie war sehr vorsichtig, schließlich war sie eine schwarzhäutige Afrikanerin in Europa.

Bernard war Assistenzarzt in der Abteilung für Innere Medizin. Sie war in seinem Seminar, nahm ihn nach einer Veranstaltung zur Seite und fragte, ob er sie in einer familiären gesundheitlichen Frage beraten könne. Bernard sagte gerne zu. Fatuma gab ihm die Tabellen, und er schaute sie sich mit zunehmendem Stirnrunzeln an.

»Was ist los?«, fragte sie. »Stimmt irgendetwas nicht?«

»Ich bin mir nicht sicher, aber das ist irgendwie eigenartig. Es gibt hier eine Reihe normaler gesundheitsrelevanter Werte, die alle im Normalbereich liegen oder besser ausfallen, und dann sind da noch andere Parameter, die nur in bestimmten Krankheitsfällen erhoben werden. Das sieht so aus, als ob die Person, die hinter diesen Daten steht, möglicherweise Probleme mit der Sauerstoffversorgung hat. Außerdem gibt es einige Werte, die ich spontan überhaupt nicht einordnen kann. Ich würde dir ja gerne helfen, vielleicht treffen wir uns morgen Abend in der Bibliothek und recherchieren gemeinsam, und du erzählst mir etwas mehr über den betroffenen Menschen?«

Fatuma sagte zu und bedankte sich. Den ganzen nächsten Tag zerbrach sie sich den Kopf, ob sie preisgeben sollte, dass es sich um die Daten ihrer Schwester, einer bekannten Hochleistungssportlerin, handelte.

Bernard kam ihr zuvor. Als sie sich in der Bibliothek trafen, sagte er, dass er schon am Nachmittag angefangen habe zu recherchieren und dass es seiner Meinung nach wie eine erweiterte Kontrollmessung der Effekte von EPO-Doping und entsprechender Verschleierungsmedikamente aussah. Ob das irgendwie passen könnte.

Bevor Fatuma antworten konnte, steuerte Bernard einen PC-Arbeitsplatz in der Bibliothek an, loggte sich ein und rief sein Recherche-Ergebnis vom Nachmittag auf. Er ging Parameter für Parameter mit ihr durch und erläuterte seinen Gedankengang.

Bevor er sich bis zum Ende durchgearbeitet hatte, unterbrach sie ihn:

»Was hat es denn mit diesem EPO auf sich? Ist das nicht auch gefährlich?«

»Grundsätzlich ist EPO, also Erythropoetin, ein Hormon, das für die Bildung roter Blutkörperchen wichtig ist. Es werden inzwischen unzählige Varianten produziert, die sich auf einer spezifischen Molekülebene unterscheiden, nicht aber in der Wirkungsweise. Es wird in der Therapie von Blutarmut bei Dialysepatienten und nach Chemotherapien eingesetzt. Und weißt du, wie sich das verkauft? Im Internet kursieren zwei Aussagen, die mich ziemlich verblüfft haben. Die erste ist, dass EPO bis 2004 zu den zehn weltweit am meisten Umsatz generierenden Medikamenten gehörte. Die zweite ist, dass die EPO-Menge, die jährlich produziert wird, den therapeutischen Bedarf um das Fünf- bis Sechsfache übersteigen würde. Ein Italiener hat ausgerechnet, dass sich weltweit 500.000 Menschen mit EPO dopen würden. Aber ich bin da nicht wirklich Experte«, sagte Bernard, »das ist Internet-Wissen.«

»Gut«, sagte Fatuma nach kurzem Überlegen. »Ich will dir vertrauen. Es geht um meine Schwester Azmera, die eine sehr erfolgreiche Läuferin ist. Ich weiß nicht, ob du schon von ihr gehört hast: Olympiasiegerin, Weltmeisterin, kannst du alles haben. Sie hat diese Befunde heimlich fotografiert und mir geschickt.«

»Okay, das erklärt alles, aber ich habe den Namen noch nie gehört. Ich interessiere mich nicht besonders für Sport und schon gar nicht für Leichtathletik. Aber dann ist das, was wir hier haben, schon brisant. Die Daten weisen überdeutlich auf EPO-Doping hin. Wir müssen gut überlegen, was wir damit anstellen.«

»Da hast du wohl recht. Aber bevor wir das überlegen: Weißt du etwas über die Risiken von EPO-Doping?«

»Man sagt, dass es ein erhöhtes Risiko für Schlaganfälle, Herzinfarkte und Lungenembolien gebe. Das macht insofern Sinn, als mit der Zunahme der Konzentration roter Blutkörperchen das Blut dickflüssiger wird und damit das Risiko von Blutgerinnseln steigt.«

»Vielen Dank, Bernard. Was machen wir jetzt damit?«

»Nun ja, offiziell kann ich damit nichts zu tun haben. Das könnte meine ärztliche Karriere ruinieren und deine übrigens auch. Man könnte uns vorwerfen, dass wir Doping unterstützten. Möglicherweise sind wir sogar verpflichtet, das zu melden.«

»Das will ich natürlich nicht, also weder das eine noch das andere. Aber wer soll denn davon erfahren, dass ich meine Schwester informiere, was mit ihr geschieht? Was meinst du, wo liegen unsere Risiken?«

»Als Erstes möchte ich sagen, dass ich damit nichts zu tun haben will. Ich habe diese Tabellen nie gesehen. Du musst das alleine machen, wenn du ihr irgendwie helfen willst, in welche Richtung auch immer.«

»Gut, verstanden. Aber vielleicht kannst du mir noch ein paar Tipps geben?«

»Okay, die aktuellen Tabellen solltest du schnellstens schreddern. Ich glaube, das größte Risiko liegt im Versenden der Tabellen per E-Mail. Das ist weniger geheim als der Inhalt einer Postkarte, sagt man.«

»Dann wäre es vielleicht sinnvoll, die Parameter verschlüsselt zu verschicken, oder? Ich könnte zum Beispiel alle Parameter der Tabelle irgendwie umbenennen, also mit a, b, c oder mit 1, 2, 3 oder mit Fantasienamen. Die einzelnen biochemischen Größen und Einheiten müssen nicht genannt werden, die Zahlenwerte der Messergebnisse und der neue Code würden ausreichen, und keiner könnte die Daten wirklich interpretieren.«

»Die Idee finde ich gut, aber besser wäre es, wenn das deine Schwester täte. Sie könnte dir so eine Liste per Post schicken. Danach müsste sie jeweils die Ergebnisse von ihren Fotos auf vorbereitete Tabellen übertragen, das kostet vielleicht eine Viertelstunde. Diese Tabellen könnte sie dir per E-Mail schicken. Wenn du dann mit ihr telefonierst, und das in eurer Sprache, ist das wahrscheinlich nicht sehr gefährlich.«

»Wir würden dann Kefa sprechen. Das ist die Sprache unserer Vorfahren aus Kaffa. Da stammt übrigens der Arabica her, den du jeden Morgen für deinen Espresso nimmst.«

»Und in welche Richtung willst du sie beraten? Wie sie noch besser dopen kann?«, fragte Bernard sarkastisch.

»Nein, bestimmt nicht. Ich habe das Gefühl, dass Azmera Angst hat, weil sie nicht weiß, was mit ihr gemacht wird. Vielleicht kann ich ihr einiges erklären, dann muss sie selbst entscheiden, ob und wie sie weitermachen will.«

»Gut, das verstehe ich. Frag mich ruhig, wenn du glaubst, dass ich dir helfen kann.«

— Vigo, Spanien, Dienstag, 18.11.2014

Diesmal freute sich Lars nicht besonders über die Winterpause. Er hatte das, was man »einen Lauf« nennt. Er hatte sich zu einem Führungsspieler entwickelt, und die Mannschaft war in der Bundesliga bis auf den vierten Platz geklettert. In den Medien wurde schon eine mögliche Teilnahme an der Champions League diskutiert, und in einigen dieser Medien wurde dieser Aufschwung stark mit seiner Person in Verbindung gebracht.

Ihm war klar, wie er seine Entwicklung einordnen musste. Das Wichtigste war, dass er seit Januar von Verletzungen verschont geblieben war, wenn man von Prellungen oder Ähnlichem absah. Er konnte durchgehend trainieren.

Die Methoden von Dr. Enrico spielten bestimmt auch eine wichtige Rolle. Ob er allerdings wegen oder eher trotz Dr. Enricos Behandlung verletzungsfrei geblieben war oder ob das Ganze nicht einfach als ein glücklicher Zufall einzuschätzen wäre, darauf hatte Lars keine Antwort und wollte es auch nicht wirklich wissen.

Im Herbst wurde er zweimal zu Spielen der Nationalmannschaft eingeladen. Das waren für ihn besondere Erlebnisse. Er trainierte dann mit den besten Fußballspielern Deutschlands zusammen, und das war die Weltmeistermannschaft. Die Sensation war, dass er jetzt dazugehörte.

Auch das ganze Ambiente der Nationalmannschaft beeindruckte ihn stark. Es fing bei der Einkleidung an, setzte sich mit der Qualität der Transportmittel Flugzeug und Bus fort und hatte bei den Hotels kein Ende. Die Unterkünfte waren auch während seiner Vereinsreisen nicht schlecht, aber das Fünf-Sterne-plus-Niveau der Nationalmannschaft war noch einmal deutlich etwas anderes.

In beiden Länderspielen wurde er eingesetzt. Im ersten Spiel wurde er zur zweiten Spielhälfte eingewechselt, die deutsche Mannschaft führte zur Pause mit 2:1. In der 70. Minute gelang ihm das 3:1, und das war dann auch der Endstand. Im zweiten Spiel gehörte er zur Startaufstellung. Ein Tor glückte ihm nicht, aber zwei sehr gute Vorlagen, die von arrivierten Mitspielern zu Toren verwertet wurden. Das Spiel endete 2:1, mit dem Gegentor hatte er nichts zu tun.

Der Medienrummel warf ihn beinahe um. Axel, sein Berater, hatte sich bemüht, Lars auf dieses Geschehen vorzubereiten. Außerdem hatte Axel zusammen mit dem Pressesprecher der Nationalmannschaft versucht, die Medienanfragen zu filtern und so etwas wie einen virtuellen Schutzraum um Lars zu bauen. Das gelang auch halbwegs, aber trotzdem war der Ansturm erschreckend, aber auch fantastisch. Lars genoss den Erfolg und die Aufmerksamkeit.

In Interviews machte er sich gut. Frei sprechen konnte er ohne Probleme, und er hatte schon vorher gelernt, sich direkt nach Spielen besonders zurückhaltend zu äußern. Eigentlich hatte er zu diesem Zeitpunkt seiner Karriere die Regeln dieses Medienspiels schon halbwegs gelernt, aber dass er jetzt so stark im Mittelpunkt des Interesses stand, war eine neue Erfahrung. Immer wieder musste er die Situationen seines Tores im ersten Spiel und der Vorlagen im zweiten Spiel beschreiben. Er wurde wie ein Held behandelt, und langsam fühlte er sich auch wie ein Held.

Nach dem zweiten Spiel kam er als Letzter in den Umkleideraum. Die Atmosphäre war relativ locker, einige Teamkollegen hatten schon geduscht. Sie würden heute noch zusammen essen, übernachten und am nächsten Vormittag über Frankfurt zurückfliegen.

Die beiden Torschützen kamen auf Lars zu, bemitleideten ihn ironisch wegen seiner Medienpflichten, klopften ihm auf die Schulter und waren sich einig, in Zukunft auf weitere dieser fantastischen Vorlagen zu hoffen. Lars fühlte sich wie geadelt. Es waren immerhin internationale Spitzenspieler, der eine von Real Madrid, der andere von Manchester United.

Nach dem Abendessen gab es kurze Ansprachen vom DFB-Präsidenten und dem Bundestrainer. In beiden wurde Lars persönlich genannt und mit den beiden positiven Spielergebnissen in Beziehung gesetzt.

Er setzte sich etwas ab, im Nebenraum gab es eine Bar, und er setzte sich an den Tresen. Nach einem Weizenbier war er gerade dabei, ein wenig zu entspannen. Seine Gedanken kreisten um Ulli. Bei einem seiner Rückflüge aus Madrid hatte sie neben ihm gesessen. Sie hatten ein eher belangloses Gespräch geführt, sie hatte sich als Wirtschaftsjournalistin vorgestellt, Ulrike Stanjowski, die beruflich unterwegs war. Er konnte einer Journalistin kaum erzählen, dass er auf einer

Doping-Tour war, und nahm die Touristenrolle ein, die aber nicht einfach zu spielen war, weil er in Madrid einfach nichts kannte, was bei ihr offensichtlich anders war. Aber er nahm das Gespräch auch nicht besonders wichtig, und sie verabschiedeten sich in Frankfurt in maximaler Unverbindlichkeit.

Jetzt hatte sie nach dem zweiten Spiel plötzlich in der Mixed Zone neben ihm gestanden, ihn angestrahlt und gesagt:

»Na, wenn das nicht mein Madrid-Tourist ist? Ich gratuliere dir übrigens zu dem tollen Spiel.«

Lars hatte sie sofort wiedererkannt: wache Augen, ziemlich attraktiv, kurze schwarze Haare.

»Vielen Dank, was treibt dich denn in diese Mixed Zone?«

»Falls du dich erinnerst: Ich arbeite als Wirtschaftsjournalistin und beschäftige mich unter anderem mit den wirtschaftlichen Begleiterscheinungen des internationalen Fußballs. Ich glaube aber, dass du jetzt mal schnell unter die Dusche solltest.«

Sie rümpfte etwas ironisch die Nase. Dann gab sie ihm ihre Karte und einen Klaps auf den Oberarm:

»Falls du Lust hast, ruf doch mal an, wenn du etwas mehr Zeit hast.«

Lars hatte ihn nicht kommen sehen. Das Weizenbier war fast ausgetrunken. Plötzlich saß der Bundestrainer neben ihm.

»Du hast gut gespielt, und obwohl du im ersten Spiel dieses wichtige 3:1 geschossen hast – im zweiten Spiel hast du mir besser gefallen. Entschuldige das ›Du‹, aber jetzt gehörst du ja dazu, und wenn du einverstanden bist, heiße ich jetzt für dich Toni. Wie würdest du denn selbst deine Leistung in diesen beiden Spielen einschätzen?«

Lars schaltete schnell in seinen vorsichtigen Medienmodus, obwohl es ja der Bundestrainer war, der mit ihm sprach:

»Gut, Toni. Ein Tor und zwei gute Vorlagen sind sicherlich nicht schlecht als Einstieg. Aber das sind auch nur einige Sekunden von 135 Minuten Einsatzzeit. Wie siehst du mich denn in dieser Mannschaft?«

»Angenehme Antwort, Lars. Ich finde, dass du gut warst, aber noch mit deutlich Luft nach oben. Und ich wollte dir sagen, dass ich für die nächsten Spiele auf dich zähle. Voraussetzung ist aber natürlich, dass du im Verein weiter sehr gute Leistungen zeigst. Wie willst du eigentlich die Winterpause gestalten?«

»Es gibt einen Trainingsplan meines Vereinstrainers und ansonsten Weihnachten bei den Eltern, Silvester mit Freunden, ausspannen, nichts Besonderes.«

»Gut! Wenn du irgendein Problem haben solltest ... du hast meine Handynummer.«

Dabei klopfte er Lars auf die Schulter und kehrte in den Nebenraum zurück.

— Frankfurt, Sonntag, 21.12.2014

Bis zur zweiten Januarwoche hatte Lars trainingsfrei. Es gab zwar einen Trainings- und einen Ernährungsplan, aber er musste nicht auf dem Trainingsgelände erscheinen. Das war richtig gut, weil er eine Pause gut gebrauchen konnte, es machte ihn aber auch ein wenig unruhig. Es fehlte der gewohnte Tagesablauf, und das würde in der nächsten Zeit auch so bleiben.

Sein Doping beschäftigte ihn. In der Vergangenheit war er einmal während des Trainings kontrolliert worden. Das Prozedere war ziemlich unwürdig, wer lässt sich schon gerne beim Pinkeln beobachten, und zwar so, dass der Beobachter alles genau sehen kann? Letztlich war die Probe negativ, was kein Wunder war, er hatte nichts genommen.

Er wusste, dass das durchschnittliche Risiko für einen Spieler, nach einer Partie getestet zu werden, im deutschen

Profifußball bei circa zwei Prozent lag. Nationalspieler wurden jedoch deutlich häufiger getestet. Sein Risiko würde demnach steigen.

Bislang hatte Dr. Enrico mit seiner Behandlung jedoch hundertprozentig Erfolg. Lars war deutlich leistungsfähiger geworden, jetzt Nationalspieler, und bei einer Kontrolle würde nichts entdeckt werden. Vielleicht sollte er die Winterpause auch ganz anders nutzen, als er dem Bundestrainer gesagt hatte. Er wollte mal mit Dr. Enrico Kontakt aufnehmen. Vielleicht konnte er in der Winterpause auch einen Ölwechsel machen. Er kicherte in sich herein. Den Begriff »Ölwechsel« hatte er im Zusammenhang mit Doping im Radsport aufgeschnappt.

Weihnachten bei den Eltern war nicht sein Wunschprogramm. Es wurde nicht wirklich ausgesprochen, aber selbstverständlich war er zum Familien-Weihnachtsfest eingeladen. Seine Schwester Kathi würde auf jeden Fall da sein. Aber Lars fühlte sich bei dem Gedanken an die unvermeidlichen Gespräche im Kaminzimmer nur unwohl. Was konnte er seinen Eltern und seiner Schwester denn von seinem aktuellen Leben berichten? Höchstens das, was sie sowieso schon aus den Medien wussten, und vielleicht ein paar zusätzliche Insidergeschichten. Jedenfalls nichts über seine Behandlungen durch Dr. Enrico, was ihn zurzeit am meisten beschäftigte.

Weihnachten mit der Familie zu verbringen, war sein üblicher Medien-Fake, er musste bei dem Gedanken daran kurz auflachen. Silvester mit Freunden war eine sehr lose Idee, da gab es aber nichts Verbindliches.

Abends rief er seinen Berater an, obwohl es ein Sonntag war: »Hallo, Axel, was macht die Kunst? Hast du schon alle Weihnachtsgeschenke?«

Axel ging nicht auf die Frage ein und sprudelte sofort los. »Jetzt pass mal auf: Ich wollte dich morgen früh anrufen, es gibt Anfragen von zwei ausländischen Vereinen und einem Bundesligaverein. Womit soll ich anfangen?«

»Na, erst mal mit dem heimischen Verein, bitte.«

»Das ist ein Verein, der in Gelsenkirchen zu Hause ist.«

»Okay, spontan ist das Revier nicht meine Gegend. Weiter!«

»Dann wäre da Liverpool.«

»Ach du lieber mein Vater, noch so ein Revier.«

»Last but not least hätten wir dann noch Paris.«

»Oha! Dieses Revier könnte mir schon gefallen. Aber sag mal: Soll ich bei denen auch spielen, oder wollen sie mich als Ballholer engagieren?«

»Du darfst deinen aktuellen Marktwert nicht unterschätzen. Deine Auftritte in der Nationalmannschaft, sowohl auf dem Platz als auch in den Medien, haben die Aufmerksamkeit exponentiell in die Höhe getrieben. Und du hast einfach super gespielt.«

»Vielen Dank für die Blumen, und vielen Dank auch noch einmal, dass du mich medienmäßig geimpft und abgeschottet hast.«

»Gern geschehen. Und was soll ich jetzt mit den Anfragen tun?«

»Setz bitte Paris an die erste Stelle. Ich finde die Stadt so faszinierend, da würde ich gerne mal eine Zeit lang leben. Allerdings steckt der Teufel im Detail, wie du mir ja immer wieder erklärst.«

»Gut, dann werde ich dein grundsätzliches Interesse deutlich machen und versuchen, mehr über die Pariser Pläne herauszufinden, bevor sie an deinen Club eine offizielle Anfrage stellen. Die offizielle Transferperiode läuft vom 1. bis 31. Januar.«

»Okay«, bestätigte Lars, »und die beiden anderen Anfragen kannst du doch erst mal genauso behandeln. Spontan würde ich allerdings sagen, dass wir diese Anfragen benutzen sollten, um meinen aktuellen Vertrag aufzustocken, falls

Paris nicht klappen sollte. Das hört sich aber alles ziemlich gut an, oder?«

»Das sehe ich auch so.«

Lars holte kurz Luft.

»Noch eine Frage: Ich habe die Idee, die Winterpause für eine Kur von Dr. Enrico zu nutzen. Was meinst du dazu?«

»Ich kann dir dazu nur sagen, dass du nicht der einzige deiner Kollegen bist, der so eine Überlegung anstellt. Mindestens zwei Dinge solltest du dabei berücksichtigen: Bislang ist noch keiner von Dr. Enricos Klienten positiv getestet worden. Und das liegt nicht daran, dass er so wenige Klienten hat. Die zweite Sache ist der Preis. Wenn du mit dieser ›Kur‹ in eine ganzjährige Betreuung der Spitzenklasse einsteigen willst, musst du pro Jahr mit circa 100.000 Euro rechnen.«

»Oh, das ist ja wirklich eine ganze Menge.«

»Stimmt. Aber wie ist es dir in der letzten Zeit ergangen? Und denke daran, dass nach einem neuen Vertrag, wo auch immer, diese Summe nur einen Bruchteil deiner zusätzlichen Einkünfte ausmachen wird. Eine bessere Investition gibt es für dich nicht.«

»Gut, dann kümmere ich mich um meine Kur, und du hältst mich wegen der Anfragen auf dem Laufenden.«

— Madrid, Dienstag, 23.12.2014

Zwei Tage später war Lars in Madrid. Dr. Enrico zeigte sich erfreut über die positive Entwicklung seiner Fußballkarriere. Lars erläuterte seine Idee, die Winterpause offensivzu nutzen, und Dr. Enrico bestätigte ihn mit der Äußerung, dass dies möglicherweise die günstigste Zeit für eine Kur sei. Sie einigten sich, dass Lars jetzt in den Status eines Premiumkunden aufsteigen würde, was ihm für ein Jahr den vollen Service zukommen ließe. Der dafür zu entrichtende Betrag überstieg die im Gespräch mit seinem Berater genannte Summe nur unwesentlich.

Während der Diagnostik war Lars etwas abgelenkt. Er dachte selbstironisch darüber nach, wie er denn wohl diese Kosten, inklusive der für die Flugtickets, in seiner Steuererklärung berücksichtigen konnte. Aber daneben gab es tatsächlich das Problem, einen sechsstelligen Betrag so von seinem Konto abbuchen zu lassen, dass es nicht auffiel. Er musste das unbedingt mit Dr. Enrico besprechen.

Zum Ende der körperlichen Untersuchungen zeigte ihm Valentina, die auch diesmal für ihn zuständig war, eine Einwegspritze.

»Ich zeige Ihnen jetzt, wie das geht.«

»Was ist das?«

»Das ist EPO, aber eine Variante, die aktuell bei Kontrollen nicht gefunden werden kann. Dr. Enrico erklärt dir nachher alles noch genauer. Ich will dir jetzt nur zeigen, wie die Spritze gesetzt wird, damit du das in den nächsten Wochen selbst tun kannst.«

Sie erklärte ihm, wie er im Bauchbereich am besten unter die Haut kam, und führte dann seine Hand, so dass er sich unter Anleitung praktisch selbst spritzte.

»Sehen Sie, es ist ganz einfach.«

Das abschließende Gespräch mit Dr. Enrico fand diesmal direkt statt, es gab keine Wartezeit. Er erklärte Lars, an welchen Tagen der nächsten eineinhalb Wochen er sich spritzen sollte und dass die Anzahl roter Blutkörperchen in seinem Blut in Folge deutlich ansteigen würde. Um zu verhindern, dass seine Herzfrequenz wegen der erhöhten Viskosität des Blutes nachts zu stark abfiel, sollte er abends ein entsprechendes Medikament einnehmen. Ziel sei es, möglichst kurz vor dem Beginn des Trainingslagers zur Vorbereitung der Rückrunde noch einmal nach Madrid zu kommen. Er würde ihm dann Blut entnehmen und die roten Blutkörperchen in einem Konzentrat hier sauber und tiefgekühlt lagern, um sie ihm später wieder zu injizieren. Wann das sein würde, hinge von der individuellen Formentwicklung und dem Spielplan ab. Das Risiko sei praktisch null. Erstens würde die verwendete EPO-Variante aktuell nicht entdeckt. Zweitens würde über Weihnachten und den Jahreswechsel generell kaum kontrolliert. Drittens sei die Dosierung relativ gering, so dass ein paar Tage nach der letzten Spritze sowieso nichts mehr zu finden sei. Und wenn das Konzentrat aus dem eigenen Blut später wieder zurückgeführt werde, sei auch unter ungünstigsten Bedingungen nichts mehr zu finden.

Für das Trainingslager hätte er nicht mit leistungsnegativen Konsequenzen zu rechnen, weil die vorangegangene EPO-Behandlung den Blutverlust ausgleichen würde. Für das Trainingslager und die direkte Zeit danach kündigte Dr. Enrico ihm eine weitere Spezialbehandlung an, über die sie dann beim nächsten Termin konkret reden würden. Ziel sei es, danach eine weitere Blutentnahme durchzuführen, damit Lars für den Rest der Saison zwei Portionen zum »Nachtanken« zur Verfügung hätte.

»Übrigens geht das Gerücht um, dass Sie in der aktuellen Transferphase möglicherweise zu einem Verein wechseln, der in der Champions League aktiv ist. Dann wäre es besonders wichtig, bei entscheidenden Spielen in Topform zu sein.«

»Woher wissen Sie das?«

»Es gehört zu meinem Geschäft, auf dem Laufenden zu sein. Ich wollte Sie noch darauf hinweisen, dass Madrid nicht die einzige Anlaufstelle für Sie sein muss. Wir sind international aufgestellt, und es gibt in mehreren europäischen Ländern Einrichtungen wie diese hier. Wenn Sie es wünschen, könnte ich Sie vermitteln.«

»Nein, danke. Das ist sehr nett, aber ich fühle mich bei Ihnen gut aufgehoben.«

»Gut, das freut mich. In dieser Box finden Sie die fünf Einwegspritzen, die dazu gehörenden Tabletten und außerdem die grünen, gelben und roten Tabletten, die Sie schon kennen und die Sie bitte jeweils nach der Anweisung in der Box einnehmen. Geben Sie Ihren Koffer bitte als Gepäck auf. Sie werden keine Schwierigkeiten bekommen.«

»Vielen Dank. Kann ich Sie spontan kontaktieren, falls es ein Problem geben sollte?«

»Tagsüber können Sie hier in der Praxis anrufen, und für Notsituationen gebe ich Ihnen noch eine Mobilnummer.«

»Und wie regeln wir die Bezahlung?«

Ich schlage vor, dass wir zwei Wege wählen. Sie bekommen von mir normale Rechnungen für leistungsdiagnostische Untersuchungen, sportphysiologische Behandlungen und die Entwicklung spezieller Trainingspläne. Diese Rechnungen werden mit Ihren Besuchen hier in Madrid abgestimmt. Es wird einen Rest in Höhe eines mittleren fünfstelligen Betrages geben, den Sie bitte an Ihren Berater überweisen. Ein offizieller Grund für diese Überweisung wird sich sicher finden lassen. Der weitere Weg des Geldes ist dann nicht mehr Ihre Sache, wir haben da andere Möglichkeiten, die ich aber ungern näher erläutern möchte. Es wird auch nichts Schriftliches unserer Übereinkunft geben, das muss Vertrauenssache sein.«

Kapitel 5

— Saarbrücken, Montag, 26.9.2016

Zweigelt war immer noch besorgt. Sein Makler hatte sich bislang nicht gemeldet, und die ganze Situation beunruhigte ihn. Was hatte es mit dem Blut auf sich? Was waren das eigentlich für Mieter? Hätte er sich persönlich mehr darum kümmern müssen? Hatte in seinem Haus möglicherweise ein Verbrechen stattgefunden?

Er war aber auch ein bisschen zornig. Schließlich hatte er sich auf seinen Makler verlassen, und dennoch waren diese Schwierigkeiten entstanden. Das müsste der dann jetzt auch irgendwie ausbügeln.

In dieser Stimmung rief er ihn an, aber nach dem Gespräch war Zweigelt klar, dass die Probleme doch an ihm selbst hängen blieben. Sein Makler hatte ihm am Telefon unmissverständlich klargemacht, dass er immer nur in seinem, Zweigelts, Auftrag gehandelt habe und deshalb jede Verantwortung ablehnen müsse. Er habe jetzt mehrfach versucht, im Sinne einer Serviceleistung den Mieter Wilders telefonisch zu erreichen, leider ohne Erfolg. Der Teilnehmer sei zurzeit nicht erreichbar. Er würde Zweigelt jetzt Wilders' Mobilnummer geben und sehe sich dann nicht mehr in der Pflicht. Ansonsten stünde er ihm natürlich jederzeit mit Rat und Tat zur Seite.

Als Zweigelt es direkt versuchte, war Wilders sofort am Handy. Der zeigte sich kurz irritiert, wer ihn da anrief, war dann aber schnell präsent. Die Aussagen der Reinigungsfirma bezeichnete er rundweg als Unsinn. Darüber hinaus habe er das Haus gerade geräumt, er brauche es nicht mehr. Die Schlüssel werde er morgen dem Makler zuschicken. Zweigelt könne ab sofort wieder über die Immobilie verfügen. An der vereinbarten Miete würde sich durch die Verkürzung der Nutzungsdauer nichts ändern. Dann beendete er das Gespräch.

Zweigelt war immer noch besorgt und jetzt über diesen Mieter regelrecht empört. Wilders hatte ihn nicht zu Wort kommen lassen. Der Mann hatte offensichtlich überhaupt kein Benehmen.

Im Hinterkopf hatte Zweigelt allerdings eine Idee. Er hatte noch einen Reserveschlüssel zum Haus in Dudweiler, man konnte ja nie wissen, und Wilders hatte ja das Haus praktisch freigegeben. Es war jetzt später Vormittag, und die Uni müsste dann wohl heute ohne ihn auskommen. Er fuhr direkt nach Dudweiler und parkte ohne jede Vorsicht direkt vor seinem Elternhaus. Schon als er ausstieg, sah er Frau Dembrowski über die Hecke schauen.

»Guten Tag, Frau Dembrowski.«

»Guten Tag, Herr Professor Zweigelt. Es wird aber auch Zeit, dass Sie sich mal um das Haus Ihrer Eltern kümmern.«

»Wieso, ist etwas passiert?«

»Na, das waren schon merkwürdige Mieter, dieser Mann mit den fünf schwarzen Mädels. Und dann die Aufregung mit der Reinigungsfirma. Irgendetwas stimmt da doch nicht. Aber jetzt sind sie ja wohl weg.«

»Woher wissen Sie das?«

»Gestern kam ein Transportwagen, und zwei Männer haben einen großen Kühlschrank und andere Möbel verladen. Danach habe ich niemanden mehr gesehen.«

»Danke, Frau Dembrowski, dann will ich mal nachsehen.«

Er verabschiedete sich, wohl wissend, dass er weiterhin unter Beobachtung stand.

Nachdem er vorsichtig die Haustür aufgeschlossen hatte, sog er die Luft durch die Nase. Es roch intensiv nach Reinigungsmitteln. Er ging systematisch alle Räume ab. In zwei Zimmern lagen noch Matratzen, die er nicht kannte.

Sonst war alles sauber, auch das Nebenzimmer des Bades.

Zweigelt war ratlos. Was sollte er jetzt tun? Das Haus machte einen annehmbaren Eindruck, ganz anders, als er es von Potriani gehört hatte. Er rief den Chef der Reinigungsfirma an, wollte ihn zur Rede stellen und beschrieb ihm die Situation im Haus. Potriani ließ sich auf Zweigelts provokanten Ton nicht ein.

»Sie können sicher sein, dass es in diesem Haus genau so ausgesehen hat, wie ich es Ihnen beschrieben habe. Ich bin in 15 Minuten bei Ihnen.«

Die Wartezeit wurde für Zweigelt sehr lang. Er suchte nach Argumenten, das Ganze auf sich beruhen lassen zu können. Was gingen ihn die Belange dieser Mieter an? Auf der anderen Seite konnte es ja wirklich sein, dass hier möglicherweise ein Verbrechen stattgefunden hatte. Wo sollte sonst das Blut hergekommen sein? Aber jetzt war alles sauber, das Blut hatten nur Potriani und seine Angestellte gesehen.

Als Potriani klingelte und Zweigelt den Klingelton aus seiner Kindheit hörte, entspannte er etwas. Der Ton suggerierte Sicherheit.

Potriani schaute sich das Bad und den Nebenraum genau an.

»Hier ist richtig gut geputzt worden«, sagte er zu Zweigelt, »aber nicht wirklich professionell. Sehen Sie mal hier.«

Er zeigte auf eine kaum erkennbare unterbrochene dunkle Linie, die sich über eine Bodenfliese zog.

»Das könnten Reste der Blutflecken sein.«

»Das heißt, Sie bleiben dabei, dass hier alles voller Blut gewesen ist?«

»Ja, natürlich. Ich habe es ja selbst gesehen.«

»Na gut, ich glaube Ihnen. Aber was sollen wir jetzt tun?«

»Ich bin dafür, dass Sie direkt zur Polizei gehen. Wenn Sie wollen, komme ich mit. Auf jeden Fall stehe ich als Zeuge zur Verfügung.«

Sie verließen das Haus, gingen wortlos an Frau Dembrowski vorbei und waren einige Minuten später auf der Wache in der Beethovenstraße.

Der Diensthabende hörte sich die Geschichte kurz an, unterbrach Zweigelt dann und verwies ihn nach Sulzbach. Das sei die zuständige Polizeiinspektion, sie seien hier nur ein kleiner Posten und für Fälle wie den beschriebenen nicht zuständig.

Nachdem sich Potriani mit dem Hinweis auf andere wichtige Termine verabschiedet hatte, nicht ohne darauf hinzuweisen, dass er selbstverständlich als Zeuge zur Verfügung stehe, machte sich Zweigelt auf den zehnminütigen Weg nach Sulzbach in die Gärtnerstraße. Hier war schon etwas mehr Betrieb. Eine Viertelstunde musste er warten, bis er seine Geschichte erzählen konnte. Der Beamte ließ ihn immerhin ausreden, stellte dann aber eine Frage, die Zweigelt an dessen Vernunft zweifeln ließ.

»Und was soll die Polizei jetzt unternehmen? Wollen Sie Anzeige erstatten wegen unzureichender Reinigung eines Mietobjekts bei Vertragsschluss?«

»Nein, das nun gar nicht. Es gibt einen Zeugen dafür, dass vorher zwei Räume großflächig mit Blut besudelt waren, also kein Nasenbluten. Und ich bin hier, um diesen Umstand zu melden, weil ja möglicherweise ein Verbrechen stattgefunden hat. Und ich bitte Sie, das so in Ihrem Protokoll festzuhalten.«

Jetzt reagierte der Beamte etwas anders, fragte nach den Kontaktdaten des Mieters und des Zeugen und nach den Zugangsmöglichkeiten zum Haus in Dudweiler. Zweigelt nannte ihm die Daten und händigte ihm nach kurzem Nachdenken auch die Hausschlüssel aus. Er unterschrieb ein Protokoll und gab dem Beamten die Hand.

»Vielen Dank.«

»Wir melden uns bei Ihnen.«

— Saarbrücken, Montag, 26.9.2016

Karl saß zu Hause an seinem Schreibtisch und arbeitete an der neuen Vorlesung. Es sollte eine Veranstaltung im Umfang von zwei Semesterwochenstunden werden. Im Klartext bedeutete das die Vorbereitung von 13 jeweils anderthalbstündigen Vorträgen und den semesterbegleitenden Lernkontrollen.

Außerdem musste eine Abschlussklausur vorbereitet werden, möglichst eine Multiple-Choice-Klausur, damit der Korrekturaufwand mit seinem Personal überhaupt bewältigt werden konnte. Für die Entwicklung der Klausur hoffte er auf Mathias, der mit seiner hohen EDV- und Mathematik-Affinität die Multiple-Choice-Problematik am besten durchschaute. Die Vorbereitung der semesterbegleitenden Lernkontrollen würde er auf die anderen Mitarbeiter verteilen.

An Karl blieb aber natürlich die Aufgabe hängen, den Lehrstoff didaktisch strukturiert auf 13 Vorträge zu verteilen und diese Vorträge im Detail zu erarbeiten.

Solche Arbeiten machte er lieber zu Hause, weil er dort nicht ständig vom Telefon oder von Besuchern gestört wurde. Er meldete sich aber am frühen Vormittag bei Ingeborg.

»Hallo, Ingeborg, ich bleibe heute zu Hause und arbeite an der neuen Vorlesung. Ist irgendetwas los?«

»Nein, hier ist glücklicherweise alles ruhig. Aber du hast eine Einladung bekommen.«

»Was ist das für eine Einladung?«

»Horst Medow hat dich zur Habilitationsfeier seines Schützlings Bert Funk eingeladen, übrigens ausdrücklich mit Begleitung. Das scheint ein größeres Event zu werden. Der Innenminister hat wohl schon zugesagt.«

»Wann soll das denn sein?«

»Nächste Woche Mittwoch, 19 Uhr, in den Räumen der Sportmedizin. Das ist der 5. Oktober.«

»Gut, danke. Ja, die haben ja genug Platz. Ich notiere mir das gleich. Dann bis morgen.«

Direkt im Anschluss rief er Henriette an. Es war nicht oft so, dass er sie gleich am Telefon hatte, meist ging es über ihr Vorzimmer. Aber diesmal meldete sie sich direkt und machte einen entspannten Eindruck.

»Hallo, lieber Karl, was verschafft mir die Ehre deines Anrufs?«

»Eine Einladung unseres Ober-Sportmediziners Horst Medow, nächste Woche, 19 Uhr, an mich mit Begleitung.«

»Oje, was ist der Anlass, und was soll ich da?«

»Anlass ist die Habilitation seines Mitarbeiters Funk, und ich würde mich freuen, wenn du mitkommen würdest.«

»Du weißt, dass ich mich in der Rolle der professoralen Begleitung nicht so richtig wohlfühle.«

»Ja, das ist mir schon klar. Mir geht es in erster Linie um einen gemeinsamen Abend. Was für dich vielleicht interessant sein könnte: Vom saarländischen Sport werden alle relevanten Vertreter dort sein, vom Landessportverband und den einzelnen Sportverbänden bis hin zu den in der Politik Verantwortlichen, zum Beispiel auch der Innenminister. Und du wirst bestimmt nicht nur als die Begleitung des Professors auftreten, da bin ich mir sicher.«

Karl überzog bewusst ein wenig, schließlich hatte er einen guten Grund. Nach kurzem Überlegen meinte Henriette:

»Na gut, du hast mich überzeugt, ich bin dabei.«

»Super, da freue ich mich sehr. Sag mal, könntest du dir vorstellen, dass wir uns heute Abend treffen? Ich könnte Coq au vin machen.«

»Vielen Dank für die Einladung, aber heute geht es nicht. Ich bin schon anderweitig verabredet.«

»Schade. Hast du denn in dieser Woche noch einen Abend für mich frei?«

»Ich weiß noch nicht genau, es ist gerade ziemlich viel los. Ich melde mich bei dir. Aber der nächste Mittwoch ist fest gebucht.«

— Saarbrücken, Montag, 26.9.2016

Als Henriette auflegte, wusste sie, dass sie eigentlich ein schlechtes Gewissen haben sollte. Es stellte sich aber glücklicherweise nicht ein. Sie war für heute Abend mit Roberta zum gemeinsamen Training verabredet, mit offenem Folgeprogramm. Das hatte sie Karl unterschlagen. Aber Karl war auch manchmal etwas empfindlich, und sie hatte keine Lust auf Spannungen.

Die Veranstaltung am nächsten Mittwoch könnte in der Tat ziemlich interessant werden. Sie nahm sich vor, das Doping-Thema bis dahin noch etwas weiterzutreiben, um dann vielleicht die eine oder andere Gesprächsmöglichkeit zu nutzen. Dieses neue Thema war auch der Grund für die Absage anderer Termine mit Karl in dieser Woche. Henriette wollte sich einfach zeitliche Freiräume erhalten. Diese Notwendigkeit hatte sie in ihrer journalistischen Karriere schnell gelernt. Und es war so besser, als verabredete Dates mit Karl abzusagen.

Die montägliche Redaktionskonferenz verlief nicht ganz einfach. Die Einbruchsstory war ja inzwischen termingerecht druckreif, und Henriette nannte das Doping-Projekt als möglichen nächsten Schwerpunkt, der aber noch zu prüfen sei. Es gab einige Gegenstimmen, die »Ämterhäufung und Interessenkonflikte« favorisierten. Henriette löste die Spannung, indem sie Stefan Suter bestärkte, das Ämterhäufungs-Thema weiter zu bearbeiten, wie es geplant war. Sie würde das Doping-Thema prüfen, und nächste Woche könnten sie dann weitersehen. Die weiteren Diskussionen drehten sich dann um die kleineren Beiträge der nächsten Ausgabe, und die Stimmung beruhigte sich schnell.

Am Nachmittag konnte sie sich das erste Mal um das neue Thema kümmern. Sie stieg über den Doping-Begriff ein, und das war schon einmal erhellend. Doping war, so hatte sie es verstanden, per Definition an den Hochleistungssport gebunden. Eine verlässliche Quelle für die Definition der Welt-Anti-Doping-Agentur von 2009 rief bei ihr ein Stirnrunzeln hervor. Dort hieß es, dass Doping definiert werde als das Vorliegen eines oder mehrerer Verstöße gegen Anti-Doping-Bestimmungen. Diese Anti-Doping-Bestimmungen betrafen nur Sportler, die am Wettkampfbetrieb des Hochleistungssports teilnahmen. Da es für den Breitensport keine Anti-Doping-Bestimmungen gab, konnte es – so verstanden – auch kein Doping im Breitensport geben. Im Breitensport spreche man dagegen von Medikamentenmissbrauch.

Henriette fand einige Aussagen, in denen Fitnessstudios als Brutstätten dieses Medikamentenmissbrauchs beschrieben wurden. Sie überlegte, dass es gut sei, dieses Thema in den geplanten Beitrag mit aufzunehmen und ihren Mitarbeiter Stefan darauf anzusetzen. Damit konnte sie ihm auch die Mitautorenschaft anbieten. Das wäre ohnehin gut, da er ja schließlich die Idee gehabt hatte.

Sie surfte weiter, suchte nach Anknüpfungspunkten internationalen Hochleistungssports mit dem Saarland, landete auf den Seiten des Landessportverbandes für das Saarland und fand Informationen über das Gasttraining von Azmera Yifter und ihrer Trainingsgruppe auf dem Gelände der Sportschule.

Sie recherchierte den Namen Azmera Yifter weiter, bekam eine Vorstellung von der internationalen Bedeutung dieser Läuferin, und es verdichtete sich die Idee, diese Läuferin zum Thema Doping zu interviewen, wenn sie denn schon mal hier war. Es war dabei allerdings zu bedenken, dass Azmera Yifter möglicherweise selbst nicht ganz sauber war. Aber es könnte sich auf jeden Fall lohnen, ihr ein paar Fragen zu stellen. Henriette hoffte, dass sie jemanden vom Landessportverband auf dem Event am nächsten Mittwoch als Türöffner für ein solches Interview gewinnen könnte.

Dann suchte sie unter »Doping im Fußball« und war verblüfft, was sie alles fand. Es gab ernst zu nehmende

Hinweise auf Doping in den ersten Ligen aller führenden europäischen Fußballnationen. Auch unter »Horst Medow Doping« fand sie einige Treffer, meist Interviews zum Thema Doping im Fußball. Das müsste sie später alles noch genauer recherchieren, für heute war erst mal Schluss.

Um 18 Uhr war Henriette mit Roberta im Studio verabredet. Sie war ein wenig früher da, zog sich um und setzte sich dann mit einem Mineralwasser an den verwaisten Tresen. Ohne mit der Wimper zu zucken, stellte sie der muskulös aussehenden Blondine, die als Bedienung auftrat, die Frage, ob sie hier im Studio möglicherweise auch leistungsfördernde Medikamente bekommen könnte. Sie sei mit den bisherigen Trainingserfolgen nicht zufrieden. Die Blonde schaute ihr in die Augen und meinte dann, da sei sie überfragt. Sie ginge allerdings davon aus, dass es so etwas hier nicht gebe. Und ganz bestimmt nicht hier am Tresen. Henriette könne es ja mal beim Chef versuchen.

Die Antwort stimmte Henriette nachdenklich. Eine klare Absage hörte sich eigentlich anders an.

Roberta kam, und die beiden machten ihre übliche Trainingsrunde. Unter der Dusche waren sie sich schnell einig, zuerst in der »Tomate 2« eine Kleinigkeit zu essen und dann zu Roberta zu fahren. Beim Essen berichtete Henriette von ihrem neuen Projekt und ihrer Nachfrage im Studio.

Roberta lachte. »Ich dachte nicht, dass du auch in deinem Job so direkt bist. Was hast du dir eigentlich davon versprochen?«

»Eigentlich gar nichts Genaues. Es war einfach spontan.«

»Ich glaube, du nimmst dein neues Thema noch nicht so richtig ernst. Wenn da was dran ist und du mit Leuten aus diesem Umfeld sprichst, kann es ja gut sein, dass deine Gesprächspartner Dreck am Stecken haben. Wenn du also etwas herausfinden möchtest, müsstest du wohl etwas subtiler vorgehen. Es wundert mich, das einer Journalistin sagen zu müssen.«

Henriette versicherte, dass ihr diese Überlegung schon geläufig sei, gestand aber ein, dass ihre Vorgehensweise hier möglicherweise etwas unprofessionell gewesen war, und gelobte Besserung. Sie berichtete von der Feier am kommenden Mittwoch, die sie zusammen mit Karl besuchen wolle, und ihren Gesprächsideen. Da würde sie sich etwas Besseres einfallen lassen, als direkt mit der Tür ins Haus zu fallen.

Roberta erzählte daraufhin, dass es eine mysteriöse Anzeige wegen großflächiger Blutspuren in einem Haus gegeben habe, die plötzlich verschwunden seien. Eine erste Untersuchung habe jedoch ergeben, dass tatsächlich viel Blut da gewesen sein musste, was auch ein Zeuge bestätigt habe. Der Mieter des Hauses, ein gewisser Wilders, sei nicht auffindbar. Morgen würden weitere Untersuchungen angestellt.

Sie fuhren mit zwei Autos bis zu Robertas Wohnung am Eschberg. Sex mit einer Frau war für Henriette etwas völlig anderes als mit Karl, und das war nicht nur anatomisch bedingt. Mit Karl glitt sie beim Sex – und nur beim Sex – sofort in eine passive Rolle. Karl hatte die Führung, und sie verließ sich hundertprozentig auf ihn. Das funktionierte jetzt seit vielen Jahren zu bester beidseitiger Zufriedenheit und wurde auch nicht langweilig. Beim Sex mit einer Frau übernahm sie dagegen gerne eine dominante Rolle.

Das funktionierte nicht immer, und wenn es nicht klappte, beendete Henriette die Beziehung relativ schnell. Aber auch wenn der Sex gut lief, wechselte sie häufig die Partnerin. Meist lag es daran, dass diese Partnerinnen dann nicht nur beim Sex folgsam waren. Damit konnte Henriette aber nun wiederum gar nichts anfangen.

Mit Roberta lief es bislang sehr gut. Sie folgte Henriettes kreativen Einfällen mit großem Genuss und tat diesen

Genuss auch deutlich kund. Ihre Unterordnung, wenn es denn so bezeichnet werden konnte, bezog sich aber nur auf die sexuelle Seite ihrer Beziehung.

Als sie entspannt nebeneinander lagen, meinte Roberta plötzlich, dass sich Henriette wegen ihrer Beziehung zu Karl keine Gedanken machen müsse.

»Du hast mir doch von eurem gemeinsamen Besuch des Festes am nächsten Mittwoch erzählt, um mich zu testen, oder?«

Henriette dachte kurz nach.

»Nein, testen wollte ich dich nicht. Aber ich habe keine Lust auf Geheimnistuerei, das kenne ich zur Genüge. Karl ist für mich sehr wichtig und nicht verhandelbar. Und das meine ich nicht nur im Sinne einer Gesprächsbeziehung.«

»Aber das ist okay. Ich will doch nicht in dein Leben hineinrauschen, dich aussaugen und deine anderen Beziehungen abschaffen. Wer bin ich denn? Na gut, das mit dem Aussaugen kann man auch anders sehen.«

»Da habe ich nun auch überhaupt nichts dagegen. Aber wie sieht es denn mit deinen Nebenbeziehungen aus?«

»Gibt es denn hier Berichtspflicht? Dass du mir Karl praktisch vor die Nase setzt, bedeutet doch nicht, dass ich mich ähnlich verhalten müsste.«

»Einverstanden, keine Berichtspflicht, solange es unsere Beziehung nicht direkt tangiert. Und das mit Karl – ich habe einfach schlechte Erfahrungen mit diesem Versteckspiel gemacht, deshalb die Offensive.«

Sie verabredeten sich noch für die nächste Woche, dann fuhr Henriette die wenigen Kilometer bis zum Ilseplatz.

— Saarbrücken, Mittwoch, 28.9.2016

Gestern hatte Henriette in ihrem Büro ohne große Störungen weiter recherchieren können. Sie konzentrierte sich auf das Fußball-Thema und war überrascht, wie häufig Doping hier genannt wurde. Es zeichnete sich eine historische Linie ab von den aus deutscher Perspektive markantesten Punkten der Weltmeisterschaft 1954 und dem Schumacher-Buch »Anpfiff« von 1987 bis zum Arzt Fuentes 2006 und seinem Blutdoping.

Die Kontrollen in der Bundesliga wurden von kritischen Stimmen als lächerlich beschrieben. Es gab Angaben, nach denen außerhalb der Spiele nur jeder zweite Spieler überhaupt einmal getestet wurde.

Sie dachte an den nächsten Mittwoch und an ein mögliches Gespräch mit Horst Medow. Sie hatte schnell herausgefunden, dass er seit 2001 zum Ärzteteam der deutschen Fußballnationalmannschaft gehörte und unter anderem für das Anti-Doping-Management zuständig war. Dieser Arzt müsste doch eigentlich wissen, was so ablief. Also schaute sie sich seine offiziellen Äußerungen an.

Das war dann aber nicht wirklich aufschlussreich. Horst Medow hielt Doping im Fußball für möglich, so etwa Anabolika zur Förderung des Muskelaufbaus, dazu auch Wachstumshormone und die Mittel zur Förderung der Ausdauerleistung, wie etwa EPO. Er würde aber selbst keinen konkreten Fall kennen. Die Kontrollen seien gut, aber optimierungsfähig.

Henriette machte sich noch weitere Notizen in ihrem Notebook und dachte dabei zunehmend skeptisch an das mögliche Gespräch mit Horst Medow, von dem sie sich immer weniger versprach. Als sie eigentlich das Licht hätte einschalten müssen, fuhr sie nach Hause und ging früh ins Bett.

Heute versuchte sie, das bisher Recherchierte zusammenzufassen. Für den Moment sah es so aus, dass Doping im Fußball zweifellos eine wichtige Rolle spielte, die Kontrollen nur unzureichend waren und der Teamarzt der Nationalmannschaft davon nichts Konkretes wusste oder wissen wollte.

Es war gegen 14 Uhr, und sie hatte gerade ihren zweiten Lungo nach dem Mittags-Croissant intus, als ihr ein Anruf von einer Frau Miltrat durchgestellt wurde.

»Hallo, Roberta, was gibt's?«

»Hallo, Henriette, entschuldige bitte den Anruf im Job, aber es könnte wichtig sein.«

»Schon okay. Worum geht es denn?«

»Es geht um diese Blutflecken, von denen ich dir vorgestern erzählt habe. Heute früh habe ich den Untersuchungsbericht auf dem Tisch gehabt, und der deutet darauf hin, dass es einen Bezug zum Leistungssport gibt. Und weil ich ja weiß, dass du aktuell gerade zu diesem Thema recherchierst, dachte ich mir, dass wir vielleicht zusammen weiterkommen könnten.«

»Gut, aber das ist wahrscheinlich nichts für die ›Tomate 2‹, oder?«

»Eher nicht. Ich wollte doch sowieso irgendwann mal deine Wohnung kennenlernen. Wäre das vielleicht schon für heute Abend eine Option?«

»Ja, das geht. Ich mache uns eine Kleinigkeit zu essen. Was hältst du von 19 Uhr?«

»19 Uhr ist gut.«

»Du kannst in die Tiefgarage fahren. Der Code ist 2348. Der Platz Nummer 8 ist mein Gästeparkplatz.«

»2348, Nummer 8 ist notiert. Gut, dann bis nachher.«

Henriette dachte kurz nach, dann sagte sie in ihrem Sekretariat Bescheid, dass sie heute früher ginge. Sie fuhr ins Fitnessstudio, die Trainingssachen hatte sie immer im Auto.

Bevor sie Roberta hier kennengelernt hatte, war das Training auch immer eine Gelegenheit gewesen, nachzudenken. Konversation mit anderen Trainierenden war nicht vorgesehen. Heute war es eine besondere Situation. Roberta war nicht da, und eigentlich wollte Henriette über ihre Doping-Recherchen nachdenken. Aber Roberta lenkte sie trotz ihrer Nicht-Anwesenheit in zweierlei Hinsicht beträchtlich von ihrer Absicht ab. Die kleinere Ablenkung bestand in der Frage, was sie zu Robertas Blutflecken-Fall beitragen könnte. Die größere Ablenkung waren ihre Fantasien, ob und, wenn ja, wie dieser Besuch Robertas auch eine erotische Seite haben könnte. Ehrlicherweise sagte sie sich, dass es nur um die Frage des Wie ginge, das Ob stand außer Frage, oder? Und für das Wie hatte sie so einige Ideen.

Nach dem Training kaufte sie zwei Artischocken, ein Baguette und zwei Thunfischsteaks. Sie war um 17 Uhr zu Hause, kochte zuerst die Artischocken und legte sie zum Warmhalten unter Aluminiumfolie. Dann bereitete sie die Vinaigrette für die Artischocken vor. Gegen 18 Uhr ging sie duschen, bezog danach das Bett neu und überlegte, was sie anziehen sollte. Sie wählte ein Schlabber-Sweatshirt, das etwas kürzer war als die, die sie üblicherweise trug, wenn sie allein war, das würde passen.

Roberta klingelte um zehn nach sieben. Sie trug Rock, Bluse und einen leichten Blazer, kam also direkt aus dem Büro und entschuldigte sich für ihr unangemessenes Outfit, als sie Henriettes sparsames Shirt sah. Sie nahmen sich in den Arm, küssten sich intensiv, und Henriette konnte nicht anders, als Roberta den Rock hochzuschieben und ihre Finger unter den Rand ihres Slips gleiten zu lassen.

Roberta lachte kurz auf.

»So haben wir das gerne, Missbrauch schon im Flur. Nicht, dass ich grundsätzlich etwas dagegen hätte, aber heute ticken meine Uhren etwas anders. Erstens brauche ich vor weiteren Annäherungen unbedingt eine Dusche, und zweitens wollte ich wirklich mit dir über diesen eigenartigen Fall reden.«

Henriette trat einen Schritt zurück.

»Okay, ich habe verstanden. Trotzdem muss ich darauf bestehen, dass wir kleidungsmäßig gewisse Paritäten einhalten.«

»Einverstanden!« Roberta zog ihren Blazer und den Rock aus und hängte beides über zwei Bügel. Dann knöpfte sie ihre Bluse auf, zog Henriette an sich, und sie küssten sich wieder.

»Schon ganz gut«, meinte Henriette. Dann löste sie den Verschluss von Robertas BH und zog ihn ihr aus, ohne dass die Bluse auch daran glauben musste, und nicht ohne den beiden harten Brustwarzen die gebührende Aufmerksamkeit zu zollen.

Wie nebenbei sagte sie:

»Als Vorspeise gibt es Artischocken. Fang doch schon mal an zu erzählen.«

Roberta setzte sich an den Tresen hinter der Kochinsel. Henriette goss ihnen beiden etwas Sauvignon blanc ein, und während sie die Artischocken, die Vinaigrette und etwas Baguette auf dem Tresen platzierte, begann Roberta zu berichten.

»Also zuerst mal die Kurzfassung. Es geht um das Haus mit den Blutspuren, ich hatte dir davon erzählt. Kannst du dich erinnern?«

»Ja, natürlich. Es ging um die Frage, ob da tatsächlich mal viel Blut gewesen war oder eher nicht.«

»Genau. Das ist inzwischen klar. Es muss eine ziemliche Sauerei gewesen sein. Dann wurde etwas geputzt, aber die Spuren sind unverkennbar. Wir haben jetzt im Müll ganz unten Gegenstände gefunden, die nur bei Bluttransfusionen benutzt werden, und eine Zeugin, die Putzfrau, hatte den Eindruck, dass das Bad und ein Nebenraum eher wie eine Arztpraxis aussahen. Was jetzt aber dafür gesorgt hat, dass ich den Fall auf dem Schreibtisch habe, ist etwas anderes. Dieser Wilders, der das Haus gemietet hatte, soll Belgier sein und etwas mit internationaler Leichtathletik zu tun haben. Das riecht nach internationalen Verwicklungen, und schwups hat die Chefin den Fall auf dem Tisch.«

»Okay, und wie findest du die Artischocken?«

»Schön, sie sind so gut zum Zuzeln, da könnte ich glatt vom Thema abkommen.«

»Aber hier musst du doch mit den Zähnen zuzeln, oder?«

»Stimmt. Und die Vinaigrette hat eine interessante Schärfe.«

»Das kommt vom Piment d'Espelette.«

Henriette stand auf, gab Roberta einen Kuss und schaute sie an. »Ich glaube ungefähr zu verstehen, weshalb du mit mir über diesen Fall reden willst. Du denkst, dass sich unsere aktuellen Recherchen hier gut ergänzen könnten, oder?«

»Stimmt. Spielen wir zusammen?«

»Das ist gar nicht so einfach. Unsere Ziele sind sehr unterschiedlich und unsere Methoden auch. Ich kann und muss zum Beispiel meine Informanten schützen, während du von ihnen eine Aussage benötigen würdest, um die Information gerichtsfest zu machen. Außerdem wäre es ein gefundenes Fressen für alle, die uns nicht wohlgesonnen wären, wenn dieser sehr kurze Draht zwischen Journalismus und Polizei in Kombination mit einem lesbischen Verhältnis bekannt würde.«

»Na, hör mal, als lesbisch würde ich dich nun nicht bezeichnen. Dabei fällt mir ein: Ist Karl vielleicht dein Alibi-Mann?«

»Das habe ich jetzt überhört, liebe Roberta. Aber ich will ja gar nicht darauf hinaus, dass wir nicht zusammenarbeiten sollten. Ich will nur auf die Fallstricke hinweisen. Ich denke, dass wir immer in zwei Schritten arbeiten sollten: Schritt eins wäre eine offene Kommunikation über unsere Recherche-Ergebnisse, Schritt zwei wäre die Überlegung, was wir mit unseren Erkenntnissen anfangen wollen. Schritt eins ist einfach und macht Spaß. Schritt zwei ist schwierig, weil wir immer abwägen müssen, wer welche Information wie nutzen sollte. Könntest du dir das vorstellen?«

»Ja, du hast wahrscheinlich recht. Dazu gehört auch eine ganz gehörige Portion Vertrauen. Wir sollten es mal versuchen.«

»Na, dann mache ich jetzt mal den Thunfisch. Willst du noch einen Sauvignon?«

»Ich muss doch noch fahren.«

»Wenn du willst, kannst du gerne hierbleiben, mein Bett ist breit genug.«

»Und was soll ich morgen anziehen?«

»Ich weiß ja nicht, wie dein Zeitplan für morgen aussieht. Aber falls du bei dir zu Hause einen kurzen Zwischenstopp machen könntest, um dein neues Büro-Outfit anzulegen, hätte ich für die Überbrückung morgen früh einiges im Angebot.«

»Ich will um neun Uhr im Büro sein, dann müsste ich um Viertel nach acht hier losfahren. Ist dir das nicht zu früh?«

»Nein, ich will auch um neun Uhr im Büro sein, also alles im grünen Bereich.«

»Yippie, dann mach mir das Glas bitte voll.«

Henriette stellte eine Pfanne mit Olivenöl und Butter auf den Herd, wartete, bis die Butter Farbe annahm, und briet die beiden Thunfischsteaks auf jeder Seite eine knappe Minute. Roberta brachte Besteck und die Gläser zum Esstisch und füllte den Baguette-Korb auf. Henriette holte die Thunfischsteaks pünktlich aus der Pfanne, drapierte sie auf zwei Teller und brachte sie zum Esstisch. Noch vor dem ersten Bissen sagte sie:

»Was mich an der Sache besonders interessiert, ist der Hinweis auf Bluttransfusionen kombiniert mit dieser Zeugenaussage, es hätte wie in einer Arztpraxis ausgesehen. Vor dem Hintergrund, den du von diesem Wilders berichtet hast, könnte dahinter irgend so etwas wie Blutdoping stehen. Da geht es doch wohl auch um Transfusionen.«

»Genau das denken bei uns auch einige. Ich habe allerdings keine Ahnung von Blutdoping. Ich weiß noch nicht einmal, ob das bei uns strafbar ist, unabhängig davon, ob es gegen die Doping-Regeln verstößt.«

»Das geht mir genauso. Ich hatte nur gerade etwas darüber gelesen, deshalb bin ich darauf gekommen. Da hätten wir schon mal ein gemeinsames Recherche-Thema.«

»Aber mit wem sollte denn dieser Wilders in einem Haus in Dudweiler Blutdoping machen?«

»Gute Frage, vielleicht mit Azmera Yifter?«

»Wer soll denn das sein?«

»Azmera Yifter ist eine äthiopische Weltklasseläuferin, die aktuell im Saarland trainieren soll.«

»Da hätten wir dann wohl das zweite Recherche-Thema. Jetzt mal zum Essen: Der Thunfisch ist dir extrem gut gelungen. Aber könntest du mir bitte mal die Pfeffermühle geben?«

»Stimmt! Da gehört einfach frisch gemahlener Pfeffer drauf.«

Nach dem Essen räumten beide den Tisch ab, und Henriette räumte den Geschirrspüler ein. Sie saßen beide wieder mit einem neuen Glas Sauvignon am Tisch, als Roberta resümierte:

»Wir wollen also unsere Nachforschungen zusammenführen und gemeinsam klären, was wir mit den Ergebnissen anstellen. Das kann zu Konflikten führen, die wir aber aushalten wollen. Ist es das?«

»Ja, genau.«

»Wir starten mit zwei Fragen. Frage eins ist, ob Blutdoping in Deutschland im strafrechtlichen Sinne verboten ist. Ich werde meine Hausjuristen fragen. Frage zwei ist, ob, und wenn ja, mit wem Wilders in Dudweiler diese Veranstaltung durchgeführt hat.«

»Liebe Roberta, wenn Frage eins negativ beschieden wird, ist doch Frage zwei aus deiner Perspektive völlig irrelevant, oder? Für mich gilt das allerdings nicht.«

»Da hast du nicht ganz recht. Vielleicht haben die Blutflecken ja eine andere Ursache als Blutdoping. Wenn allerdings wirklich Blutdoping stattgefunden haben sollte und wir feststellen, dass es strafbar ist, könnten sich unsere Recherche-Bemühungen für Frage zwei gut ergänzen.«

»Na gut, darauf lasse ich mich ein. Darf ich dich denn jetzt unter die Dusche schicken?«

Kapitel 6

— Moorsel, Belgien, April 2014

Azmera fühlte sich hier schon ein wenig wie zu Hause. Nach dem Wintertraining in ihrer äthiopischen Heimat war sie jetzt wie in den Jahren zuvor für die Dauer der Wettkampfsaison im belgischen Moorsel. Benny hatte hier langfristig ein Haus gemietet, in dem sie mit einigen anderen Läuferinnen wohnte.

Joe wohnte in Brüssel, war aber normalerweise jeden zweiten Tag da, Benny schaute auch ab und zu mal vorbei. Der Brüsseler Flughafen war nur zehn Kilometer entfernt, das entspannte die Wettkampfreisen.

Trainieren konnten sie auf der Laufstrecke des Faluintjesjogging, einer lokalen Breitensportveranstaltung. Das war quasi vor der Haustür. Wenn Azmera auf der Laufbahn trainieren wollte, ging das praktisch auch jeden Tag auf der Anlage des Atletiekclub Kortenberg. Benny hatte hier beste Verbindungen.

Die letzte Saison war richtig stressig gewesen. Die gesamte Trainings- und Wettkampfplanung wurde auf die Weltmeisterschaft in Moskau zugespitzt. Das hatte letztlich auch geklappt, Azmera hatte die Silbermedaille über 10.000 Meter gewonnen.

In diesem Jahr war es eher ein Eventhopping. Sie sollte bei zwei großen Städtemarathons starten, dazu kamen ein Halbmarathon sowie verschiedene Cross- und Straßenläufe unterschiedlicher Distanz. Ihre Titelsammlung sorgte für beträchtliche Startgelder, und das kam natürlich neben Benny und Joe Azmera selbst und auch ihrer Familie zugute.

Längerfristig hatte Benny vorgesehen, dass sie ihren Schwerpunkt auch für die großen Events auf die Langdistanz verlegte. Dieses Jahr war eine Zwischensaison, bevor 2015 die Weltmeisterschaften in Peking und 2016 die Olympischen Spiele in Rio de Janeiro stattfinden sollten. Da sollte Azmera wieder über die 10.000 Meter antreten. Für 2017 zur Weltmeisterschaft in London wollten sie über einen Marathon-Start nachdenken.

Azmera war jetzt schon einige Jahre jeweils von April bis September in Moorsel, aber sie musste sich eingestehen, dass sie den Ort nicht wirklich kannte. Eine Mitarbeiterin von Joe fuhr sie in ihrem Wagen zum täglichen Training und kaufte mit ihnen die Lebensmittel ein. Gekocht wurde umschichtig, jede war mal dran, auch Joe beteiligte sich regelmäßig. Ab und zu ging sie mit den anderen Läuferinnen in ein Café, das einige Hundert Meter entfernt war.

Das Haus war für ihre Verhältnisse großzügig ausgestattet. Es gab zwei Bäder, einen großen Koch- und Wohn-Ess-Gemeinschaftsraum sowie mehrere Schlafzimmer. Azmera hatte das Privileg, ein eigenes Zimmer zu haben, die anderen teilten sich jeweils zu zweit ein Zimmer. Zwei weitere Räume waren sogenannte Gästezimmer, in denen ab und zu verschiedene Läufer oder Läuferinnen von Benny übernachteten. Eines der beiden Bäder und ein angrenzender Raum waren als medizinische Behandlungsräume eingerichtet. Hier stand eine Massageliege, und in den Schränken waren die notwendigen Behandlungs- und Pflegeutensilien untergebracht.

Für die hochklassige physiotherapeutische Betreuung war Chantal zuständig, sie war zuvor bei belgischen Radprofis beschäftigt gewesen. Chantal kam jeden Tag für drei Stunden und beschäftigte sich mit denjenigen Läuferinnen, die ihre Dienste benötigten. Azmera war allerdings täglich mit einer Stunde fest gebucht. Das kam ihr eigentlich übertrieben und luxuriös vor. Wenn sie dann aber bedachte, wie lange sie schon Hochleistungssport trieb und was das mit ihrem Körper machte, fand sie es nur normal. Oft war es so, dass Chantal bei ihr muskuläre Probleme fand, die Azmera selbst noch nicht verspürte. Das fand sie manchmal etwas merkwürdig. Unter dem Strich war sie aber in all der Zeit von akuten muskulären Problemen bei Wettkämpfen verschont geblieben. Das überzeugte sie letztlich.

Die Doping-Prozedur hatte sich seit einigen Jahren verändert. Nach der Phase mit verschiedenen EPO-Varianten machten sie jetzt Eigenblutdoping mit ihr. Anfangs hatte sie Bedenken und auch Angst vor der großen Nadel und den ganzen Apparaten. Aber inzwischen hatte sie sich auch daran gewöhnt.

Auch der Kontakt zu ihrer Schwester hatte sich etwas verändert. Anfangs hatte Azmera ihr wie verabredet regelmäßig nach den Diagnostik-Terminen codierte Listen geschickt, über die sie anschließend in ihrem Heimatdialekt telefoniert hatten. Die Werte waren immer auffällig, was EPO-Doping anging, aber nie in einem gesundheitlich hoch bedenklichen Bereich.

Die Gespräche mit Fatuma vermittelten ihr schon damals den Eindruck, dass ihre medizinische Betreuung sehr kompetent sein müsse. Azmera wusste inzwischen auch selbst so viel über die einzelnen Parameter und ihre Grenzwerte, dass sie mit Fatuma vereinbarte, sich nur noch in Problemfällen mit den entsprechenden Daten an sie zu wenden.

Das veränderte sich, als Joe ihr eröffnete, das EPO-Doping zu reduzieren und stattdessen auf Eigenblutdoping zu setzen. Azmera hatte mit ihrer Schwester über diese Veränderung gesprochen. Fatuma hatte nach einigen Recherchen und Gesprächen mit Bernard letztlich zwei Aspekte hervorgehoben, nämlich dass das Entdeckungsrisiko noch einmal geringer würde und dass sich die gesundheitlichen Risiken verändern würden, sie aber mehr darüber wissen müsse, welche Art von Eigenblutdoping mit Azmera durchgeführt wurde.

Nachdem Azmera ihr erzählt hatte, dass sie ihr Blut entnahmen, die roten Blutkörperchen herauszentrifugierten und diese dann einfroren, zeigte sich Fatuma verwundert:

»Das hört sich für mich nach einem erstaunlichen Niveau an. Nach dem, was ich herausgefunden habe, braucht man dazu Gerätschaften, die einen sechsstelligen Dollar-Betrag kosten. Die Bedienung dieser Geräte ist auch nicht so einfach. Eine Ausbildung ist unbedingt notwendig. Das ganze Prozedere scheint ziemlich kompliziert zu sein. Um das Konzentrat der roten Blutkörperchen einfrieren zu können, ohne sie zu beschädigen, wird zum Beispiel eine Art Frostschutz hinzugefügt, der aber beim Auftauen wieder entfernt werden muss. Außerdem muss das Auftauen sehr behutsam geschehen. Um das Konzentrat längere Zeit frisch zu halten, müssen Temperaturen von weniger als minus 80 Grad eingehalten werden. Meinst du wirklich, dass deine Leute das beherrschen?«

Azmera blieb nichts anderes, als zu sagen:

»Ich hoffe, dass sie es beherrschen. Geräte gibt es genug, aber ich weiß natürlich nicht, wozu sie im Einzelnen gut sind. Ich werde nachfragen, um so viel wie möglich herauszufinden.«

Der Behandlungsraum für das Eigenblutdoping in Moorsel war die ausgebaute Garage. Hier befanden sich eine Zentrifuge, Gerätschaften zur Blutabnahme und Rücktransfusion, zum Einfrieren und Wiederauftauen sowie zur Kühlung von Blutprodukten. Joe hatte Azmera erklärt, dass sie die Garage genommen hätten, weil zwei der notwendigen Geräte so groß seien, dass sie nicht durch eine normale Tür passten.

Es gäbe auch eine einfachere Methode des Eigenblutdopings, die sie bei manchen Nachwuchsläuferinnen praktizierten. Dafür bräuchte man die großen Schränke nicht. Sie funktionierte im Wesentlichen wie die Konzentratmethode, die bei Azmera angewendet wurde. Allerdings wurde das Konzentrat nicht tiefgefroren, sondern nur im Kühlschrank gelagert. Der Nachteil war, dass dieses Konzentrat sehr beschränkt haltbar war. Es sollte innerhalb von etwa drei Wochen verbraucht werden.

Bei der nächsten Gelegenheit fragte sie Joe nach Details zu den Geräten und auch nach seiner Ausbildung. Er erklärte ihr die Funktion der einzelnen Geräte. Zu seiner eigenen Ausbildung sagte er, er sei ursprünglich Medizinisch-technischer Assistent gewesen, bevor er Trainer wurde. Er habe an den Bedienungskursen der Gerätehersteller teilgenommen. Sie könne sich ganz auf ihn verlassen.

Er erklärte ihr Bennys System, das Verwechslungen der Konzentrat-Beutel mit Sicherheit verhindern sollte. Außerdem würde bei den Rücktransfusionen immer nach den ersten 20 ml eine Pause gemacht. Wenn etwas mit dem Konzentrat nicht in Ordnung wäre, würden nach dieser kleinen Menge Reaktionen auftreten, ohne dass gravierende Gesundheitsschädigungen eintreten könnten.

Azmera fand Fatumas kritische Nachfragen damit sehr gut beantwortet. Joe hatte ihr Vertrauen. Sie stellte ihr Doping nicht mehr infrage, es gehörte inzwischen einfach zu ihrem Leben.

Sie trainierte in den Wintermonaten in Bekoji und Addis Abeba sehr hart und bekam dort abends nach dem Training EPO, Wachstumshormone und anabole Steroide, alles jedoch in sehr geringen Dosierungen, die vorher ausgetestet worden waren. Nach ein paar Wochen Training hatte sie in Addis Abeba einen Termin bei Hominsang, einer privaten Firma für Bluttransfusionen, die offiziell nur klinische Aufträge annahm, allerdings einen beträchtlichen Teil ihres Umsatzes mit den Blutkonserven von Läuferinnen und Läufern machte.

Nach ein paar Tagen Erholung wiederholte sich das Prozedere mit Training und Doping, allerdings flog Azmera nach dieser Trainingsphase von Addis Abeba nach Brüssel. In Moorsel wurde dann das Gleiche gemacht wie bei Hominsang. Der Unterschied war, dass sie bei Hominsang das Gefühl hatte, in einer medizinisch professionellen Umgebung behandelt zu werden, während sie es in Moorsel mit einer Garage und Joe zu tun hatte. Aber Joe hatte nie irgendeine Unsicherheit gezeigt, und es lief ja bis jetzt auch immer komplikationsfrei.

Normalerweise führten sie diesen Zyklus insgesamt viermal durch, so dass zu Beginn der Saison je zwei Beutel mit gefrorenem Konzentrat roter Blutkörperchen in Addis Abeba und Moorsel lagerten.

Das Entdeckungsrisiko dieser Praxis lag praktisch bei null. Hierfür sprachen die geringen Dosierungen der Mittel während des Trainings. Außerdem hatte Azmera Dopingkontrolleure in Bekoji noch nie gesehen.

Sie hatte auch den Eindruck, ihr Trainingsdoping gut zu vertragen, unangenehme Nebenwirkungen verspürte sie jedenfalls nicht, sie erholte sich aber nach harten Trainingseinheiten sehr gut und fühlte sich schnell wieder fit.

In der Wettkampfphase, also zwischen April und September, richtete sich das Prozedere nach den Terminen und der Bedeutung der verschiedenen Veranstaltungen. Vor den wichtigsten Wettkämpfen wurde ihr entweder in Moorsel oder in Addis Abeba eine Portion des Konzentrats roter Blutkörperchen zugeführt. Der Effekt wurde mit der Messung des Hämatokrits, des Anteils roter Blutkörperchen im Blut, geprüft.

Alle anderen Substanzen wurden ihr in Mikrodosierungen verabreicht. Die Dosierungen wurden so ausgetestet, dass morgens keine Kontrolle fündig werden würde, wenn sie die Substanzen am vorangegangenen Abend zu sich genommen hatte. Azmera war sich also sicher, dass sie keine Kontrolle fürchten musste. Ihr Eigenblutdoping war sowieso nicht nachweisbar.

In den letzten Jahren sprachen Azmera und Fatuma immer seltener über Doping. Azmera hatte kaum aktuelle Fragen zu klären, aber es gab noch einen anderen Grund, weshalb sie bei ihren privaten Telefonaten das Thema Doping aussparten. Bernard war inzwischen Oberarzt und Fatuma wissenschaftliche Mitarbeiterin. Sie waren seit Längerem ein Paar und hatten eine zweijährige Tochter, Lara. Letztes Jahr hatten sie geheiratet. Die kleine Familie war auf einem guten Weg, und eine Doping-Verwicklung könnte sie tatsächlich existenziell gefährden. Eine Rückkehr Fatumas nach Äthiopien stand zurzeit nicht zur Debatte. Darüber war ihre Familie in Bekoji nicht sehr erfreut.

Azmeras eigene Zukunftspläne waren eher vage. Wenn sie weiter so erfolgreich wäre, würde sie auf jeden Fall noch an den Olympischen Spielen in Rio de Janeiro teilnehmen wollen. Dann wäre sie 27. Das musste noch nicht das altersbedingte Ende der Karriere als Langstreckenläuferin sein, aber sie sehnte sich doch immer mehr nach einem normalen Leben zu Hause.

Dort gab es seit 2010 ihren Freund Andualem. Ihre langen Abwesenheitszeiten waren für ihn nur schwer zu ertragen. Einerseits war er eifersüchtig, weil er sich kaum vorstellen konnte, dass Azmera ein halbes Jahr abstinent lebte, andererseits wollte er das für sich selbst auch nicht, und in Bekoji und Addis Abeba gab es einige interessante Mädels.

Bei Azmera gab es die eine oder andere sexuelle Affäre mit anderen Sportlern, aber es wurde daraus nie etwas Ernstes. Bei Andualem war es ähnlich. Beiden gelang es, diese Affären so zu gestalten, dass ihre Beziehung relativ stabil blieb.

Von ihrer Dopingpraxis wusste er nichts, die Rede war immer von »umfassender sportmedizinischer Betreuung«. Azmera hatte seit ihrem Austausch mit Fatuma nur noch selten Unsicherheiten wegen möglicher gesundheitlicher Auswirkungen des Dopings verspürt, und Reste dieser Unsicherheit verdrängte sie sehr gut. Sie hielt es für besser, das Thema nicht anzusprechen, um Andualem nicht damit zu belasten.

Andualem hatte sich frühzeitig in Richtung Addis Abeba bewegt. Er hatte eine Fachhochschulausbildung in Betriebswirtschaft abgeschlossen und arbeitete im »Radisson«-Hotel, einer der ersten Adressen der Stadt, in der Geschäftsführung. Er sprach nahezu perfekt Englisch und hatte bei diversen Workshops »Radisson«-Hotels in verschiedenen Metropolen der Welt kennengelernt.

Noch länger als Andualem kannte Azmera Joe. Zum Glück war Joe über all die Jahre immer sehr zurückhaltend und professionell mit ihr umgegangen. Aber es hieß, dass er nach dem nächsten Jahr aufhören wolle. Azmera hatte schon überlegt, dann auch ihre Karriere zu beenden, weil es schwerlich denkbar war, dass jemand anderes Joes Rolle auch nur halb so gut ausfüllen konnte. Aber sie wollte in Rio unbedingt noch einmal antreten. Sie hatte zwar schon eine Goldmedaille bei Olympischen Spielen gewonnen, aber das lag sechs Jahre zurück. Sie wollte gerne mit einer olympischen Medaille zurücktreten und ihr neues Leben in Addis Abeba beginnen. Dafür würde sie fast alles tun.

Eine Fortsetzung ihrer Karriere als Marathonläuferin plante sie nicht wirklich. Das war eher Bennys Idee. Ihr aktueller Vertrag würde zum Ende der Saison 2016 auslaufen. Sie könnte also problemlos aussteigen.

— Frankfurt, Dienstag, 23.12.2014

Nachdem er aus Madrid zurückgekehrt war und seine Optionen für einen emotional ausgeglichenen Weihnachts- und Jahreswechselzyklus bedacht hatte, rief Lars seinen alten Fußballkumpel Rüdiger an, der, auch aus dem Saarland stammend, bei einem Zweitligisten unter Vertrag war. Rüdiger war unkompliziert, sie hatten sich immer gut verstanden. Nach den letzten Informationen war er genauso wie Lars aktuell nicht gebunden, und vielleicht klappte es ja.

»Hallo, Rüdiger, wie geht's?«

»Hallo, Lars, wie sagt der Saarländer: Und selbst?«

Nach diesen Einstiegsfloskeln kam Lars relativ schnell zum Thema und fragte Rüdiger, was er denn über die Feiertage vorhabe. Es stellte sich heraus, dass es ihm ähnlich ging wie Lars, es gab also die Familien-Option, auf die er aber eigentlich nur beschränkt Lust verspürte.

Sie einigten sich schnell darauf, nach einem kurzen Familien-Weihnachten einen gemeinsamen Ferien- und Trainingsaufenthalt in St. Moritz zu planen. Lars erläuterte Rüdiger die Bedeutung der besonderen Höhenlage von St. Moritz für die Verbesserung der Ausdauer und beschrieb den geplanten Aufenthalt als Höhentrainingslager. Rüdiger äußerte das Problem seiner gegenüber Lars geringeren finanziellen Möglichkeiten, meinte dann aber, dass er sich das wohl doch leisten könne.

Sie beschlossen, sich am 27. mittags in Frankfurt zu treffen. Von da wollten sie Lars' von einem Sponsor finanzierten BMW X5 nehmen, Rüdigers Wagen würde in der Tiefgarage des Trainingsgeländes bleiben.

Mithilfe von Axel, seinem Berater, fand Lars ein Hotel in akzeptabler Lage, das auch so kurzfristig noch zwei Zimmer für zwei Wochen frei hatte. Der Preis war eigentlich nicht annehmbar, aber Lars hatte das Gefühl, es sei eine gute Investition.

Lars und Rüdiger hatten die Idee, lange zu schlafen, gut zu frühstücken und dann eine Ausdauertrainingseinheit zu absolvieren. Dafür bot sich Langlauf an, und das Gute war, dass beide in ihrer Jugend Schneesport-Erfahrungen gemacht hatten. Alpiner Skilauf schied für Lars sowieso aus, das war ihm vertraglich untersagt. Das Verletzungsrisiko war zu groß. Über die Abendprogramme sollte man sich in St. Moritz eigentlich keine Kopfschmerzen machen.

Als Nächstes widmete Lars sich ADAMS. Er hasste es, aber es musste sein. ADAMS war das »Anti-Doping Administration and Management System«, eine Software der Welt-Anti-Doping-Agentur. Seitdem er Nationalspieler war, gehörte Lars zum »Nationalen Testpool« der Nationalen Anti-Doping Agentur Deutschland, der NADA. Über ADAMS sollte er der NADA ständig seine Aufenthaltsorte mitteilen, damit er jederzeit kontrolliert werden konnte.

Er sah das eher lax. Seine bisherigen Madrid-Reisen hatte er aus gutem Grund nie angegeben. Das war ein Risiko, aber bei den vorliegenden Testhäufigkeiten ein geringes. Er musste dreimal nicht unter der für einen bestimmten Zeitraum angegebenen Adresse anzutreffen sein, damit ein Vergehen konstatiert wurde.

Die Weihnachtsreise zu seinen Eltern gab er auch nicht an. Auch wenn es äußerst unwahrscheinlich war, wollte er unbedingt vermeiden, dass ein Kontrolleur morgens um sieben Uhr bei seinen Eltern klingelte, um ihn zum öffentlichen Pinkeln aufzufordern. Bei St. Moritz war das anders. Er gab die Daten in ADAMS ein.

— Dillingen, Mittwoch – Freitag, 24. – 26.12.2014

Die Weihnachtstage in Dillingen waren nicht einfach. Im Haus seiner Eltern zu wohnen, auch wenn es nur für wenige Tage war, nötigte Lars alle verfügbare Toleranz ab. Er schlief in seinem alten Kinderzimmer, was die Sache nicht einfacher machte. Seine Schwester war mit ihrem Partner Karl-Heinz angereist, es war wohl diesmal etwas Ernstes. Die beiden waren in Kathis ehemaligem Kinderzimmer untergebracht.

Die familiären Gespräche kreisten um gesundheitliche Probleme der Eltern, die Einbeziehung seiner Schwester in die Leitung des Familienunternehmens und eine mögliche Rolle ihres Partners, eines einschlägigen EDV-Spezialisten und Juristen, in der Geschäftsführung des Unternehmens. Was diese Gespräche für Lars halbwegs erträglich machte, war die Sicherheit, finanziell völlig unabhängig von seinen Eltern zu sein.

Ein anderes wichtiges Thema war Lars selbst und seine Fußballkarriere. Die Einstellung seines Vaters zu seiner Fußballer-Laufbahn war buchstäblich gekippt, nachdem Lars Nationalspieler geworden war. Er platzte förmlich vor Stolz und betonte mehrfach, dass er diesen Weg seines Sohnes vehement unterstützt habe. Karl-Heinz behandelte Lars beinahe wie einen Außerirdischen. Lars berichtete von sich nur Allgemeinplätze. Bei den Fragen der anderen ging es allerdings in erster Linie um die Promis der Nationalmannschaft. Seine Rolle im aktuellen Verein und seine Wechselmöglichkeiten waren kein Gesprächsthema, selbstverständlich auch nicht sein Doping. Von einer neuen Beziehung konnte er auch nicht berichten.

Sicherheitshalber hatte er Dr. Enricos Utensilien nicht mitgenommen. Axel hatte sich auch nicht gemeldet. Über Weihnachten machten eben alle einmal Pause.

— St. Moritz, Samstag/Sonntag, 27./28.12.2014

Die Fahrt verlief problemlos. Sie trafen sich um zwölf Uhr am Trainingsgelände von Lars' Club, luden Rüdigers Gepäck um und waren um 19 Uhr am Hotel. Sie checkten ein und verabredeten sich für 20 Uhr im Restaurant.

An der Rezeption erteilte Lars den Auftrag, dass allen Personen, die ihn aufsuchen wollten, mitgeteilt werden solle, dass er aktuell nicht im Hotel sei. Sie sollten eine Nachricht hinterlassen. Die Rezeptionistin zuckte nicht einmal und machte auch nicht den Eindruck, ihn zu erkennen. Sie schrieb eine Notiz für ihre Rezeptions-Kollegen und sagte, dass er ja auch schließlich zur Erholung hier sei.

Als Lars zum Abendessen ins Restaurant kam, saß Rüdiger schon mit einem Weizenbier am Tisch. Er begrüßte ihn etwas zurückhaltend:

»Was für ein Luxusschuppen: Schlafzimmer mit King-Size-Doppelbett zum Verlaufen, Living-Room mit Balkon, großes Bad mit Dusche und Whirlpool. Das kostet ja ein Vermögen.«

»Na, da übertreibst du aber etwas«, reagierte Lars. »Es gab nur noch diese beiden Junior Suiten.«

Jetzt wurde Rüdiger im Ton etwas aggressiver:

»Es ist nur so, dass das wirklich etwas teuer ist. Ich finde so ein Ambiente einfach übertrieben, wenn es um das Übernachten in einem Wintersporturlaub geht.«

Lars blieb ruhig.

»Jetzt reg dich doch bitte nicht auf. Du wusstest, dass es nach St. Moritz gehen sollte. Hier sind die preiswerteren rustikalen Unterkünfte eher selten zu bekommen, noch dazu, wenn man in der absoluten Hochsaison buchen will, und das dann auch noch relativ spontan. Und, ohne deinen Verdienst genau zu kennen, dachte ich eigentlich, dass du die Kosten gut stemmen könntest.«

»Stimmt schon«, meinte Rüdiger jetzt ziemlich gedämpft. »Aber versteh doch: Das ist nicht wirklich meine Welt.«

Lars verstand seinen Kumpel. In den Jugendmannschaften spielten sie noch auf demselben Niveau. Aber schon bei den Junioren wurde er in die saarländische Auswahl berufen und Rüdiger nicht. Als er seinen ersten Erstliga-Vertrag hatte, spielte Rüdiger noch in der dritten Liga. Und auch jetzt verdiente er sicher das Zigfache von Rüdiger.

»Ja, das verstehe ich. Vielleicht hätten wir etwas ausführlicher darüber reden sollen. Und falls du den Luxus gar nicht mehr aushältst, kannst du auch einfach nach Hause fahren, ohne dass ich dich erschieße, natürlich mit der Bahn. Ich übernehme dann die offenen Hotelkosten.«

Rüdiger nahm einen Schluck von seinem Weizenbier und schaute an die Decke. »So war das nun auch wieder nicht gemeint. Na gut, schauen wir mal, wie sich unser Luxusurlaub entwickelt.«

Während des Essens machten sie Pläne für ihre Zeit in St. Moritz. Über die Fußball-Themen hatten sie sich schon auf der Herfahrt ausgetauscht. Rüdiger berichtete unter dem Siegel der Verschwiegenheit von einer möglichen Vertragschance bei einem Erstligisten. Lars schilderte Anekdoten aus der Nationalmannschaft und beließ es dabei.

Beide hatten Trainingspläne für die Feiertage mitbekommen. Beide waren sich einig, die Pläne nicht sklavisch einzuhalten. Es ging in den Plänen darum, das Fitnessniveau über die Feiertage nicht allzu sehr abfallen zu lassen. Eigentlich waren es nur Krafttrainings- und Ausdauertrainingsinhalte. Sie übersetzten die Pläne für sich in tägliches Langlauf-Ausdauertraining, das über das geforderte Maß hinausgehen, aber viel Spaß machen würde. Sie wollten sich morgen Loipenpläne besorgen und dann gleich starten. Zuerst müssten sie noch in ein Skigeschäft und sich die Ausrüstung ausleihen. Für das Krafttraining wollten sie morgen an der Rezeption nach einem geeigneten Studio fragen, das sie zweimal die Woche besuchen könnten. Die Kraftübungen aus den Plänen waren so gehalten, dass sie in jedem halbwegs ausgestatteten Studio durchgeführt werden konnten.

Nach einem späten Frühstück besorgten sie sich alle notwendigen Informationen an der Rezeption. Ein Skigeschäft war nur wenige Hundert Meter entfernt, und es hatte natürlich auch sonntags geöffnet. Sie liehen zwei Paar Skating-Ski mit Stöcken und Schuhen aus. Bei der Bekleidung vertrauten sie auf ihre Hightech-Trainingsanzüge, sie kauften sich nur jeder noch ein paar Langlauf-Handschuhe.

Als Fitnessstudio wurde ihnen von der Rezeption ein großes Center mit Hallenbad, Wellness-Angeboten und einem großen Krafttrainings-Gerätepark empfohlen.

Heute wollten sie aber erst mal mit ihrem Langlaufprogramm starten. Sie gingen zurück zum Hotel, verstauten ihr neues Sportmaterial im Auto und zogen sich um. Als Rüdiger Lars am Auto mit seinem Vereins-Trainingsanzug sah, lachte er.

»Daran haben wir wohl nicht gedacht. Meinen Verein kennen nicht viele, aber bei deinem sieht das anders aus. Meinst du, dass das gut geht?«

»Stimmt, daran habe ich überhaupt nicht gedacht. Aber weißt du, wir versuchen es heute mal.«

Sie fuhren die wenigen Kilometer bis zu einem Parkplatz in St. Moritz Bad, von dem aus sie in die Loipe einsteigen konnten. Sie hatten vor, über den gefrorenen Silvaplanersee bis Sils zu laufen, dort vielleicht einen Cappuccino zu trinken und auf der anderen Seite des Sees zurückzulaufen. Das waren insgesamt gute 20 Kilometer, und sie rechneten bei ihrer mangelhaften Technik, die sie mit ihrer guten Kondition ausgleichen wollten, mit zwei Stunden reiner Laufzeit.

Der Anfang gestaltete sich nicht ganz so einfach, wie sie es sich bei ihrer Vorerfahrung gedacht hatten. Sie kämpften ziemlich um ihre Balance, verloren sie auch einige Male und hatten viel zu lachen. Nach einigen Kilometern ging es aber schon ganz gut, sie hatten bessere Stabilität, einen Rhythmus, und es ging immer leichter vorwärts. Das Wetter und die Landschaft waren fantastisch.

Nach einer guten Stunde hatten sie Sils erreicht, fanden schnell ein Café und bestellten jeder einen Cappuccino und ein Stück Kuchen. Kaum hatten sie den ersten Bissen gegessen, sprang ein paar Tische weiter ein Junge auf und rief laut: »Das ist doch der Lars Schübel!« Lars duckte sich etwas, aber es war schon zu spät. Der Junge kam herüber und fragte ein wenig schüchtern, aber doch nachdrücklich nach einem Selfie mit seinem Fußballstar. Lars schaltete in den Medienmodus, lächelte neben dem Jungen in dessen Handy, gab ihm einen Klaps auf die Schulter, um ihn wieder wegzuschicken, winkte den Eltern zu und sagte dann zu Rüdiger:

»Noch heute Nachmittag kaufe ich mir neutrale Trainingsklamotten.«

Glücklicherweise blieb es bei dieser einen Geschichte, aber sie brachen auch ziemlich flott wieder auf, um den Rückweg anzutreten.

Im Hotel angekommen, nahm Lars eine Dusche und einen kleinen Imbiss, dann ging er wieder in das Sportgeschäft vom Vormittag. Er erstand Langlaufbekleidung für unterschiedliche Temperaturbedingungen. Er entschied sich für die Marke des Ausrüsters seines Vereins, man konnte ja nicht wissen, auf welchen Fotos er möglicherweise mit dieser Sportbekleidung auftauchen würde.

Erst als er wieder in seiner Junior Suite war, schaute er auf sein Handy und stellte fünf verpasste Anrufe fest: einen von seiner Schwester, drei von Axel und einen weiteren von Ulli. Er hatte Ulli einmal angerufen, war aber auf ihrer Mobilbox gelandet und hatte nur schöne Grüße ausgerichtet.

Er rief zuerst Axel an, der sofort am Telefon war.

»Hallo, Lars, schön, dass du zurückrufst. Bevor ich berichte: Wie geht es dir? Wo bist du?«

»Ich bin in St. Moritz, Höhentrainingslager.« Lars lachte. »Und du?«

»Ich bin zu Hause und erhole mich von den Weihnachtsfeierlichkeiten. Also zum Thema: Es geht los. Die Pariser wollen ein informelles Treffen, um auszuloten, ob sie offiziell bei deinem Verein anfragen sollen.«

»Das hört sich ja vielversprechend an. Was muss ich tun?«

»Nichts Konkretes zurzeit, ich will dich nur auf dem Laufenden halten. Möglicherweise wäre es aber gut, wenn du in der nächsten Woche, also vor dem Beginn eures Trainingslagers in Abu Dhabi, mal kurz in Paris auftauchen könntest. Ich nehme an, dass dich der Präsident oder jemand aus der Geschäftsführung und der Trainer gerne persönlich kennenlernen würden, bevor die eigentlichen Verhandlungen beginnen. Und vielleicht sollte das auch dein Interesse sein, damit du besser Bescheid weißt, worauf du dich einlässt.«

»Da hast du recht. Ich werde versuchen herauszufinden, auf welchen Positionen sie mich spielen lassen wollen und wie meine Chancen auf regelmäßige Einsätze stehen. Könntest du mir bitte dafür den aktuellen Kader und die möglichen Zu- und Abgänge per E-Mail schicken? Die meisten kenne ich schon, aber es würde mich sicherer machen. Dann kann ich besser fragen. Die konkreten Vertragsverhandlungen würde ich gerne wie bislang dir allein überlassen. Ich kann so etwas nicht wirklich gut.«

»Okay, die Liste schicke ich dir morgen. Kann ich davon ausgehen, dass du irgendwann in der ersten Januarwoche nach Paris kommen könntest? Und wie sieht es eigentlich mit deinen Französischkenntnissen aus?«

»Die Sprache ist kein Problem, schließlich bin ich Saarländer. Das mit dem Paris-Besuch wird auch irgendwie gehen. In Samedan gibt es einen Flughafen.«

Als Nächstes rief er seine Schwester an. Sie wollte ihm nach den Dillinger Weihnachtsgesprächen mitteilen, dass er in der Firma immer einen Platz habe, falls sich seine Prioritäten einmal verschieben würden. Offensichtlich hatte sie sich Gedanken gemacht, dass dies bislang nie ein Thema gewesen war und Lars sich möglicherweise ausgebootet fühlte. Er bedankte sich, meinte aber, dass damit in der nächsten Zeit sicher nicht zu rechnen sei.

Dann rief er mit leichtem Herzklopfen Ulli an. Sie freute sich sehr, von ihm zu hören:

»Ich hatte dich angerufen, um zu fragen, was du über den Jahreswechsel vorhast. Aber wahrscheinlich bist du ja schon ausgebucht.«

Lars war etwas überrumpelt und antwortete, es sei mit einem Kumpel in St. Moritz, aber sie könne ja vorbeikommen.

»Meinst du das ernst, oder war das jetzt nur so ein Spruch?«

»Das wollte ich dich auch gerade fragen. Du willst mit mir Silvester verbringen? Das überrascht mich jetzt wirklich.«

»Es war so eine spontane Idee, und ich muss gestehen, dass ich ein anderes Silvester-Event erst gestern gecancelt habe.«

»Okay, ich bin also zweite Wahl.«

»Nein, so würde ich das nicht sehen. Du bist aktuell absolut erste Wahl für Silvester. Allerdings hatte ich nicht damit gerechnet, dass du mit einem Kumpel in St. Moritz bist.«

»Also, ich würde mich freuen, wenn du kommen würdest. Es wäre schon ein bisschen verrückt, aber schön verrückt. Mein Kumpel Rüdiger sollte kein Problem darstellen. Wir haben getrennte Zimmer.«

»Wie meinst du das?«

»Ich habe eine sogenannte Junior Suite für mich, mit einem großen Bett im Schlafraum und einer Couch in einem zweiten Zimmer. Das wäre es, wozu ich dich einladen würde. Du ziehst einfach bei mir ein. Das könnte ich mit dem Hotel ohne Probleme regeln.«

»Das klingt in der Tat etwas verrückt, aber ich könnte es mir vorstellen. Wie würden wir denn den Jahreswechsel verbringen?«

»Keine Ahnung bis jetzt. So wie ich Rüdiger kenne, werden wir aber bis Silvester mit Sicherheit den angesagtesten Club in St. Moritz gefunden haben. Ich denke, dass wir mit der Suche heute Abend starten.«

»Das hört sich vielversprechend an. Du hast den Überfall ja ganz gut überstanden. Ich würde dann wahrscheinlich am 31. im Laufe des Nachmittags mit dem Zug in St. Moritz eintrudeln. Wäre es in Ordnung, wenn ich den 1. Januar zur Erholung einplane und erst am 2. Januar wieder abfahre?«

Jetzt ritt Lars der Teufel:

»Ja, das finde ich gut. Aber jetzt komme ich mit einer noch verrückteren Idee: Ich will in der ersten Januarwoche für einen Tag nach Paris. Hättest du Zeit und Lust, mitzukommen?«

»Was willst du denn in Paris? Also, Zeit hätte ich schon. Aber was machst du da? Könnten wir denn da auch etwas zusammen unternehmen?«

»Also, ich würde mir mit Sicherheit den Abend freihalten.«

»Ich denke, wir sollten erst mal Silvester abwarten, bevor wir das festmachen. Aber ich werde mir auf jeden Fall das Wochenende freihalten. Da fällt mir ein: Der 2. Januar ist ein Freitag, vielleicht könnten wir uns dann noch den Samstag in Paris gönnen und erst am Sonntag wieder jeder in sein Domizil zurückfahren?«

»Grundsätzlich halte ich das für eine gute Idee. Ich weiß nicht, was mein Kumpel Rüdiger zu einem solchen Ausflug sagen würde. Aber du hast es ja schon gesagt: Wir sollten da mal abwarten. Ich weiß noch nicht einmal, ob der 2. Januar für meinen Termin in Paris funktioniert.«

»Gut, dann haben wir ein Date für den 31.12. am frühen Abend in deinem Hotel und eine Paris-Option. Es hätte schlimmer kommen können. Schickst du mir bitte noch eine E-Mail mit den Hotel-Daten?«

»Mach ich. Und wegen der Paris-Option halte ich dich auf dem Laufenden, was meinen Termin angeht.«

»Mach's gut, ich freu mich.«

»Ich auch, bis bald.«

Lars lief aufgedreht hin und her, dann rief er wieder Axel an: »Hallo, Axel, wegen meines Paris-Besuchs: Könntest du bitte herausfinden, ob Freitag, der 2.1., passen würde? Und könntest du dann versuchen, mir zwei Flugtickets und ein Doppelzimmer bis zum 4.1. zu besorgen?«

»Mach ich gerne. Aber wieso zwei Tickets, hast du so zugenommen in deinem Höhentrainingslager?«

»Nein, es handelt sich um eine Bekannte, die mich eventuell nach Paris begleiten würde.«

»Oho, das hört sich ja interessant an. Kenne ich die Dame?«

»Nein, noch nicht. Da gibt es bislang auch noch nicht viel zu berichten.«

»Okay, verstanden. Aber denke bitte daran, dass nicht zu viele Leute zu früh von deinen Paris-Kontakten hören sollten. Das könnte alles komplizieren.«

Nach diesem Telefonat nahm Lars seine Tabletten und setzte sich die erste EPO-Spritze. Bis zum Abendessen hatte er noch eine gute Stunde. Er legte sich auf das Sofa und merkte, dass er das Langlauftraining doch stärker spürte, als er zuvor gedacht hatte. Als er gerade etwas wegdämmerte, klingelte sein Handy.

»Hallo, Lars«, sagte Axel, »störe ich?«

»Nicht wirklich, ich war nur gerade etwas eingenickt.«

»Gute Nachrichten aus Paris. Der 2. Januar ist perfekt, und jetzt halte dich fest: Sie schicken dir einen Privatjet nach Samedan, der dich und deine Begleiterin um zwölf Uhr abholt. In Paris hast du natürlich einen Wagen mit Chauffeur, der dich erst mal vom Flughafen ins Hotel bringt, dann zum

Verein, und der dir auch danach zur Verfügung steht. Das Hotel übernehmen sie natürlich auch, ich glaube, es war das ›George V‹. Der Rückflug wäre am 4. Januar um zwölf Uhr. Kann ich das so bestätigen?«

»Da bin ich jetzt erst mal baff. Aber das heißt ja auch, dass es ihnen ernst ist. Ich muss zugeben, dass mir die Privatjet-Ebene bislang fremd war. Aber okay, ich mache mit. Das einzige Problem ist, dass meine Begleiterin nicht nach St. Moritz zurückfliegen wird.«

»Wo ist sie denn zu Hause?«

»Gute Frage, die ich aber nicht beantworten kann. Vielleicht aber Frankfurt.«

»Gut, aber das Problem wird sich lösen lassen. Ich bestätige dann den Parisern den 2. Januar?«

»Okay, mach das, und schick mir bitte noch einmal alle Daten per E-Mail – und vielen Dank!«

»Gerne doch. Wie heißt die Dame denn eigentlich? Und sie ist doch hoffentlich nicht Journalistin?«

»Sie heißt Ulli, und frag mich bitte nicht weiter!«

Beim Abendessen äußerte auch Rüdiger, dass die ungewohnte Langlaufbelastung schon spürbar sei. Trotzdem würde er gerne heute Abend ein bisschen »Streife laufen«, wie er es nannte, und das Nachtleben von St. Moritz erkunden.

Lars erklärte sich einverstanden und berichtete Rüdiger die Neuigkeiten, allerdings in etwas modifizierter Form. Zuerst kündigte er einen Kurzbesuch seiner guten Freundin Ulli über Silvester an. Dann erzählte er, dass er am 2. Januar über das Wochenende kurz nach Frankfurt müsse. Es ginge um wichtige Werbe- und Vertragsangelegenheiten. Er wolle mit dem BMW nach Zürich fahren und dann fliegen. Das sei zwar umständlich, aber anders ginge es nicht. Am Sonntag sei er wieder hier. So lange müsste sich Rüdiger halt einen Leihwagen nehmen, falls er ein Auto bräuchte.

Rüdiger zeigte sich interessiert an Ulli und äußerte sich etwas erstaunt über die plötzliche Frankfurt-Reise.

Wichtiger war für ihn allerdings das heutige Abendprogramm. Er habe sich etwas umgehört, erläuterte er. Ausprobieren würde er heute Abend gerne zuerst den »Kings' Club«, morgen vielleicht den »Hemingway's Club«. Es gebe noch eine Reihe anderer Etablissements, etwa das »Stübli« oder den »Dracula Club«. Das »Stübli« sei aber ziemlich rustikal, hatte man ihm gesagt, der »Dracula Club« hätte einen etwas hochnäsigen Dresscode, und man müsse Mitglied sein.

Sie tranken nach dem ausgiebigen Abendessen noch ein Bier an der Hotelbar, weil der »Kings' Club« erst um 23 Uhr aufmachte.

Es war eine riesige Disco, und um null Uhr war es knallvoll. Sie saßen an einer der Theken und blieben bei Bier. Lars versuchte, ein Gespräch über die alten Zeiten anzuzetteln, aber Rüdiger war nicht ganz bei der Sache. Er flirtete über die Distanz mit einer dunkelhaarigen Schönheit, die mit einem Pärchen zusammen an einem Tisch saß.

Als Lars vom WC zurückkam, war Rüdigers Platz leer. Er saß jetzt bei der dunkelhaarigen Schönheit und dem anderen Pärchen. Es war schon zwei Uhr morgens, Lars hatte genug getrunken und wollte eigentlich ins Bett. Also ging er hinüber, um sich zu verabschieden. Rüdiger strahlte ihn an, stellte ihm die Dame als Nicole vor, das andere Pärchen als Marc und Augustine, alle drei aus Genf, und ihn als Lars, einen Freund aus Frankfurt.

Lars erklärte, schon ziemlich müde zu sein, wünschte noch einen schönen Abend und ging durch die kalte Nacht ins Hotel zurück.

— St. Moritz, Montag/Dienstag, 29./30.12.2014

Lars hatte gut und lange geschlafen, las neben anderen E-Mails die von Axel mit der erneuten Bestätigung des Paris-Termins und allen notwendigen Daten, und als er gerade mit seinem Frühstück fertig war, kam Rüdiger und setzte sich dazu. Er sah etwas übernächtigt aus, machte aber sonst einen halbwegs fitten Eindruck. Sie vereinbarten, ihren gestrigen Trainingslauf noch einmal zu wiederholen, allerdings ohne Cappuccino in Sils. Den wollten sie danach im Hotel nehmen und am späten Nachmittag das Studio ausprobieren.

Der Lauf machte Lars wieder viel Spaß. Die Form seines Kumpels war allerdings etwas schlechter als gestern, was ihn nicht wunderte. Erstens war es bei ihm bestimmt eine kürzere Nacht gewesen, und zweitens hatte er mit Sicherheit nicht so einen ausgeklügelten Doping-Plan wie er selbst. Ob er überhaupt dopte, wusste Lars nicht. Darüber hatten sie nie gesprochen.

Bei Cappuccino und Kuchen im Hotel offenbarte Rüdiger, dass er auf den Studiobesuch heute lieber verzichten würde. Er wolle sich am Abend wieder mit Nicole treffen und sich lieber am Nachmittag kurz hinlegen. Er sei außerdem mit Nicole zum Abendessen verabredet, deshalb würden sie sich erst wieder zum Frühstück sehen. Sie verabredeten sich für elf Uhr.

Lars absolvierte eine Krafttrainingseinheit in dem großen Center. Die Geräte waren in Ordnung, und er hatte ziemlich schnell erreicht, dass die lokalen Fitnesstrainer ihn in Ruhe ließen. Er buchte anschließend noch eine Massage und lag eine Stunde im Ruheraum der Sauna. Zum Abendessen war er wieder im Hotel. Er nahm es diesmal solo ein.

Am nächsten Morgen verspätete sich Rüdiger und erklärte darüber hinaus, dass er schon bei Nicole gefrühstückt habe. Er machte einen relativ ausgeschlafenen und sehr zufriedenen Eindruck.

Lars grinste ihn spitzbübisch an:

»Nicole scheint dir ja gut zu gefallen und umgekehrt anscheinend genauso.«

»Ich glaube auch. Ich habe mich lange nicht mehr so gut gefühlt.«

»Und wie geht es jetzt weiter?«

»Keine Ahnung. Heute wird jedenfalls richtig trainiert. Nicole hat abends schon etwas anderes vor. Wir haben uns aber für Silvester im ›King's Club‹ verabredet. Sie hat einen Tisch reserviert, übrigens auch für dich und deine alte Bekannte.«

»Das ist aber nett von euch. Ich schlage vor, dass wir heute mal eine härtere Langlauftour machen, was meinst du? Es gibt von Pontresina aus eine Rennloipe von gut zehn Kilometern. Wir können ja mal sehen, wie viele Runden wir hinkriegen.«

Es wurden drei Runden, und sie waren beide ziemlich geschafft. Nach dem obligatorischen Cappuccino mit Kuchen, einer Dusche und einer kurzen Ruhepause gingen sie gemeinsam zum Trainings-Center, machten eine intensive Geräterunde und ließen das Training mit Sauna und Massage ausklingen. Pünktlich zum Abendessen waren sie wieder im Hotel. Heute reichte es nur zu einem kurzen Absacker in der Hotelbar, dann zogen sie in ihre Zimmer. Lars setzte sich die zweite EPO-Spritze, nahm die Tabletten, sah noch ein bisschen fern und ging dann ins Bett.

Kapitel 7

— Saarbrücken, Donnerstag, 29.9.2016

Henriette war um neun Uhr im Büro. Trotz der relativ kurzen Nacht mit Roberta oder aber auch vielleicht deswegen fühlte sie sich gut. Mit dem zweiten Lungo des Morgens ging sie sofort an die Recherche-Arbeit.

Nachdem sie einiges an älteren Kommentaren gelesen hatte, verdichtete sich der Eindruck, dass eine Strafbarkeit von Blutdoping eher nicht gegeben sei. Sie war etwas unsicher, glaubte aber die manchmal etwas verquasten juristischen Formulierungen halbwegs zu verstehen. Dann fand sie heraus, dass es in Deutschland seit Ende 2015 ein Anti-Doping-Gesetz gab. Henriette war etwas entsetzt, dass sie diese Information erst jetzt gefunden hatte, aber es war eindeutig: Blutdoping war seitdem ohne Zweifel eine Straftat. Sie machte sich einige Notizen in ihrem Notebook, die sie mit Roberta besprechen wollte.

Um elf Uhr hatte sie einen Termin mit ihrem Mitarbeiter Stefan Suter. Pünktlich klopfte es, und Stefan trat ein. Henriette bedankte sich noch einmal bei ihm für seinen Vorschlag, das Doping-Thema zu bearbeiten. Sie fasste ihre bisherigen Überlegungen und Recherchen kurz zusammen, ließ dabei aber die Zusammenarbeit mit der Kriminalpolizei außen vor. Stefan war über die Doping-Definition etwas irritiert und fragte, ob dies bedeute, dass der Breitensport für sie nicht interessant sei.

»Im Gegenteil«, antwortete Henriette. »Wir müssen aber begrifflich aufpassen. Ich habe zwei Vorschläge: Arbeitstitel für unseren Artikel ist ›Doping und Medikamentenmissbrauch im Sport‹, und du übernimmst den Part des

Medikamentenmissbrauchs, also die Breitensportseite. Wir sind beide gleichberechtigt an dem Artikel beteiligt. Da ich Courgette heiße und du Suter, stehe ich zwar im Alphabet vor dir, aber ansonsten gibt es keine Hierarchie. Was sagst du dazu?«

Stefan dachte kurz nach.

»Etwas überrascht bin ich schon. Aber ich würde gerne so direkt mit dir zusammenarbeiten«, sagte er nachdrücklich. »Zwei Fragen hätte ich allerdings: Wieso diese Arbeitsteilung: du Doping und ich Medikamentenmissbrauch?«

»Ah, ich verstehe. Es geht mir nicht um die Wichtigkeit oder die gesellschaftliche Bedeutung oder die Außenwirksamkeit dieser beiden Komplexe. Es ist einfach so, dass ich über einige Kanäle einen sehr guten Zugang zu saarländischen Protagonisten des Leistungssportsystems habe. Da sehe ich einen Recherche-Vorteil bei mir. Ich bin zum Beispiel nächsten Mittwoch zu einer Veranstaltung bei Horst Medow eingeladen, davon verspreche ich mir einiges. Nach außen stehen wir allerdings gemeinsam für den Gesamtartikel.«

»Gut, das kann ich nachvollziehen. Die zweite Frage wäre, wie es mit dem Thema ›Ämterhäufung und Interessenkonflikte‹ aussieht. Ich weiß nicht, ob ich beides parallel schaffe. Und nach der letzten Redaktionskonferenz ist das ja eigentlich unser zentrales Thema.«

»Wie weit bist du denn damit?«

»Noch nicht besonders weit. Ich habe zusammen mit Elsbeth, du weißt, unsere neue Praktikantin, einen Recherche-Plan aufgestellt, den wir jetzt abarbeiten wollen.«

»Gut, dann schlage ich vor, dass du die konkrete Recherche-Arbeit im Wesentlichen Elsbeth überlässt. Du musst dich aber regelmäßig mit ihr treffen, die Ergebnisse mit ihr besprechen und die weiteren Schritte festlegen. Du musst delegieren und Leitungsfunktionen übernehmen. Hauptsächlich solltest du dich in der nächsten Zeit aber um den Medikamentenmissbrauch kümmern. Ich werde diese

Schwerpunkte nächsten Montag auf der Redaktionskonferenz ansprechen.«

»Okay, ich versuche das. Wann treffen wir uns wieder?«

»Ich würde sagen, in einer Woche zur gleichen Zeit. Dann hat das Horst-Medow-Event schon stattgefunden, und du hattest etwas Zeit für einen Einstieg.«

Henriette rief ihren Vater an und fragte, ob er heute Nachmittag wie verabredet zu Hause sei.

»Aber sicher«, antwortete er. »Wir sind doch verabredet, oder?«

»Was hältst du denn von einem Stück Kuchen?«

»Gut, ich backe jetzt zwar keinen Kuchen mehr, aber ich besorge etwas, wenn du möchtest.«

Henriette stöhnte leicht auf:

»Ich meinte eigentlich, ob ich vielleicht Kuchen mitbringen soll.«

»So weit kommt's noch. Wann kannst du denn hier sein?«

»So gegen 15 Uhr etwa. Ist das okay?«

»Gut, mein Töchterlein, ich freue mich!«

Als sie bei ihm klingelte, öffnete er schwungvoll die Tür und strahlte sie an:

»Schön, dich zu sehen. Wie geht es dir?«

»Gut, und wie ist es bei dir?«

»Wie immer, altersgemäß. Keine besonderen gesundheitlichen Vorkommnisse.«

Sie sprachen über die üblichen Themen, und als ihr Vater nach Karl fragte, berichtete Henriette von dem geplanten gemeinsamen Besuch einer Habilitationsfeier und dass sie sich schon sehr darauf freue.

»Das ist ja schön«, meinte ihr Vater dazu, und Henriette glaubte, eine Spur zusätzlicher Zufriedenheit in seinem Gesicht zu erkennen. Sie entspannte sich etwas, das Thema Karl hatte sie diesmal sehr gut bewältigt.

»Was macht denn der Kaffee?«, fragte sie.

»Ach ja, richtig. Komm mit in die Küche. Ich hatte noch etwas Kuchen übrig, selbst gebacken von Lena.«

»Ach, von Lena, wie das? Die beiden gibt's auch noch?«

»Dem Paul geht es immer schlechter, er weiß teilweise nicht mehr, was um ihn herum vorgeht. Im Haushalt kann er schon länger gar nichts mehr machen, das hängt alles an Lena. Da helfe ich ihr ab und zu ein bisschen. Und sie gibt mir etwas von ihrem wunderbaren Kuchen ab.«

»Das hört sich ja so an, als ob der Paul früher im Haushalt geholfen hätte.«

»Ach so, du meinst staubsaugen, bügeln und so. Nein, das hat er allerdings auch früher nicht gemacht. Ich meinte eher Glühbirnen wechseln, tropfende Wasserhähne reparieren und Sprudelkisten schleppen.«

»Und was sagt Paul dazu?«

»Ich glaube nicht, dass er davon etwas mitbekommt. Weder davon, dass ein Wasserhahn tropft, noch davon, dass Lena das nicht alleine reparieren kann, und schon gar nicht davon, dass ich das dann mache.«

»Aber sie könnte doch auch einen Handwerker holen.«

»Liebes Töchterlein, wir sind hier auf dem Dorf, da hilft man sich und holt keinen Handwerker für einen tropfenden Wasserhahn.«

Der Kuchen war tatsächlich ausgezeichnet. Henriette fragte nicht weiter nach dem Verhältnis ihres Vaters zu Lena, er wollte offensichtlich nicht mehr berichten. Aber spannend fand sie es schon. Sie hatte sich bislang nie gefragt, ob ihr Vater sich nach dem Tod ihrer Mutter für andere Frauen interessierte. Oder vielleicht sogar schon vorher? Undenkbar!

— Saarbrücken, Freitag, 30.9.2016

Heute hatte Henriette keine Termine und arbeitete lieber zu Hause. Falls irgendwelche Kühe von irgendeinem Eis zu holen wären, würde das Sekretariat die Chefin schon finden.

Am Vormittag wollte sie sich um diesen Wilders kümmern. Sie landete auf der Homepage von »The Athletes Manager« mit Sitz in Brüssel. Wilders war der Chef, formal titulierte er als CEO. Es handelte sich um eine Firma, die hauptsächlich Läuferinnen und Läufer auf internationalem Spitzenniveau betreute und vermarktete. Hier fand sie in der Auflistung der betreuten Sportler auch Azmera Yifter als Olympiasiegerin und Weltmeisterin.

Sie recherchierte weiter, erfuhr mehr über das Geschäftsmodell dieser Firma und stieß dann auf ein paar kritische Seiten, in denen Wilders die Mitwirkung an Dopingsystemen, also an der Zusammenarbeit von Pharmazeuten, Ärzten, Trainern und Sportlern, unterstellt wurde. Er bestritt diese Mitwirkung natürlich vehement. Von aufgedeckten Dopingfällen seiner Sportler sei er sehr enttäuscht und hätte vorher nichts davon gewusst.

Sie notierte sich die wichtigsten Informationen im Notebook und speicherte die Internetseiten, von denen sie ihre Informationen hatte.

Es war gegen 12.30 Uhr, als ihr Handy klingelte. Es war Karl.

»Hallo, liebe Henriette, es ist vielleicht etwas zu optimistisch, aber wie wäre es denn mit einer gemeinsamen Mittagspause?«

»Ich liebe deinen Optimismus. Ich bin heute im Homeoffice, und eine Mittagspause mit dir wäre toll. Wo wollen wir uns treffen?«

»Das hängt davon ab, ob du zu Mittag essen möchtest oder lieber nur eine Kleinigkeit.«

»Und wie ist es bei dir?«

»Ich bin gerade in der Uni fertig und habe noch nicht einmal gefrühstückt. Mittagessen könnte ich mir gut vorstellen.«

»Gut, ich auch. Dann in einer halben Stunde im ›Gemmel‹?«

»Okay, ich rufe an und reserviere draußen einen Tisch. Es ist warm genug, und die Sonne scheint.«

Henriette sprang kurz unter die Dusche, zog sich ein leuchtend gelbes Sommerkleid an und fuhr dann mit ihrem Peugeot ins Nauwieser Viertel, parkte dort und war pünktlich im »Gemmel«.

Karl hatte die letzten Tage wie ein Einsiedler verbracht. Er war jeweils früh aufgestanden, hatte sich nach einem Cappuccino sofort an sein Notebook gesetzt, irgendwann am Vormittag Ingeborg angerufen, gehofft, dass nichts Wesentliches passiert war, und bis Mittag durchgearbeitet. Dann hatte er eine Stunde Pause gemacht, war durchs Nauwieser Viertel geschlendert, hatte irgendwo ein spätes Frühstück genommen, etwas für den Abend eingekauft, um sich dann bis zur Tagesschau wieder an sein Notebook zu setzen. Jetzt war seine PowerPoint-Präsentation für die Vorlesung fertig.

So richtig fertig war er natürlich noch nicht. Er hatte die Vorlesung strukturiert und die Materialien, also Texte, Grafiken und Abbildungen, den einzelnen Vorlesungsterminen und Themen zugeordnet und sie in Präsentationsdateien eingearbeitet. Er würde die Vorlesung frei halten. Anderthalb Stunden frei zu sprechen erforderte einige Konzentration, aber Karl kannte das und wollte es nicht anders. Es war die einzige Chance, während der Vorlesung Kontakt zu den Studierenden zu halten.

Er wusste, dass die letzten Feinschliff-Arbeiten erst im Laufe des Semesters erfolgen würden. Er brauchte dafür den Druck der Aktualität. Jetzt war es erst mal gut, die Basis fertiggestellt zu haben, und er war froh, damit durch zu sein.

Heute hatte er nach dem Zusatztermin des Promotionsausschusses die wöchentliche Sitzung seiner Arbeitsgruppe, und es ging um den neuen Lehrplan. Katrin hatte sich dafür entschieden, ein Seminar aus dem thematischen Dunstkreis ihrer geplanten Dissertation anzubieten. Mathias hatte seinen Entwurf vorgestellt, er war makellos, alle stimmten zu. Karl berichtete über den Stand der Vorlesungsvorbereitung etwas defensiv, es sollte nicht zu einfach aussehen, und verteilte noch ein paar Aufgaben zur Gestaltung der Prüfungsfragen.

Es gab immer noch keine genauen Zahlen der Studienanfänger, aber jetzt waren sie für den schlimmsten denkbaren Fall vorbereitet, und das fühlte sich trotz der Qualitätseinbußen, die sie in Kauf nehmen mussten, halbwegs gut an.

Nach seinem Telefonat mit Henriette rief er im »Gemmel« an und machte sich auf den Weg. Er parkte auf einem freien Anwohnerparkplatz und ging die letzten Meter zu Fuß. Schon von Weitem sah er Henriette in ihrem gelben Kleid und mit dem schwarzen Bubikopf an einem Tisch sitzen. Er ging etwas schneller.

Sie küssten sich, und Karl wuschelte Henriette durch die kurzen Haare. Sie liebte das und er auch.

Er bestellte mit der Begründung, es gebe eine Kleinigkeit zu feiern, zwei Gläser Crémant als Aperitif. Sie kamen sofort, Henriette hob ihr Glas und fragte:

»Und worauf stoßen wir an, mal abgesehen davon, dass wir an diesem herrlichen Tag zusammen mittagessen?«

»Ich habe meine neue Vorlesung fürs Erste fertig.«

»Hoppla, das ging aber flott. Hast du durchgearbeitet?«

»Fast. Aber ich habe kaum etwas anderes gemacht in den letzten Tagen.«

»Trotzdem hätte ich gedacht, dass das länger dauert.«

»Stimmt schon. Aber die meisten Abbildungen und Tabellen hatte ich schon vorher in verschiedenen Seminarordnern als pdf-Dateien gespeichert, das heißt, ich musste nur in wenigen Fällen Originalliteratur recherchieren oder Materialien erst einmal neu scannen. Es ging ganz gut.«

Sie bestellten zweimal gegrillten Wolfsbarsch, eine Flasche Sprudel und je ein Glas Sauvignon blanc und Grauburgunder.

»Und was war bei dir los in den letzten Tagen?«, fragte Karl. »Du hattest angedeutet, dass du ziemlich viel um die Ohren hättest.«

»Ja, das stimmt. Der Einbruch-Beitrag ist abgeschlossen, und wir haben ein neues Thema angefangen: Doping und Medikamentenmissbrauch im Sport.«

»Hoppla, wie kommt ihr denn darauf?«

»Mein neuer Mitarbeiter Stefan Suter, ich habe dir schon von ihm erzählt, glaube ich, hatte die Idee. Wir machen den Beitrag jetzt zusammen. Und der nächste Mittwoch könnte deshalb auch aus dieser Perspektive sehr interessant werden.«

»Und ich habe schon geglaubt, du würdest meinetwegen mitkommen«, lachte Karl.

»Komme ich doch auch«, lachte Henriette zurück. »Die Doping-Gespräche werden doch nur Beiwerk sein.«

»Da bin ich mir ganz sicher. In welche Richtung recherchiert ihr denn aktuell?«

»Es gibt zwei große Linien: Doping im Leistungssport und Medikamentenmissbrauch im Breitensport. Stefan kümmert sich um den Medikamentenmissbrauch, und ich mache Doping.«

»Vom Problemfeld Doping habe ich eine Vorstellung. Aber ist Medikamentenmissbrauch im Breitensport wirklich ein Thema?«

»Ich weiß noch nicht wirklich viel, aber unsere Fitnessstudios sind da wohl nicht so ganz ohne.«

»Okay, und was hast du bislang in Richtung Doping recherchiert?«

»Also zuerst einmal habe ich mich um die Begrifflichkeiten gekümmert, was dich als Wissenschaftler nicht verwundern sollte. Stell dir vor: Doping liegt dann vor, wenn gegen die Doping-Regeln des Leistungssportsystems verstoßen wird. Ist das nicht fantastisch? Außerdem habe ich versucht, aktuelle saarländische Themen aus dem Leistungssport in Richtung Doping zu hinterfragen.«

»Diese Doping-Definition nennt man in der Wissenschaft ›operationale Definition‹. Ihr Kennzeichen ist ihre Inhaltsleere. Ein Beispiel ist die etwas boshafte Definition von Intelligenz durch einen Kollegen, der einen Intelligenztest entwickelt hat: Intelligenz ist das, was mein Intelligenztest misst.«

Der Wolfsbarsch wurde serviert. Karl nahm einen ersten Bissen.

»Der Fisch ist gut, finde ich. Und welche saarländischen Leistungssport-Themen hast du im Blick?«

»Fußball über Horst Medow und Leichtathletik über eine äthiopische Läuferin, die aktuell bei uns trainiert.«

»Ach, du lieber Gott, Horst Medow. Willst du das Event am Mittwoch sprengen?«

»Nein, das wäre in vielerlei Hinsicht unfair und kontraproduktiv. Aber ich werde versuchen, einen Termin für ein Interview bei ihm zu bekommen.«

»Das ist gut. Und was ist mit dieser Läuferin?«

»Sie heißt Azmera Yifter, trainiert in diesem Sommer an der Sportschule und wird von einem belgischen Ober-Manager namens Wilders betreut.«

Karl verschluckte sich fast an einem Stück Wolfsbarsch.

»Wie heißt dieser Manager?«

»Wilders. Der hat eine Riesenfirma zur Betreuung von Leichtathleten. Aber was sagt dir dieser Name? Du scheinst ihn zu kennen.«

»Mein Kollege Zweigelt hat mir von einem Vermietungsproblem berichtet, bei dem der Name Wilders auftaucht. Wilders ist der Mieter eines Hauses von Zweigelt. Es geht um irgendwelche ungeklärten Blutschmierereien in diesem Haus.«

Jetzt war es an Henriette, sich beinahe zu verschlucken. Für den Bruchteil einer Sekunde war sie versucht, Karl die Zusammenarbeit mit Roberta in Bezug auf diesen Wilders zu verheimlichen.

»Das ist ja interessant«, sagte sie stattdessen. »Roberta hat diesen Fall mit den Blutschmierereien auf dem Tisch, weil internationale Komplikationen möglich erscheinen. Wir haben darüber gesprochen und tauschen uns informell ein wenig aus. Meinst du, dass dieser Zweigelt am Mittwoch dabei sein wird?«

»Davon gehe ich aus. Der Kollege Zweigelt lässt sich ein Gratis-Büfett selten entgehen. Aber ich glaube nicht, dass er euch viel weiterhelfen kann. So wie ich es verstanden habe, hat er Wilders nicht persönlich kennengelernt. Das lief wohl alles über einen Makler.«

Karl versuchte, sich seine Beunruhigung nicht anmerken zu lassen. Die Beziehung zwischen Henriette und Roberta schien ziemlich intensiv anzulaufen. Er widmete sich seinem Wolfsbarsch, trank einen Schluck Grauburgunder, lehnte sich zurück und versuchte zu entspannen.

»Hast du morgen Abend schon etwas vor?«, fragte Henriette plötzlich.

Karl strahlte sie an: »Vielleicht treffe ich mich mit meiner Freundin Henriette, was meinst du?«

»Könnte sein, falls du Zeit hättest?«

»Ich werde alle meine Dates für morgen Abend einfach absagen.«

»Das hört sich gut an.«

Sie machte ihm den Vorschlag, ihn ins »Angelini« einzuladen, ein italienisches Restaurant am Nauwieser Platz, also bei Karl um die Ecke. Er könne sich dann am Sonntagvormittag beim Jazz-Frühschoppen am Schloss revanchieren. Karl begrüßte das Programm und meinte, dass er auf dem Heimweg gleich den Tisch reservieren könne. Sie einigten sich auf 19:30 Uhr für das »Angelini« und auf 17:30 Uhr für den Start in den Abend bei Karl, schließlich ginge es ja nicht nur ums Essen.

Während Karl nach dem Mittagessen zurück an die Uni fuhr, rief Henriette nur kurz im Büro an, stellte fest, dass nichts anzubrennen drohte, und kehrte nach Hause zurück.

Sie machte sich einen Lungo und recherchierte dann zur Fuentes-Affäre: Bei einer Razzia im Zusammenhang mit Doping-Untersuchungen im Radsport fand man 2006 bei dem Gynäkologen Fuentes in Madrid Dopingsubstanzen und mehr als 200 Blutbeutel. Die Blutbeutel waren mit Codes gekennzeichnet, die inzwischen weitgehend aufgedeckt werden konnten, so dass die beteiligten Sportler identifiziert waren. Offiziell ging es in der Hauptsache um den Radsport, und hier gab es auch die meisten persönlichen Konsequenzen im Sinne von Sperren und Rücktritten, so etwa für Jan Ullrich, den deutschen Tour-de-France-Sieger.

Ihre Recherche zeigte juristische Probleme auf. In der Hauptsache ging es um die Frage, was an dieser Affäre von strafrechtlicher Relevanz war.

Das erinnerte sie an ihren anderen Recherche-Strang in Bezug auf die Strafbarkeit von Blutdoping in Deutschland. Doping war zu dieser Zeit kein direkter Straftatbestand in Spanien, thematisiert wurde deshalb eine potenzielle Gesundheitsschädigung als indirekter Straftatbestand, der aber für EPO- und Eigenblutdoping nach vorliegenden Gutachten nicht nachgewiesen werden konnte. Außerdem wurden in Spanien Unterlagen auf richterlichen Beschluss teilweise nur für strafrechtliche Ermittlungen zugelassen. Sportverbände durften diese Unterlagen dann nicht für Dopingverfahren nutzen, an einigen Stellen aber schon. Das Verfahren gegen Fuentes wurde später aus Mangel an Beweisen eingestellt.

Henriette suchte nach Hinweisen auf andere verwickelte Sportarten und wurde fündig. Die Rede war von Leichtathletik und Fußball. Während bei einer zweiten Ermittlungswelle eine Reihe von spanischen Leichtathleten, aber auch Spitzenathleten anderer Nationen bekannt und gesperrt wurden, gab es um Fußballer einen unerklärlichen Schutzschild. Obwohl es deutliche Hinweise darauf gab, dass Spieler der ersten Spanischen Liga und auch Nationalspieler anderer Länder in einer Anzahl betreut wurden, die durchaus mit der der Radfahrer vergleichbar war, gab es keinerlei Ermittlungen. Fuentes selbst zeigte sich überrascht, dass kein Name eines Fußballspielers auftauchte. Auf Medienfragen, ob er mit bestimmten spanischen Spitzenvereinen in Kontakt gestanden habe, antwortete er, dass er nach drei Morddrohungen eine vierte vermeiden wolle.

Henriette war konsterniert. Das sah nach einer mafiaähnlichen Omertà mit möglicher staatlicher Unterstützung aus. Unwillkürlich schüttelte sie sich, als ekelte sie sich vor etwas.

Es war schon früher Abend, Henriette sicherte ihre Recherche-Ergebnisse und schaltete das Notebook aus. Nach dem Mittagessen mit Karl aß sie jetzt nur ein wenig Baguette mit Käse und trank ein Glas Sauvignon blanc zu den Fernseh-Nachrichten. Zum zweiten Glas Sauvignon rief sie Roberta an. Sie verabredeten sich für Montag zum Training. Das war zwar der Tag der Deutschen Einheit, aber das Fitnessstudio hatte geöffnet. Die weiteren Programmpunkte waren eigentlich unstrittig, die Frage war nur, ob sie nach dem Training zum Eschberg oder zum Ilseplatz fahren würden. Die »Tomate 2« schied wegen der Brisanz der anstehenden Gesprächsthemen aus. Sie diskutierten eine Weile, eigentlich sei Roberta ja dran, aber dann war die größere kulinarische Kompetenz von Henriette letztlich ausschlaggebend. Zu Roberta könnten sie ja immer noch fahren, wenn die »Tomate 2« besser passte.

Über ihre Recherchen sagten beide nur wenig, das wollten sie am Montag besprechen. Henriette schlug vor, Roberta ein Bild von Azmera Yifter zu schicken, um möglicherweise bei Zeugen im Umfeld des Hauses nachfragen zu lassen, ob diese Frau gesehen worden war. Roberta schmunzelte geradezu durchs Telefon und meinte, das sei eine gute Idee und sie seien schon dabei, sie hätten sich schon ein Foto aus dem Internet besorgt.

Dann fragte Roberta:

»Am Sonntag gibt es am Schloss eine Jazz-Veranstaltung. Man kann auch eine Kleinigkeit essen. Ich werde mit einer Bekannten da sein und wollte dich fragen, ob du auch kommen magst.«

»Das ist ja witzig. Ich wollte mit Karl zum Schloss. Meinst du, dass wir uns zusammentun sollten?«

»Ja, warum nicht. Ich finde Karl interessant, und meine Bekannte, sie heißt Sybille, wird auch nichts dagegen haben.«

»Gut, dann machen wir es doch so, dass wir uns nicht fest verabreden, sondern wir versuchen, uns per Handy zu treffen. Ich würde auch gerne vorher mit Karl reden, also verstehen wir es mal als lose Verabredung.«

»Ich werde das auch mit Sybille besprechen, du hast recht.«

Henriette unterdrückte eine Frage nach Sybille, sie hatten schließlich keine Berichtspflicht vereinbart. Aber sie machte sich nicht wirklich Sorgen.

— Saarbrücken, Samstag/Sonntag, 1./2.10.2016

Henriette hatte einen faulen Samstag. Sie schlief lange, trank zwei Morgen-Lungos und las ausgiebig ihre ePaper-Version der »Neuen Zürcher Zeitung«. Sie schätzte die »NZZ« für ihren guten Journalismus, störte sich allerdings an der nach ihrer Meinung zu offensichtlich zur Schau gestellten Wirtschaftsliberalität. Ihr aktuelles Recherche-Thema kam ihr nur kurz beim Lesen des Sportteils in den Sinn: Ob dieser Schweizer Tennisstar wohl sauber ist?

Sie nutzte den freien Tag aber auch, um ihre Wohnung ein wenig aufzuräumen, ihre Wäsche zu waschen und in der großzügigen Waschküche im Kellergeschoss des Hauses aufzuhängen. Vielleicht käme sie ja morgen zum Bügeln. Für die gröbsten Hausarbeiten hatte sie Vera, eine Studentin, die bei ihr jede Woche putzte. Trotzdem waren diese Dinge für sie immer eine logistische Herausforderung.

Sie konzentrierte sich auf ihre Hausarbeiten und ließ die ursprüngliche Idee, noch etwas zu recherchieren, fallen. Plötzlich war es 16:30 Uhr, und sie hatte endlich einen Grund, diese ungeliebten Tätigkeiten zu beenden: Sie wollte sich für Karl vorbereiten.

Karl liebte es, wenn Henriette bei ihren Besuchen eher unkonventionell gekleidet war. Das bedeutete heute, dass sie sich für ein weißes Wollkleid entschied, das sich mit einem einzigenVerschluss öffnen ließ und dann herunterfallen würde. Wolle wählte sie, weil es überraschend frisch war. Dessous würde sie erst am Sonntag benötigen, der kurze Weg zum »Angelini« ging auch ohne und sie wusste, dass diese Tatsache auf Karl eine appetitanregende Wirkung haben würde.

Sie duschte, packte eine kleine Tasche mit Übernachtungsutensilien, den Dessous, Jeans, einem Sweatshirt und Sneakers für den Sonntag ein, zog ihr Kleid und schwarze Pumps an, griff sich eine schwarze Lederjacke und machte sich auf den Weg zu Karl.

Karl öffnete die Tür und zog Henriette an sich. Sie ließ sich von seiner Umarmung fangen, und ihre Lederjacke und die Tasche fielen herunter. Sie umarmten und küssten sich für Minuten. Irgendwann wisperte Henriette, ob Karl ihr nicht das Kleid ausziehen wolle.

»Was für eine Frage«, flüsterte Karl und öffnete den Verschluss.

Die Zeit wurde etwas knapp, aber sie kamen pünktlich ins »Angelini«. Es war ein sehr wohltuender Abend, sie genossen die gegrillten Calamari als Vor- und das Entrecôte als Hauptspeise, tranken Pinot Grigio und Sauvignon blanc und sprachen zuerst über die saarländische Politik, dann über die aktuelle Flüchtlingssituation, und schließlich fragte Karl:

»Ist Doping eigentlich wirklich ein wichtiges Thema in dieser Zeit?«

»Sicher ist die gesellschaftliche Bedeutung des Flüchtlingsproblems oder die Wohnungsnot in Großstädten schon höher einzuschätzen. Aber ist es deshalb falsch, sich mit Themen zu befassen, die vielleicht nicht diese Bedeutung haben, aber trotzdem wichtig sind?«

»Aber was ist daran wichtig? Sollen doch die Sportler machen, was sie wollen.«

»Na, da bist du vielleicht doch etwas kurzsichtig, lieber Professor. Ich sehe da schon als gesellschaftliches Problem einen Leistungs-Fetischismus, der weit über den Sport hinausgeht.«

»Kurzsichtigkeit ist ja manchmal nicht schlecht, wenn man die naheliegenden Dinge besonders scharf sehen kann. Hier ist es doch so, dass Doping per Definition an den Hochleistungssport und seine Regeln gebunden ist, wenn ich dich richtig verstanden habe. Wie kann ein Dopingproblem dann über den Sport hinausreichen? Ich versuche es mal mit einem Beispiel: Wenn Wirtschaftsverbände beschließen würden, dass nach Vertragsabschlüssen Urinproben abgegeben werden müssten und dass bei Verstößen gegen bestehende Wirtschaftsvertrags-Doping-Regeln Geldstrafen und zweijährige Vertragssperren ausgesprochen würden, hätten wir ein Wirtschaftsdopingproblem. Und wenn nach Konzerten Musiker untersucht würden und es vom internationalen Musikerverband Anti-Doping-Regeln geben würde, hätten wir auch dort ein Problem.«

»Oha, da hast du vielleicht recht. Wir haben diese Probleme deshalb nicht, oder besser, wir sehen diese Probleme nicht, weil es keine Wirtschaftsvertrags- und Musiker-Doping-Regeln gibt. Stell dir mal vor, dass nach Bundestagsabstimmungen jeder Abgeordnete eine Blutprobe abgeben müsste und dass es eine Bundestags-Doping-Regel gebe, nach der Alkohol nicht zulässig wäre. Wenn dann bei Vorliegen kontaminierter Proben das Abstimmungsergebnis hinfällig wäre, wäre das schon schwierig.«

»Aber wenn solche Ergebnisse eine zweijährige Sperre nach sich ziehen würden, bräuchten wir keine 700 Sitze.«

Beide prusteten los und lachten so laut, dass sich die anderen Restaurantgäste nach ihnen umsahen.

Nachdem sie sich etwas beruhigt hatten, sagte Henriette, immer noch etwas belustigt:

»Aber im Sport haben wir schon eine besondere Situation. Seit letztem Jahr gibt es ein Anti-Doping-Gesetz. Das bedeutet, dass es nicht mehr nur die Sport-Gerichtsbarkeit ist, die Dopingvergehen ahndet.«

»Das habe ich nicht mitgekriegt. Ich weiß, dass es seit Längerem eine Diskussion zu diesem Thema gibt, habe es aber nicht wirklich verfolgt. Ich bin ja kein Jurist, aber spannend finde ich, wie denn die beiden Justizapparate mit der unterschiedlichen Beweisnotwendigkeit umgehen wollen. Im Sport ist es doch wohl so, dass der Sportler beweisen muss, dass ein Stoff, der in seinem Körper gefunden wurde, von ihm nicht zum Zweck der Leistungssteigerung eingenommen wurde. Ich denke da an die Zahnpasta-Episode eines deutschen Läufers. Im Strafrecht müsste ihm genau das nachgewiesen werden und nicht umgekehrt, die berühmte Unschuldsvermutung. Das ist ein großer Unterschied. Außerdem wundert es mich, dass der Staat für einen solchen Minibereich ein Gesetz beschließt. Sehr merkwürdig, finde ich.«

»Das werde ich mir ganz bestimmt noch genauer ansehen. Vielen Dank erst mal für deine Ideen.«

»Und wie willst du mit dem russischen Staatsdoping umgehen?«

»Das ist allerdings ein heißes Thema. Momentan würde ich es dem ARD-Kollegen überlassen und höchstens in der Einleitung erwähnen. Ich glaube aber eben nicht, dass die bösen Russen hier ein Monopol haben. Es deutet vieles darauf hin, dass es auch gut funktionierende individuell-kapitalistische Dopingsysteme gibt. Was meinst du?«

»Keine Ahnung, aber es wäre höchst plausibel.«

Als der Espresso kam, sprach Henriette ein anderes Thema an: »Ich wollte noch etwas wegen morgen fragen. Zufällig will Roberta mit einer Bekannten oder Freundin, ich weiß nicht genau, auch zum Jazz-Frühschoppen. Würde dich das stören, falls wir uns treffen?«

»Was soll ich denn dazu sagen? Da habe ich wohl wenig Spielraum. Und außerdem ist mir Roberta nicht unsympathisch, und wenn sie mit einer Bekannten oder Freundin da ist, kann das Ganze ja noch einmal etwas interessanter werden, oder? Meinetwegen können wir uns mit den beiden treffen.«

»Gut, dann sage ich Roberta gerade Bescheid.«

Henriette zog ihr Handy aus der Tasche und schrieb eine kurze Nachricht. Dann bezahlte sie, und beide gingen Händchen haltend den kurzen Weg zu Karls Wohnung. Das weiße Kleid musste zum zweiten Mal zu Boden.

Es war insgesamt ein schöner Abend, und weil sie ausschlafen konnten, war die Nacht nicht einmal allzu kurz.

Am nächsten Vormittag, nach einem erotischen Aufwachen, einer Dusche und einem Espresso, machten sie sich auf den zehnminütigen Fußweg zum Schloss.

An einem Stand aßen sie Crêpes, als sie Roberta sahen, die sich durch die Menge zu ihnen drängte. Sie war in Begleitung einer etwas älteren, schlanken Dame mit grauem Kurzhaarschnitt. Roberta stellte sie als Sybille Sygusch vor.

Sie unterhielten sich über das diesjährige Jazzprogramm am Schloss und über die lokale Combo, die heute spielte. Auf Karls Frage nach Sybilles Beruf antwortete sie, dass sie in der Saarbrücker Stadtverwaltung beschäftigt sei.

»Und mit welchen Inhalten befasst du dich?«

»Mit Statistik.«

»Gut zu wissen«, lachte Karl. »Ich bin experimenteller Psychologe. Da spielen statistische Fragen eine wichtige Rolle. Vielleicht sollte ich mir deine Telefonnummer notieren, falls ich mal eine Frage habe.«

»Oder umgekehrt«, sagte Sybille ungerührt. »Statistik ist wirklich ein weites Feld.«

»Und in was für einer Funktion kümmerst du dich um Saarbrücker Statistiken?«, fragte jetzt Henriette.

»Ich leite das Statistische Amt«, antwortete Sybille etwas distanziert. »Und was macht ihr so?«

Jetzt lachte Henriette.

»Da war ich wohl etwas übergriffig. Karl hat sich ja schon geoutet, und ich bin bei der ›Neuen Saarbrücker Zeitung‹. Um deiner Frage zuvorzukommen: Ich bin für das Wochenmagazin verantwortlich.«

»Na gut«, mischte sich Roberta ein. »Dann wäre das ja geklärt.«

Jetzt lachten außer Roberta alle, und die entstandene Spannung war weg. Sie wandten sich wieder der Musik zu, und es wurde klar, dass Sybille nur wegen Roberta zum Jazz mitgekommen war, eigentlich sei sie auf Klassik fokussiert. Sie berichtete von einem fantastischen Sommer-Event in

Salon-de-Provence. Für eine Woche träfen sich hochklassige Kammermusiker aus der ganzen Welt in Salon, und jeden Tag würden in großartiger Kulisse Freiluftkonzerte stattfinden.

»Das hört sich richtig gut an«, meinte Karl zu Henriette gewandt. »Was meinst du?«

Henriette bekam große Augen.

»Na, ich weiß nicht. Eine Woche lang jeden Tag Kammerkonzerte? Vielleicht reicht meine Klassik-Lust dafür dann doch nicht.«

Nach einer weiteren halben Stunde machten sich Henriette und Karl auf den Weg. Weder Henriette noch Roberta hatten in stillschweigender Übereinkunft ihre Verabredung für morgen erwähnt. Mit Karl besprach Henriette jetzt den Mittwochabend. Da das Fest der Sportmedizin um 19:30 Uhr starten sollte und sie halbwegs pünktlich sein wollten, es gab schließlich ein Programm mit Reden und Aufführungen, beschlossen sie, sich doch schon um 17 Uhr bei Henriette zu treffen. Solche Veranstaltungen sollten gut vorbereitet sein.

Henriette ging den Rest-Heimweg vom Nauwieser Viertel bis zum Ilseplatz zu Fuß. Sie hatte einiges nachzudenken. Nach einem ziemlich exzessiven Wochenende mit Karl war sie für Montag mit Roberta verabredet. Dann hatte sie einen Tag für sich, bis sie sich am Mittwoch wieder mit Karl treffen würde. Das kam ihr etwas viel vor, die Intensität dieser Treffen war schon beträchtlich. Aber dann stellte sie einfach fest, dass sie sich auf diese Woche freute. Wenn es ihr zu viel würde, könnte sie die Treffen ja jederzeit reduzieren.

Kapitel 8

— St. Moritz, Mittwoch – Sonntag, 31.12.2014 – 4.1.2015

Übereinstimmend verzichteten Lars und Rüdiger auf ein gemeinsames Silvester-Training. Beide hatten mehr ihre jeweiligen Damen im Kopf. Rüdiger wollte für Nicole noch ein kleines Geschenk zum neuen Jahr besorgen. Lars kümmerte sich um die Vorbereitung seiner Hotelräume für einen zweiten Gast. Er bat darum, das Sofa als Bett vorzubereiten, so war das schließlich mit Ulli besprochen, auch wenn er sich eingestand, dass seine Fantasie ein anderes Szenario vorzog. Die Rezeptionistin machte den Vorschlag einer Blumendekoration, als sie verstanden hatte, dass Lars eine Dame als Gast erwartete, und er fand die Idee gut. Mittags war alles fertig.

Er überlegte sich, dass es langweilig würde, wenn er den ganzen Nachmittag auf Ulli wartete. Rüdiger war nicht da, und so zog er sich schnell um und lief die Runde über den Silvaplanersee. Möglicherweise würde sie ja in der Zwischenzeit eintreffen, aber das wäre kein Problem.

Auf der Strecke dachte er darüber nach, was er sich von der Geschichte mit Ulli versprach. Seine letzte längere Beziehung, die Frau hieß Carola, hatte ziemlich genau vor einem Jahr geendet. Lars steckte damals mitten in seiner Muskel-Krise und war mit sich und der Welt unzufrieden. Carola wiederum war unzufrieden, weil er an den Wochenenden nie Zeit hatte. Zwischen Weihnachten und Silvester hatten sie sich dann getrennt. Er hatte seitdem nichts mehr von ihr gehört und vermisste sie auch nicht.

Seine Karriere hatte im letzten Jahr so viel Fahrt aufgenommen, dass er sowieso keine Zeit für andere Gedanken hatte. So blieb es anschließend bei einigen sehr kurzfristigen, oberflächlichen und ausschließlich sexuell dominierten Affären.

Das war ihm klar, und ihm war auch bewusst, dass sein sexuelles Verlangen der Hauptgrund dafür war, dass er sich auf dieses Silvester-Abenteuer eingelassen hatte. Weil er den Kater kannte, der sich nach einer ausschweifenden Nacht nicht nur alkoholbedingt breitmachen konnte, war er froh, dass Ulli seiner Paris-Idee nicht sofort zugestimmt hatte. Sie würden abwarten, wie sich das alles entwickelte.

Es gab an ihr aber noch etwas anderes als das attraktive Äußere, das ihn ebenfalls stark anzog: Er hatte überhaupt nicht den Eindruck, dass sie ihn als Fußballstar bewunderte oder von seinen finanziellen Möglichkeiten beeindruckt war. Sie machte einen völlig autarken Eindruck und strahlte ein natürliches Selbstbewusstsein aus. Als er unter der Dusche stand, sprach er sich seinen alten Leitspruch vor: »Bleib locker und erwarte nicht zu viel.«

Kurz darauf klingelte das Zimmertelefon. Lars lief nass wie er war durch Schlaf- und Wohnraum zum Eingangsbereich seiner Junior Suite und nahm ab. Ein Rezeptionist meldete sich.

»Herr Schübel, hier ist eine Dame für Sie. Kann ich mit ihr hochkommen?«

»Ja, gerne, ich bin da.«

Er hastete ins Bad zurück, fuhr sich einmal mit dem Handtuch übers Haar und zog sich den Hotel-Bademantel an. Da klopfte es auch schon an der Tür.

Als Lars öffnete, zog sich der Hotel-Bedienstete sofort zurück. Ulli strahlte ihn an und sah auch in ihrem Wintermantel und der Pudelmütze bezaubernd aus.

»Schön, dich zu sehen, Lars, und vielen Dank für die Einladung.«

»Ich freu mich auch, und vielen Dank für die Silvester-Idee, komm rein.«

»Da habe ich ja wohl keinen so glücklichen Zeitpunkt für meine Ankunft erwischt«, schmunzelte sie. »Störe ich auch nicht?«

»Nein, alles okay. Ich brauche im Bad noch fünf Minuten, dann bin ich bei dir.«

»Gut, darf ich mich so lange ein wenig umschauen?«

»Gerne, das ist ja jetzt auch deine Suite, bis gleich.«

Er trocknete sich im Bad ab, bürstete sich die Haare und zog dann den Bademantel wieder an. Seine Sachen waren im Schlafzimmer, möglicherweise lief Ulli da gerade herum, und er wollte seine Vorfreude nicht zu deutlich demonstrieren, was unvermeidlich gewesen wäre, wenn er nackt erschien. Im Schlafzimmer war er dann aber allein, also zog er sich schnell an und ging in den Wohnraum. Als er dort Ulli in BH und Slip sah, blieb ihm der Mund offen stehen. Sie lachte laut, als sie ihn so dastehen sah.

»Keine Angst, ich würde nur gerne auch unter die Dusche, bevor das Abendprogramm beginnt. Gibt es im Bad einen zweiten Bademantel?«, fragte sie, schon unterwegs.

»Ja, gleich links am Haken. Lass dir Zeit.«

»Okay, aber nicht weglaufen.«

Es wäre jetzt die Zeit gewesen. Aber Lars entschied sich, für die nächsten Tage, die ja ohne Training ablaufen würden, auf sein Mikrodoping zu verzichten. Er würde am 4. Januar, wenn er aus Paris zurückkäme, wieder einsteigen. Für dieses Datum hatte er auch die nächste EPO-Spritze geplant.

Als Ulli in Jeans und Pullover erschien – sie hatte ihre Reisetasche mit ins Schlafzimmer genommen –, saß Lars vor dem Fernseher. Ein deutscher Regionalsender, den man hier empfangen konnte, zeigte »Dinner for One«, und der betrunkene Butler stolperte gerade über den Tigerkopf. Sie stimmte in sein lautes Lachen ein, und gemeinsam schauten sie das Stück zu Ende.

Er schaltete den Fernseher aus.

»Dieses ›Dinner for One‹ gehört schon seit Jahren zu meinem festen Silvesterprogramm. Und es ist immer wieder schön.«

»Das geht mir genauso. Dieses Jahr habe ich allerdings nicht damit gerechnet.«

»War im Bad alles okay?«

»Ja, alles gut. Und wie ich sehe, hast du die Couch herrichten lassen.«

»Ja, das war doch so verabredet, oder?«

»Stimmt.«

Sie lächelte ihn auffordernd an: »Wie sieht denn das Abendprogramm aus?«

»Wir haben zwei Möglichkeiten: Wir können mit meinem Kumpel Rüdiger und seiner neuen Flamme Nicole und deren Freunden zusammen in den ›Kings-Club‹ gehen, oder wir bleiben lieber unter uns und gehen ins ›Stübli‹, etwas rustikaler, weniger Disco. Beides ist reserviert, und ich kann die andere Location einfach absagen.«

»Also, ich wäre spontan fürs ›Stübli‹, wenn wir uns zutrauen, dass wir beide den ganzen Abend miteinander auskommen.«

»Das ist schön, ich auch. Außerdem ist Rüdiger so verschossen, dass er sowieso nur Augen und Ohren für Nicole hat, und die anderen kenne ich kaum.«

»Gut, dann das ›Stübli‹. Können wir da auch essen?«

»Nein, die haben nur Kleinigkeiten für zwischendurch. Was hältst du von folgendem Programm: Wir laufen noch etwas herum und trinken vielleicht irgendwo einen Kaffee, essen anschließend hier im Hotel, das ist ziemlich gut, und gehen dann ins ›Stübli‹.«

»Hört sich gut an.«

Lars telefonierte noch kurz mit Rüdiger, der Verständnis zeigte und seinerseits erklärte, dass er nicht im Hotel, sondern mit Nicole in ihrem Hotel essen würde. Sie verabredeten sich vage für den Nachmittag des folgenden Tages und wünschten sich gegenseitig eine großartige Silvesterparty.

St. Moritz zeigte sich von seiner schönen Seite. Es war inzwischen dunkel geworden, hatte schon am Nachmittag angefangen, dicke Flocken zu schneien, und weil es ziemlich kalt war, blieb der Schnee auch liegen. Lars und Ulli stapften von Schaufenster zu Schaufenster, zuerst nebeneinander, später Hand in Hand, und redeten über Gott und die Welt. Sie fanden ein Café, tranken einen Espresso im Stehen am Tresen und trudelten langsam zum Hotel zurück.

Nach dem Essen hatte sich Ulli umgezogen. Sie trug ein kurzes schwarzes Etwas von Kleid und hochhackige Pumps, war für das »Stübli« leicht overdressed, zog aber dafür die Blicke aller anderen Gäste auf sich. Den Weg zum »Stübli« hatte sie mit ihrem langen Mantel und hohen Stiefeln bewältigt, die sie dort am Tresen hinterlegte, und war in die Pumps umgestiegen.

Lars war fasziniert. Die Frau sah so scharf aus, dass ihm vor Lust beinahe schwindelig wurde. Gleichzeitig hatte sie aber auf eine Äußerung zur Weltwirtschaftslage seitens ihrer Tischnachbarn, mit denen sie kurzzeitig ins Gespräch kamen, mit einer knappen Analyse des G-7-Gipfels in Belgien reagiert, was eifriges Kopfnicken verursachte. Offensichtlich verstand sie als Wirtschaftsjournalistin etwas vom Fach.

Plötzlich war es null Uhr, und es wurde Champagner serviert. Sie wünschten sich ein gutes neues Jahr und küssten sich vorsichtig. Den Rest der Nacht hatte Lars später nur nebelhaft in Erinnerung. Sie tranken viel Wein, tanzten eng umschlungen, küssten sich unbekümmert intensiv, und irgendwann im Hotel sagte Ulli dann, dass sie gerne allein auf der Couch schlafen würde. Das erste Mal solle man nicht zu betrunken sein.

Am nächsten Vormittag wachte Lars spät auf, ging kurz ins Bad, um sich die Zähne zu putzen und sich mit etwas Wasser im Gesicht frisch zu machen. Dann klopfte er an die Wohnraumtür.

»Komm herein«, kam es ihm munter entgegen.

Ulli saß in T-Shirt und Slip mit ihrem Notebook am Schreibtisch. Erst jetzt wurde Lars bewusst, dass er keinen Slip trug. Sie lenkte ihren Blick auf die Unterkante seines Shirts.

»Na, wenn ich das gewusst hätte.«

»Oh, entschuldige bitte.« Er zog sich schnell zurück, kam im Bademantel wieder und nahm sie kurz in den Arm.

»Das war nicht mit Absicht.«

»Na, so schlimm war es nun auch wieder nicht.« Sie löste sich etwas von ihm. »Wie hast du geschlafen?«

»Ich konnte nicht so gut einschlafen, und du?«

»Wie ein Stein. Der Wein muss sehr gut gewesen sein, ich habe keinen dicken Kopf.«

»Na ja, ist vielleicht auch eine Frage der Menge. Einen leichten Kopfschmerz habe ich schon. Arbeitest du?«

»Nicht wirklich, nur ein paar E-Mails, ganz normal.«

»Na, dann gehe ich zuerst ins Bad. Dann kannst du deine E-Mails abarbeiten, und ich kriege vielleicht schneller einen klaren Kopf.«

Nach der Dusche ging es ihm schon sehr viel besser. Er überließ Ulli das Bad, und sie verabredeten sich in einer halben Stunde im Frühstücksraum.

Das Hotel bot an Neujahr Frühstück den ganzen Tag über an. Das passte gut. Für Ulli mit ihren kurzen Haaren könnte eine halbe Stunde wirklich reichen.

Das ging ihm so durch den Kopf, als er auf den Fahrstuhl wartete. Im Frühstücksraum ließ er sich eine Kanne Kaffee kommen, nahm eine Zeitung aus dem Ständer und versuchte zu lesen. Aber über die ersten drei Zeilen der ersten Seite kam er nicht hinaus. Immer wieder ließ er Szenen der gestrigen Nacht Revue passieren und gestand sich letztlich ein, hoffnungslos verliebt zu sein. Als Ulli in Jeans und Rollkragenpullover erschien, sprang er auf, nahm sie in die Arme und küsste sie vorsichtig.

Es war schon Mittag, aber sie waren nicht allein im Frühstücksraum. Sie sprachen leise über den gestrigen Abend und fanden beide, dass es ein sehr schönes Silvester gewesen sei. Sie aßen nicht viel, und als Lars seinen Teller zur Seite gestellt hatte, fragte Ulli ihn, was er von einem Nachmittagsschläfchen hielte, schließlich sei die Nacht ja ziemlich kurz gewesen. Er schaute zuerst etwas überrascht, fing sich dann aber schnell und antwortete mit leicht flackernden Augen, dass er sich das sehr gut vorstellen könne. Sie schauten sich an, verließen eilig den Frühstücksraum, landeten gefühlte 30 Sekunden, nachdem sie ihre Suite betreten hatten, im Bett und fielen übereinander her. Nach der zweiten Runde gab es tatsächlich ein erstes kurzes, eng umschlungenes Nachmittagsnickerchen, nach der dritten Runde dann ein längeres. Als sie aufwachten, war es bereits dunkel. Es fiel ihnen schwer, sich voneinander zu lösen, aber dann entschieden sie, zu duschen und irgendwo auswärts etwas zu essen.

Es hatte wieder angefangen zu schneien. Sie stapften Arm in Arm durch den dicker werdenden Schnee, fanden ein gemütliches Restaurant im Engadiner Stil mit viel Arvenholz und bestellten Raclette und Fendant.

Lars fühlte sich nach dem intensiven Nachmittag noch etwas schwebend. Ulli sah ihn belustigt an:

»Es scheint dir ganz gut zu gehen.«

»Das wäre fürchterlich untertrieben, und daran bist du schuld. Und wie geht es dir?«

»Mir geht es sehr gut. Ich kann mich nicht erinnern, ein neues Jahr so intensiv begonnen zu haben. Und daran bist du schuld.«

Sie mussten beide so laut lachen, dass die Gäste an den Nachbartischen herüberschauten. Als sie sich wieder beruhigt hatten, fragte Ulli, was es denn nun mit Paris auf sich habe.

Lars antwortete:

»Also, ich würde mich sehr freuen, wenn du mitkommen würdest. Es ist alles vorbereitet, nur dein Rückflug ist noch nicht klar.«

»Was heißt das genauer?«

»Wir würden morgen um zwölf Uhr nach Paris fliegen. Ein Hotel ist gebucht. Am Sonntag fliege ich wieder zurück. Du willst dann wahrscheinlich nach Hause, und ich wusste nicht, wohin der Flug gehen soll, sonst hätte ich versucht, auch das schon zu organisieren.«

»Moment einmal. Erst mal der Hinflug. Von wo würden wir denn nach Paris fliegen?«

»Von Samedan, das ist hier um die Ecke.«

»Ich weiß schon, aber von Samedan gibt es keine Flüge nach Paris.«

»Morgen um zwölf Uhr schon.«

»Ach du lieber Himmel, ich glaube, ich verstehe. Wer bezahlt das denn, was willst du eigentlich in Paris, und wie viel Zeit hättest du für uns beide?«

»Meinen Reisegrund möchte ich jetzt hier nicht besprechen. Ich kann nur so viel sagen, dass ich den Trip nicht bezahlen werde, da musst du dir keine Gedanken machen. Wir hätten morgen Abend und den ganzen Samstag für uns. Wohin würdest du denn am Sonntag zurückfliegen wollen?«

»Nach Frankfurt. Aber sag mal: Warum willst du über den Grund dieses Trips nicht sprechen? Liegt es an mir oder an der Umgebung?« Sie deutete auf die Nachbartische.

Lars wand sich. Einerseits empfand er eine große Nähe zu Ulli und hätte ihr gerne alles erzählt, andererseits erinnerte er sich an Axels warnende Worte.

»Die Nachbartische«, sagte er. »Ich erzähle dir morgen auf dem Flug mehr. Wenn du denn wirklich Lust hast, mitzukommen.«

»Doch, habe ich. Das klingt alles ziemlich spannend. Und morgen erzählst du mir dann hoffentlich, worum es für dich in Paris geht, ich habe da so eine Idee.«

Das machte ihn ein wenig stutzig, aber Ullis Zusage überstrahlte seine Bedenken.

Wieder im Hotel, nutzte Lars die Zeit, in der Ulli im Bad war, um Axel eine kurze Nachricht zu schicken: »Alles Gute zum neuen Jahr. Und außerdem: Sie fliegt zurück nach Frankfurt.«

Dann sah er eine Nachricht von Rüdiger, und Lars fiel ein, dass sie sich eigentlich heute Nachmittag treffen wollten. Aber Rüdiger teilte ihm nur mit, dass er noch mit Nicole unterwegs sei, aber morgen hoffentlich mit ihm im Hotel frühstücken würde. Lars war erleichtert und antwortete nur: »O. k.«

Nachdem sie eine halbwegs ruhige Nacht, jetzt im King-Size-Bett, verbracht hatten, packten sie ihre Sachen, und Lars fiel gerade noch rechtzeitig ein, Ulli zu instruieren, dass sie wahrscheinlich mit Rüdiger zusammen frühstücken würden und dass sie für Rüdiger offiziell nach Frankfurt fliegen würden.

»Gut, das kann ich mir merken«, reagierte Ulli leicht ironisch.

Als sie in den Frühstücksraum kamen, war Rüdiger schon da. Sie begrüßten sich und wünschten sich verspätet ein gutes neues Jahr. Sie tauschten sich über ihre Silvester-Erlebnisse aus, beide Seiten verschwiegen allerdings wichtige Einzelheiten. Lars erklärte Rüdiger dann, dass er und Ulli nach dem Frühstück mit dem BMW nach Zürich fahren und von dort nach Frankfurt fliegen würden. Er käme am Sonntag zurück, Ulli würde gleich in Frankfurt bleiben.

»Das mit dem Auto ist nicht schlimm.« Rüdiger wirkte überhaupt nicht angefressen, sondern eher ein wenig erleichtert. »Nicole will morgen wieder nach Genf zurück. Sie hat aber noch eine Woche Urlaub, und es steht im Raum, dass ich mit ihr nach Genf fahre.«

»Na holla, das scheint ja was Ernstes zu sein. Viel Glück!«

»Von mir auch!«, setzte Ulli nach.

Dann meinte Lars noch:

»Mach dir bitte wegen des Hotels keine Gedanken. Du hast alle Freiheiten, und ich bin dir bestimmt nicht böse.«

Sie verabschiedeten sich. Lars und Ulli nahmen den BMW und fuhren zum Flughafen von Samedan in die Tiefgarage. Als sie sich in der kleinen Abflughalle umschauten, wurden sie sofort von ihrem Flugbegleiter begrüßt, der sich zuerst ihre Ausweise ansah und ihnen dann das Gepäck abnahm.

»Wir können gerne sofort einsteigen, wenn Sie es wünschen«, sagte er, »das Flugzeug steht bereit.«

Lars war überrascht, wie klein der Flieger von außen aussah und wie groß er innen erschien. Es gab vielleicht zehn Plätze in geräumigen Sesseln, und sie entschieden sich für zwei gegenüberliegende Sessel mit einer Art Bistrotisch in der Mitte. Ihr Gepäck lag verstaut in Reichweite. Der Flugbegleiter erklärte ihnen die Gurte und die Notfallmaßnahmen. Dann meinte er nur, dass es jetzt losgehe, und verschwand im Cockpit.

Zehn Minuten nach dem Start erschien er wieder und fragte nach ihren Getränkewünschen. Bis dahin hatte sie die atemberaubende Aussicht aus diesem kleinen Flugzeug, das sich aus einem Tal über die Alpengipfel erhob, förmlich sprachlos gemacht. Beide bestellten einen Cappuccino und ein Mineralwasser, mit dem Ulli Lars zuprostete:

»Ist ja schon neben der fantastischen Aussicht irgendwie toll, Service und Komfort wie Business Class Plus und außerdem der eigene Zeitplan.«

»Stimmt! Und dazu kommt noch, dass wir es nicht bezahlen müssen. Das zahlt Olympique Paris.«

»Hab ich's mir doch gedacht. Du willst also wechseln?«

»Nun ja, es gibt verschiedene Optionen, aber Paris finde ich am spannendsten, und die sind anscheinend richtig interessiert.«

»Worum geht es denn jetzt bei diesem Besuch?«

»Die wollen mich einfach erst mal persönlich kennenlernen, bevor es an die Verhandlungen geht. Das gilt natürlich umgekehrt auch für mich. Ich möchte zum Beispiel vom Trainer hören, was er mit mir vorhat. Auf die Ersatzbank würde ich nämlich nicht gerne wechseln, auch nicht nach Paris. Weil es noch keine offizielle Anfrage gibt, wäre es besser, wenn so wenig Leute wie möglich von dieser Kurzreise erfahren, deshalb die Frankfurt-Geschichte für Rüdiger.«

»Okay, ich verstehe. Und das macht ihr heute Nachmittag?«

»Genau! Zum Abendessen bin ich frei. Was willst du denn den Nachmittag über machen?«

»Ich gehe ein bisschen shoppen, wenn ich schon mal in Paris bin.«

Beide nahmen sich jetzt ihre Notebooks; Ulli, um ihre E-Mails abzurufen, Lars, um sich mit dem aktuellen Kader von Olympique zu beschäftigen. Axel hatte ihm Dossiers mit Hintergrundinformationen zu allen Spielern geschickt, aber hauptsächlich interessierten ihn die Spieler, die auf Positionen spielten, für die auch er infrage käme. Als der Flugbegleiter sie informierte, dass sie jetzt Paris anflögen, hatte Lars eine ganz gute Vorstellung davon, was die Pariser von ihm erwarteten und was er den Trainer fragen würde.

Sie landeten in Le Bourget, dem Pariser Flughafen für Privatflüge, und wurden von ihrem Flugbegleiter an den angekündigten Chauffeur übergeben.

Lars fragte Charles, so wollte der Chauffeur genannt werden, auf Französisch, wohin sie denn führen. Charles antwortete, dass er den berühmten deutschen Fußballspieler Lars und seine Begleitung, Mademoiselle Ulli, er sprach es »Üli« aus, ins »George V« brächte. Um 15 Uhr, wenn das passte, würde er ihn abholen, um ihn zum Club zu fahren. Dort gäbe es bis 19 Uhr Gespräche und Besichtigungen, dann führe er ihn ins Hotel zurück. Er stünde dann rund um die Uhr zur Verfügung – hierbei gab er Lars eine Karte mit einer Mobilnummer – und würde sie am Sonntag um zwölf Uhr wieder nach Le Bourget fahren.

»Wissen Sie auch, wie Mademoiselle Ulli nach Frankfurt kommt?«, fragte Lars vorsichtig nach.

»Mademoiselle Ulli bleibt in Samedan einfach im Flugzeug. Das bringt sie dann nach Frankfurt.«

»Vielen Dank, das ist sehr gut.«

Im »George V« bezogen sie eine Suite, die der in St. Moritz recht ähnlich war. Ulli stellte ihr Gepäck ab, verschwand kurz im Bad und verabschiedete sich dann von Lars:

»Du willst dich jetzt bestimmt auf dein Treffen konzentrieren. Ich gehe schon mal los und bin ab spätestens 19 Uhr wieder hier.«

Sie gab ihm einen Kuss und war plötzlich weg. Lars fühlte sich ziemlich alleine. Er hatte noch eine Stunde, bis Charles ihn abholen würde. Er wusste nicht so recht, was er noch tun sollte, und rief Axel an:

»Hallo, Axel, schön, dass ich dich erwische. Ich bin jetzt in Paris, und in einer Stunde geht's los. Gibt es noch etwas Neues?«

»Nein, aktuell nicht. Und auch an der Nachrichtenbörse scheint bislang noch nichts durchgesickert zu sein.«

»Na, dann scheint Charles ja den Mund gehalten zu haben.«

»Wer ist Charles?«

»Das ist der Pariser Chauffeur, der mich mit meinem Namen angesprochen hat.«

»Ach so, ich verstehe. Also, ich denke, dass eine offizielle Anfrage am Montag gestellt wird. Da kann eigentlich nicht mehr viel passieren, außer dass ihnen dein Gesicht nicht passt – oder umgekehrt.«

»Damit rechne ich nicht. Vielen Dank noch einmal für die Unterlagen. Ich kann jetzt ganz gut einordnen, was wohl von mir erwartet wird, und weiß auch, was ich fragen will.«

»Das hätte ich dir auch erklären können, aber so ist es, glaube ich, besser. Du würdest da richtig gut reinpassen.«

Sie beendeten das Gespräch, Lars ging ins Bad, machte sich etwas frisch und zog sich um. Jeans, Hemd und Sakko schienen ihm passend zu sein. In der Hotelbar nahm er noch einen Espresso, und dann stand auch schon Charles hinter ihm.

»Monsieur Lars, würde es Ihnen jetzt passen?«

Die Gespräche liefen gut. Sowohl der Geschäftsführer als auch der Trainer äußerten im Großen und Ganzen die gleichen Vorstellungen von Lars' möglicher Rolle in der Mannschaft, die er sich selbst nach dem Studium der Unterlagen gemacht hatte. Eine Einsatz-Garantie gaben sie natürlich nicht, aber sie vermittelten den Eindruck, dass sie ihn nicht nur als »Backup« für einen wichtigeren Spieler haben wollten, sondern als kommenden Führungsspieler sahen. Beide Seiten versicherten sich gegenseitig, dass grundsätzliches Interesse an einer Zusammenarbeit bestünde.

Die eher nebenbei gestellte Frage des Geschäftsführers nach Lars' finanziellen Vorstellungen ließ er abperlen und verwies auf die Verhandlungen mit Axel, den hier natürlich jeder kannte. Man sagte Lars zu, am kommenden Montag mit seinem Verein Kontakt aufzunehmen.

Um 19:15 Uhr setzte ihn Charles am »George V« ab. Ulli war schon da und stand gerade unter der Dusche. Lars zog sich schnell aus und gesellte sich zu ihr. Dass sich das Abendessen jetzt etwas verzögern würde, nahmen beide lachend in Kauf. Irgendwann tauchte die Frage auf, ob sie im Bett bleiben oder etwas essen gehen sollten.

»Ich glaube, ich habe wirklich Hunger«, sagte Ulli ernsthaft.

»Gut, vielleicht sollten wir Charles anrufen und fragen, ob er uns etwas empfehlen kann.«

»Tu das. Ich mach mich schon mal etwas ausgehfertig.«

Charles reagierte auf den Anruf sehr schnell.

»Ah, Monsieur Lars, ein gutes Restaurant? Kein Problem! Ich hole Sie in einer Viertelstunde ab, wenn es recht ist?«

Charles setzte sie nach kurzer Fahrt vor dem »Epicure« mit den Worten ab:

»Es ist ein Tisch für Monsieur Lars reserviert.«

Sie wollten Charles für heute entlasten. Deshalb sagten sie ihm, sie würden für die Rückfahrt ein Taxi nehmen. Charles lehnte lächelnd ab. Sie sollten ihn bitte anrufen, wenn sie zurückfahren wollten. Er wäre dann zehn Minuten später vor dem »Epicure«.

Sie wurden zu einem Nischentisch geleitet und mit Namen, Monsieur Lars und Madame Ulli, angeredet.

Ulli kannte sich mit internationalen Spitzenrestaurants ein wenig aus und meinte, dass man normalerweise hier im »Epicure« ein bis zwei Monate im Voraus reservieren müsse, gerade für die Abendzeiten.

»Da scheinst du ja einen guten Eindruck hinterlassen zu haben. Das haben wir bestimmt dem Arbeitgeber von Charles zu verdanken«, sagte sie etwas kryptisch, obwohl die nächsten Gäste recht weit weg saßen.

Lars war etwas irritiert. Er reagierte nicht auf Ullis Äußerung und blätterte in der Menükarte. Er fühlte sich gerade wie in einem anderen Leben. Da saß er hier in Paris mit einer schönen und klugen Frau in einem der feinsten Restaurants. Den Ebenen-Sprung erlebte er ein bisschen wie den mit der Nationalmannschaft, nur anders und viel intensiver. Er war offensichtlich dabei, seine normalen Grenzen zu überschreiten, mit welchen Konsequenzen auch immer.

Er behielt diese Gedanken für sich, antwortete mit einem »Na, das wär's ja noch« und versuchte, sich auf die Karte zu konzentrieren. Sterneküche hatte er bislang nur gelegentlich wahrgenommen. Genossen hatte er sie nicht wirklich, ihn störte das Brimborium.

»Welches Menü wollen wir denn nehmen?«, fragte er Ulli. »Folgen wir dem Küchenchef mit seiner Menü-Empfehlung?«

»Ja, ich denke schon. Ich schlage vor, dass wir uns den dazu passenden Wein empfehlen lassen, es sei denn, du kennst dich gut aus und willst das selbst entscheiden. Als Aperitif würde ich gerne ein Glas Champagner bestellen. Soll ich das übernehmen?«

So machten sie es. Lars konnte nicht richtig entspannen. Beim vierten von sieben Gängen wusste er nicht mehr, was es als Zweites von drei Amuse-Gueules gegeben hatte. Die Weine waren alle exzellent, aber auch hier hatte er den Überblick verloren. Fasziniert war er von der Selbstverständlichkeit, mit der Ulli in feinstem Französisch mit den Kellnern redete.

Ihr eigenes Gespräch konzentrierte sich zuerst auf seine Begegnungen mit dem Geschäftsführer und dem Trainer von Olympique Paris. Danach versuchte Lars, mehr über Ullis journalistische Arbeit herauszufinden. Sie beschrieb sich als weitestgehend freiberuflich tätig, wenn auch mit einer stärkeren Bindung an eine Frankfurter Tageszeitung. Sie schreibe über wirtschaftliche Angelegenheiten, und die wirtschaftliche Komponente internationalen Spitzenfußballs sei eines der Themen, an denen sie gerade arbeite. Insofern, aber natürlich nicht nur deshalb, sei er ein Glücksfall für sie.

Lars verschluckte sich leicht.

»Ich hoffe doch, dass du über meine Belange nicht berichten willst?«

»Natürlich nicht! Das kann ich schon gut trennen. Es ist eher der andere Einblick in das Thema, das ist für mich schon interessant.«

Die Atmosphäre war nicht mehr so strahlend locker. Lars konnte das Essen nicht wirklich genießen, er empfand alles als etwas aufdringlich. Außerdem beschäftigte ihn Ullis journalistische Tätigkeit, und er musste an Axels Worte denken.

Sie machten dann noch Pläne für morgen, und als sie bezahlen wollten, teilte ihnen die Bedienung mit, die Rechnung sei schon beglichen. Lars schüttelte ungläubig den Kopf, aber die Bedienung bestand darauf. Er hinterließ ein üppiges Trinkgeld und rief Charles an.

Als Charles sie vor dem »George V« absetzte, sagte Lars ihm, dass sie für den Samstag gerne auf seine Dienste verzichten würden, weil sie sich wie normale Touristen in Paris bewegen wollten. Sie würden sich aber freuen, wenn er sie am Sonntag zum Flieger brächte. Charles willigte ohne Widerworte ein.

Am Samstag hatte Lars seine Lockerheit wiedergefunden. Sie besuchten Sacré-Cœur und den Louvre, benutzten die Métro, saßen in Cafés und aßen abends in einem vergleichsweise einfachen Restaurant. Ulli vermied das Thema des eigentlichen Grundes ihres Paris-Besuchs, und Lars vermisste es nicht.

Sie sprachen über ihre Familien. Ullis Eltern waren beide tot. Der Vater war an Krebs gestorben, die Mutter bei einem Unfall. Lars nahm sie in den Arm, und beide weinten. Als sie sich beruhigt hatten, berichtete Lars von seinen Eltern und seiner Schwester.

Beide waren sich darüber im Klaren, dass es für eine unbestimmte Zeit die letzte gemeinsame Nacht sein würde. Wieder fielen sie übereinander her und kamen erst in den frühen Morgenstunden zur Ruhe.

Um elf Uhr holte Charles sie ab – die Hotelrechnung war natürlich schon bezahlt – und fuhr sie nach Le Bourget.

Lars und Ulli bedankten sich bei ihm, und Lars gab ihm ein dickes Trinkgeld. Charles nahm es ohne jegliche Regung an. Derselbe Flugbegleiter wie beim Hinflug nahm sie in Empfang, und bald schon saßen sie im ebenfalls selben Flieger auf denselben Plätzen.

»Das ist ein bisschen so, als wäre es unser Flieger«, kicherte Ulli.

Als sie ihre Reisehöhe erreicht hatten, servierte ihnen der Flugbegleiter ungefragt jeweils einen Cappuccino und ein Mineralwasser. Wieder mussten sie kichern.

»Tja, und wenn wir in Samedan landen, steige ich aus, und du bleibst einfach sitzen«, sagte Lars. »Vielleicht bekommst du ja noch mal einen Cappuccino und ein Mineralwasser.«

»Davon gehe ich aus. Und wie geht es mit uns weiter?«

»Ich würde dich gerne heute Abend anrufen, um zu hören, dass du gut angekommen bist. Aber nur, wenn es dir recht ist.«

»Ist es. Wann bist du denn wieder in Frankfurt?«

»Ich komme am Wochenende 10./11. Januar nach Frankfurt zurück. Am 13. geht es dann ins Trainingslager nach Abu Dhabi, das ist der Dienstag.«

»Das hört sich ja für uns nicht so gut an.«

»Ich werde versuchen, alles so zu organisieren, dass wir uns vielleicht am Sonntag oder Montag treffen könnten. Würde das bei dir gehen?«

Dabei dachte Lars daran, dass er vor dem Trainingslager noch nach Madrid musste. Das wollte er aber nicht unbedingt mit Ulli besprechen.

Sie zog ihr Handy hervor, checkte ihre Termine und sagte dann:

»Bis jetzt würde das gehen. Ich werde versuchen, den Sonntag- und den Montagabend zu blocken. Wenn du es genauer weißt, melde dich bitte.«

Der Landeanflug auf Samedan war atemberaubend, aber etwas wackelig. Sie verabschiedeten sich mit einer kurzen Umarmung, Lars gab auch dem Flugbegleiter ein gutes Trinkgeld, und schon fand er sich mit seinem Gepäck in der Halle wieder. Er ging ins Freie, und kurz darauf sah er den kleinen Flieger mit Ulli entschweben.

— St. Moritz, Freitag, 9.1.2015

Lars hatte sein Frühstück beendet. Er ging noch einmal auf sein Zimmer, putzte sich die Zähne, packte seinen kleinen Unterwegs-Rucksack und gab an der Rezeption seinen Schlüssel ab. Bezahlt hatte er bereits am Abend zuvor. Das Auto war auch schon gepackt. An der Rezeption fragte er, ob in der Zeit, während er hier gewesen war, irgendjemand nach ihm gefragt hätte. Er erinnerte an seine Bitte, auf jeden Fall zu antworten, er sei nicht da.

»Nein, Herr Schübel, niemand hat nach Ihnen gefragt. Das hätten wir Ihnen selbstverständlich mitgeteilt.«

Lars hatte es sich nicht anders gedacht, war aber trotzdem erleichtert, bestätigt bekommen zu haben, dass ihn kein Kontrolleur gesucht hatte.

Sein Training hatte er in der letzten Woche sehr hart gestaltet. Jeden Tag nahm er seine Tabletten und spritzte sich insgesamt dreimal. Rüdiger war tatsächlich mit Nicole nach Genf gefahren, das hatte sich positiv auf Lars‘ Training ausgewirkt. Es war zwar sozial etwas eintöniger, aber doch auch nicht wirklich. Ihm war klar geworden, dass Rüdiger eben nur ein Fußballkumpel, aber kein so guter Freund war, dass er sich mit ihm über seine konkrete Trainingssituation austauschen wollte. So konnte er die Trainingsbelastungen ohne Rücksicht auf ihn erhöhen und auch spontan variieren.

Rüdiger hatte ihm eine relativ ausführliche Nachricht hinterlegt, in der er auch mitteilte, dass das Hotel nur drei weitere Tage berechnet und er alle Verbindlichkeiten geregelt habe. Er bedankte sich bei Lars für das Arrangement und wünschte ihm viel Glück für die zweite Saisonhälfte.

Lars hatte noch am Vormittag nach der Rückkehr aus Paris alles Weitere für seinen Aufenthalt festgezurrt. Er wollte, statt wie geplant am Samstag, jetzt schon am Freitag zurückfahren, um nicht in den allgemeinen Samstags-Rückreiseverkehr aus den Bergen zu geraten. Außerdem könnte er dann noch am Samstag nach Madrid fliegen. Das hatte er sofort mit Dr. Enrico telefonisch geklärt und Axel gebeten, die Flüge zu buchen. Es sollten Linienflüge sein, aber Business Class, damit er mehr Chancen hatte, von Fans unerkannt zu bleiben.

Bei diesem Telefonat hatte sein Berater berichtet, dass Lars bei seinem Paris-Besuch einen positiven Eindruck hinterlassen habe. Die Pariser hätten ihm mitgeteilt, dass sie jetzt offiziell mit seinem aktuellen Verein verhandeln wollten. Damit käme die Sache nun ins Laufen. Er selbst würde auch in den nächsten Tagen nach Paris fliegen, um die Vertragsverhandlungen für Lars zu führen, und ihn auf dem Laufenden halten.

Dann hatte er Ulli angerufen. Sie hatte wenig Zeit, berichtete ihm aber amüsiert, dass sie tatsächlich kurz nach dem Abheben wieder einen Cappuccino und ein Mineralwasser serviert bekommen habe. Er erzählte kurz von den Pariser Fortschritten. Sie verabredeten sich für den Sonntagabend zum Essen im »Medici«. Er rief dort sofort an und reservierte einen Tisch für 19:30 Uhr auf seinen Namen.

Die Rückfahrt lief bis auf eine kitzlige Situation problemlos. Lars war auf der linken Spur mit circa 180 km/h unterwegs, als plötzlich ein Polo vor ihm mit gefühlten 110 km/h von der rechten auf die linke Spur wechselte, um einen Lkw zu überholen. Normalerweise konnte Lars so etwas antizipieren, aber anscheinend war er mit seinen Gedanken woanders. Sein ABS hatte die Situation knapp gerettet, und er fuhr jetzt etwas langsamer und konzentrierter weiter.

Er war in Gedanken gerade bei der Frage gewesen, was ein Umzug von Frankfurt nach Paris mit ihm machen würde. Er lebte alleine und ohne direkte familiäre Bezüge in Frankfurt. Die Reise-Entfernung zu seinen Eltern in Dillingen würde sich nicht stark vergrößern. Das Thema »Freunde« aus den Kreisen seiner deutschen Fußballkollegen sah er nach der aktuellen Erfahrung mit Rüdiger eher skeptisch. Mit einer Freundin hatte er seit geraumer Zeit nicht mehr zusammengelebt. Auch Carola hatte eine eigene Wohnung gehabt. Aber immerhin war es eine Beziehung in der gemeinsamen Stadt gewesen, und mit Ulli tat sich gerade jetzt auch eine Frankfurter Geschichte auf. Wenn er in Paris wäre, würde es mit Ulli sehr schwierig werden, weil er ja nicht einmal an den Wochenenden Zeit hätte.

Dann kam der Polo, und er vertagte seine Grübeleien sicherheitshalber.

— Frankfurt, Freitag, 9.1.2015

Lars parkte den BMW in der Tiefgarage seines Appartement-Hauses, nahm die drei großen Sporttaschen und fuhr in seine Wohnung im zweiten Stock. Er leerte die Taschen im Abstellzimmer, damit die Klamotten nicht zu müffeln anfingen. Seine Haushaltshilfe würde in der nächsten Woche alles waschen. Unterwäsche und T-Shirts hatte er noch genug, und seine schmutzigen Wintersachen brauchte er für Abu Dhabi nicht.

Er rief Sergio an, einen Mannschaftskollegen, zu dem er ein ganz gutes Verhältnis hatte und von dem er wusste, dass er auch allein wohnte:

»Hallo, Sergio, ich wünsche dir ein gutes neues Jahr!«

»Hallo, Lars, ich wünschen dir auch. Wie gehen?«

»Mir geht es gut, und dir?«

»Bis auf Scheißwinter in Deutschland alles gut. War in Andalusien, da etwas mehr warm. Seit heute wieder hier und sehr kalt. Freuen auf Abu Dhabi. Ich gerade gehen wollte ins ›Locas‹. Kommst du mit?«

»Das wollte ich dich eigentlich auch fragen. Sagen wir in einer halben Stunde an deinem Tisch?«

»Okay, Tisch ist schon klar. Dann bis gleich.«

Sergio hatte schon aufgelegt. Er war ein Leihspieler aus Barcelona, das heißt, er war vertraglich für ein Jahr hier gebunden, und wie es danach weiterging, war unklar. Sie waren wegen ihrer unterschiedlichen Spielpositionen keine Konkurrenten, verstanden sich ganz gut und gingen ab und zu abends zusammen essen. Meist waren sie dann im »Locas«, einem Tapas-Restaurant bei Sergio um die Ecke. Hier hatte er einen Tisch in idealer Lage quasi auf Dauer reserviert. Er war dicht am Tresen hinter einem Pfeiler versteckt.

Lars überließ wie immer Sergio die Wahl. Nach einem langen spanischen Palaver gab es das Übliche: eine Karaffe Rotwein, eine Flasche Mineralwasser und Tapas bis zum Abwinken.

Sie aßen, tranken und sprachen über die Feiertage. Dann kamen sie zur vergangenen Saisonhälfte und zum geplanten Trainingslager.

»Übrigens, Physio hat Grippe, nicht klar, ob mitkommen können. Aber geben bestimmt Ersatz. Treffpunkt am Verein, Dienstag um 9:30 Uhr, aber das du ja wissen, oder?«

Lars nickte kurz.

Plötzlich fragte Sergio:

»Kann sein, dass du uns verlassen?«

»Wie kommst du darauf?«, reagierte Lars überrascht.

»Ich hören von meine Berater, dass Gespräche über neuen Spieler auf deine Position. Wieso, wenn du nicht gehen?«

»Kann sein, dass da etwas dran ist«, reagierte Lars zurückhaltend. »Aber mehr kann ich wirklich nicht sagen.«

»Ja, ich verstehen. Wäre schade, für mich und für Mannschaft.«

Sie nahmen noch ein Dessert, Sergio berichtete noch etwas von seiner Freundin in Cordoba, dann verabschiedeten sie sich bis Dienstag.

Lars war um 22:30 Uhr zu Hause, packte noch seinen kleinen Unterwegs-Rucksack für den morgigen Trip nach Madrid und ging ins Bett. Sein Flug ging um 10:30 Uhr, er war schon eingecheckt, er müsste also nicht so früh los. Trotzdem stellte er seinen Handy-Wecker. Er dachte über das Gespräch mit Sergio nach, über die internationalen Nachrichtenkanäle und darüber, ob Sergio in Andalusien vielleicht auch einen Dr. Enrico hatte. Aber eigentlich interessierte ihn das nicht. Für ihn war nur interessant, dass er möglichst immer einen Tick besser als seine Mitspieler und seine Gegner war. Sollten die anderen doch machen, was sie wollten. Er schlief ruhig und fest und wachte fünf Minuten, bevor sein Handy geklingelt hätte, auf.

— Madrid, Samstag, 10.1.2015

Auf der Reise trug er eine Baseballkappe und eine Sonnenbrille mit dickem schwarzem Gestell und hoffte, dass er nicht angesprochen würde. Es funktionierte.

In Madrid lief alles wie immer völlig unkompliziert. Ohne nennenswerte Wartezeit empfing ihn Dr. Enrico, und es gab ein erstes Gespräch über seine Befindlichkeit. Lars berichtete keinerlei Auffälligkeiten.

Dann wurde ihm Blut abgenommen. Anschließend eröffnete ihm Dr. Enrico, dass er von der geplanten Doping-Gabe während des Trainingslagers abraten würde, weil er über verschiedene Kanäle gehört habe, dass diesmal Kontrollen geplant seien. Es gebe einige europäische Spitzenmannschaften, die in Abu Dhabi trainierten, das lohne sich anscheinend. Er schlug vor, stattdessen die ersten drei Wochen nach dem Trainingslager zu nutzen und dass Lars dann wieder nach Madrid zu einer Blutentnahme käme. Wenn es Wochen mit ausschließlich Samstags-Spieltagen wären, und so sähe es aktuell ja aus, sollte Lars die Medikamente von Sonntag bis Donnerstag nehmen. Dann wäre er am Spieltag auf jeden Fall sauber. Für Trainingskontrollen, die er aber weitgehend ausschloss, und das deckte sich mit Lars' Erfahrungen, zeigte er ihm eine Liste mit Notfall-Verhaltensregeln, die er bitte lesen und dann entsorgen solle. Dann gab er ihm die übliche Box mit Spritzen und Tabletten.

»Wir machen es mit Mikrodosierungen von EPO, das sind die Spritzen. Sie wissen, wie Sie damit umgehen müssen. Dazu kommen Mikrodosierungen von EPO-ähnlichen Tabletten und den anderen Dingen, die Sie ja schon kennen.«

»Was ist das, diese anderen Dinge, die ich ja schon kenne?«

»Das sind im Wesentlichen Anabolika-ähnliche Substanzen und Wachstumshormone, alles in sehr geringen Dosierungen.«

»Gut, dann komme ich in circa vier Wochen wieder.«

»Wie fliegen Sie eigentlich?«, fragte Dr. Enrico.

»Linie, Business Class, wieso?«

»Ich würde Ihnen empfehlen, mit Privatfliegern zu reisen. Sie haben einen ziemlich großen Bekanntheitsgrad, und das wird sich noch verstärken. Dadurch stehen Sie unter dauerhafter medialer Beobachtung, und Ihre Verkleidung wird nicht wirklich verhindern, dass Sie erkannt werden. Häufige Madrid-Flüge werfen aber Fragen auf. Die Chance, dass diese Reisen nicht öffentlich bekannt werden, ist bei Privatflügen ungleich höher. Auch der Medikamententransport ist dort mit weniger Risiko behaftet. Ich gebe Ihnen hier die Karte eines Flugunternehmens, mit dem einige unserer Kunden sehr zufrieden sind.«

»Wie groß ist denn das Risiko, dass die Medikamente bei einem Linienflug entdeckt werden?«

»Sehr klein. Sie werden die Sachen ja im Gepäck aufgeben, und im Scanner sieht der Inhalt unserer Box wie der Inhalt eines Herren-Necessaires aus. Deshalb haben wir Sie ja gebeten, die leere Box wieder mitzubringen. Bisher ist noch nie etwas passiert.«

»Vielen Dank. Ich werde darüber nachdenken.«

Am Flughafen kaufte Lars einen kleinen Rollkoffer, packte seinen Rucksack hinein und gab ihn als Gepäck auf. Als er ihn in Frankfurt vom Band nahm, hatte er feuchte Hände und Herzklopfen. Es ging alles gut. Trotzdem beschloss er, für weitere Reisen dieser Art Dr. Enricos Rat zu befolgen. Finanziell sollte das für ihn kein Problem darstellen.

— Frankfurt, Sonntag, 11.1.2015

Als er ins »Medici« kam, war Ulli schon da. Sie küssten sich zur Begrüßung, bis der Kellner mit den Speisekarten neben ihnen stand. Dann lachten sie, nahmen die Karten und setzten sich. Sie bestellten und berichteten von der vergangenen Woche.

Schnell waren sie bei der Frage, wohin sie nach dem Essen im »Medici« gehen würden, und einigten sich auf Ullis Wohnung. Sie teilte sich mit einer Freundin, einer Bankerin, eine große Dreizimmerwohnung im Ostend, die sie zu Fuß erreichen konnten. Außerdem sei die Freundin übers Wochenende in New York, sie wären also völlig ungestört. Ulli ergänzte noch, dass sie eine Gästezahnbürste hätte, da fasste Lars in die Innentasche seiner Jacke, zog eine Zahnbürste hervor und sagte:

»Der kluge Mann baut vor. Bei dir ist es heute Abend bestimmt gemütlicher, dachte ich mir schon. Bei mir sieht es gerade wie in einem Durchgangsbahnhof aus.«

Sie verzichteten auf ein Dessert. Nach guten zehn Minuten waren sie in Ullis Wohnung, nach weiteren zehn Minuten im Bett. Noch einmal zehn Minuten später lagen sie das erste Mal nach Luft schnappend, aber entspannt nebeneinander. Sie setzten sich nackt in die warme Küche und tranken ein Glas Sekt, den Ulli aus dem Kühlschrank zauberte.

Für die zweite Runde nahmen sie sich mehr Zeit und tranken den Sekt anschließend aus. Eine dritte Runde beendeten sie in großer Übereinstimmung wegen beidseitiger Müdigkeit, setzten sie aber am nächsten Morgen in ebenfalls großer Übereinstimmung noch vor dem Aufstehen fort.

Beim Frühstück erzählte Lars von seinem Polo-Vorfall und den Gedanken, die ihn wohl abgelenkt hatten.

»Kannst du dir vorstellen, dass das mit uns etwas werden könnte, wenn ich in Paris bin?«

»Na hoppla, jetzt gibst du aber Gas«, lachte Ulli. »Also zuerst mal: Wir kennen uns jetzt aufsummiert noch keine Woche. Für mich heißt das erst mal abwarten, wie sich unser Beziehungspflänzlein entwickelt. Was ich dir aber jetzt schon sagen kann, ist, dass Paris als Standort für eine freie Wirtschaftsjournalistin nicht unbedingt schlechter ist als Frankfurt, wenn sie Französisch kann. Jetzt musst du schlucken, oder?«

»Meinst du damit, dass du dir vorstellen könntest, mit mir nach Paris zu ziehen?« Lars wurde gerade etwas schwindelig.

»Weißt du, ich fühle mich da völlig frei. Meine Freundin kann die Wohnung auch alleine bezahlen. Wenn ich hier auszöge, wäre das sicher kein Problem. Ich zahle hier deutlich weniger als die Hälfte. Sie wäre wahrscheinlich nicht gerade sehr erfreut, wenn ich auszöge, würde es aber verstehen. Ich könnte sie an den Wochenenden besuchen, wenn du eh unterwegs bist. Aber wie gesagt, lass uns erst mal abwarten.«

»Aber das sind ja fantastische Aussichten«, strahlte Lars. »Mit dieser Möglichkeit hatte ich nicht gerechnet.«

Ulli hatte um 11:30 Uhr einen Termin, und deshalb mussten sie ihre Zukunftsideen erst einmal vertagen. Sie verabredeten sich für den 22. Januar, den Donnerstagabend nach Lars' Rückkehr aus Abu Dhabi, wieder im »Medici«. Ulli würde reservieren.

Kapitel 9

— Bekoji, Anfang Dezember 2015

Ihre Eltern hatten ein neues Haus gekauft, und Azmera fühlte sich hier halbwegs zu Hause. Sie hatte ein eigenes Zimmer, wenn sie in Bekoji war. In der großen Küche wurde gemeinsam gegessen. Hier stand auch der Fernseher, vor dem viel Zeit verbracht wurde.

Das Haus war von Azmeras ersten größeren Einkünften gekauft worden. Das war schon einige Jahre her, aber für Azmera war es immer noch das »neue Haus«. Die Entscheidung, dieses Haus zu kaufen, hatte ihr Vater getroffen. Das war jedoch nur die formale Seite des Entscheidungsprozesses. Der Familienrat, also ihre Eltern, ihre Großmütter – beide Großväter waren schon gestorben – und sie selbst, hatte den Kauf besprochen. Fatuma war nicht mit einbezogen worden. Sie war schon zu lange weg, und die Familie rechnete schon damals nicht mehr mit ihrer Rückkehr.

Azmera wusste, dass letztlich ihr Vater entscheiden würde, dass er aber nichts täte, dem sie widersprach. Schließlich hatte ihre Familie diesen Wohlstand ihr zu verdanken. Sie akzeptierte die Rollenverteilung.

Ihr Vater hatte für den Kauf votiert. Das Haus war groß genug, um, falls nötig, alle Familienmitglieder unterzubringen, und stellte deshalb eine existenzielle Absicherung dar. Die Kaufsumme betrug etwa die Hälfte ihrer damaligen Rücklagen. Azmera hatte zugestimmt und war damals davon ausgegangen, dass zu den aktuellen Rücklagen noch einiges dazukommen würde, was sich dann auch bestätigte. Es gab Spielraum für weitere Investitionen.

Unter der Woche wohnte sie mit Andualem in einem kleinen Appartement in Addis Abeba. Am Wochenende reiste sie nach Bekoji, um ihre Familie zu besuchen. Meist blieb Andualem in Addis Abeba. Seine Eltern aus Bekoji waren beide schon gestorben, und bis auf eine alte Tante war die Familie über halb Äthiopien verstreut. Außerdem hatte er auch am Wochenende genug Arbeit.

Andualem und Azmera hatten im letzten Jahr einen Plan entwickelt. Sie hatten vor, nach Azmeras Karriereende zu heiraten und in Addis Abeba ein eigenes Hotel zu eröffnen. Dafür wollten sie Andualems Kenntnisse und Azmeras Kapital nutzen.

Das Geld sollte reichen, um außerdem in Bekoji ein weiteres Haus in der Nähe des »neuen Hauses« ihrer Eltern zu kaufen und zum Guest House umzubauen. Ihre Eltern würden die Betreuung der Gäste und die Hauspflege übernehmen, Andualem die Verwaltung.

Der Familienrat redete intensiv über diese Pläne. Da Andualem noch nicht zur Familie gehörte, war er nicht dabei. Das war ein Problem, da er als Einziger die Finanzierungsplanung verstand: Sie kam von ihm. Die Idee war, Azmeras Kapital zu schonen und einen Teil der Investitionen über Kredite zu finanzieren. Ziel war es, ein Mindestpolster an Barem zu bewahren, man wusste ja nie. Der Familienrat beschloss, Andualem einzuladen, damit er ihnen die Finanzierung erklärte. Offiziell bekam er eine Einladung, um die anstehende Hochzeit zu besprechen. Da Andualems Eltern nicht mehr lebten, blieb als familiärer Ansprechpartner nur die alte Tante in Bekoji, die aber erst dann einbezogen werden sollte, wenn alle Details mit Andualem geklärt wären.

Die Gespräche liefen gut. Die Grundidee des Planes von Azmera und Andualem wurde fast begeistert aufgenommen. Ihre Eltern freuten sich auf die Aufgaben, die mit den Umbauten des zu erwerbenden Hauses in Bekoji und dem anschließenden Betreuen der Gäste zu tun hatten, und die Großmütter würden dann die Bewirtschaftung des »neuen Hauses«, also des Familienwohnsitzes, übernehmen. Die geplanten Besitzverhältnisse wurden einvernehmlich beschlossen. Das Hotelprojekt in Addis Abeba wurde stirnrunzelnd zur Kenntnis genommen. Die schiere Dimension überstieg das Verständnis der Familie, aber Andualem überzeugte mit seinen Kenntnissen, die er durch seinen jetzigen Job im »Radisson« erworben hatte. Auch Azmera hatte ein flaues Gefühl, vertraute aber letztlich Andualems Expertise.

Die Finanzierung war allerdings ein Problem. Vor allem Azmeras Vater hatte eine Aversion gegen Schulden und benannte immer wieder einige desaströse Beispiele aus Bekoji.

Letztlich einigten sie sich auf ein Vorgehen, das die Investition in Bekoji mit einem sehr überschaubaren Kredit realisierbar erscheinen ließ. Auch Azmeras Eltern waren schlussendlich sicher, dass ein Guest House in ihrer Gegend gut laufen würde. Wenn alles klappte, wären sie nach drei Jahren schuldenfrei. Der Kredit für das Hotel in Addis Abeba sollte allerdings über zehn Jahre laufen.

Das Training im Winter hatte sich in den vergangenen Jahren für Azmera nur wenig verändert. Dazu gehörten vier Zyklen mit Blutentnahmen am Zyklusende, jeweils mit der gleichen Abfolge von Läufen längerer Dauer mit relativ niedriger Geschwindigkeit und solchen von kürzerer Dauer mit relativ hoher Geschwindigkeit sowie den entsprechenden Pausengestaltungen. Das hatte bis jetzt gut funktioniert. Immerhin hatte sie bei der Weltmeisterschaft in Peking den dritten Platz über die 10.000 Meter erreicht.

Jetzt sah vieles anders aus. Joe war nicht mehr da, Steven war für sie zuständig. Azmera trainierte viel mehr Läufe mit sehr hohen Geschwindigkeiten und kürzerer Dauer bei kürzeren Pausen, als sie es gewohnt war. Während sie früher die Trainingsbelastungen gut weggesteckt hatte, fühlte sie sich jetzt häufig regelrecht erschöpft und ausgelaugt und hatte dann auch keine Lust mehr auf andere Aktivitäten.

Das fiel auch Andualem auf. Sie besprachen sich, waren sich jedoch nicht sicher, ob Azmeras Probleme auf die Änderung des Trainings oder ihr zunehmendes Alter zurückzuführen waren. Azmera beklagte außerdem, dass sich die persönliche Ansprache im Training stark verändert habe. Joe sei immer sehr vorsichtig und einfühlsam gewesen, habe sich als Partner verstanden, viel gefragt und das Training häufig nach ihrer Befindlichkeit modifiziert. Steven stelle sich dagegen eher als Chef dar und fordere vorgegebene Trainingsleistungen ohne jegliche Diskussion ein.

Anfangs war sie Joe ziemlich böse, dass er sie verlassen hatte. Sie hatten seit 15 Jahren beinahe täglich miteinander zu tun gehabt, das war länger, als sie Andualem überhaupt kannte. Eine in diesem Sinne nähere Person gab es für Azmera nicht. Aber Joe hatte eine Familie gegründet und eine Dauerstelle beim Belgischen Leichtathletik-Verband angenommen. Das verstand sie sehr gut, vor allem, weil auch sie immer öfter über ihren eigenen Ausstieg nachdachte. Ausstieg bedeutete für sie allerdings, und das war ihr klar, einen wirklichen Ausstieg aus der Läuferszene. Sie hatte weder die Qualifikation für eine Mitwirkung im Äthiopischen Leichtathletik-Verband oder in der privatwirtschaftlichen Betreuung von Leichtathleten, noch verspürte sie das Bedürfnis nach einer solchen Tätigkeit.

Im Gegenteil spürte sie eine zunehmende Unzufriedenheit in sich. So richtig einordnen konnte sie diese Emotion nicht, schließlich hatte sie erreicht, was sie wollte: eine erfolgreiche Läuferin zu werden. Und schließlich hatte sie ihren beträchtlichen finanziellen Wohlstand genau dieser Karriere zu verdanken.

Steven war jetzt auch für ihr Doping zuständig. Hier veränderten sich nur Nuancen. Es blieb bei niedrig dosierten

Gaben von EPO, Wachstumshormonen und anabolen Steroiden. Es gab keinen Grund, bei Fatuma nachzufragen.

Die erste Blutentnahme in diesem Winter bei Hominsang in Addis Abeba lief problemlos wie immer. Die zweite sollte Ende des Jahres stattfinden, danach würde noch eine weitere folgen. In Moorsel würden sie diesmal kein Blut abnehmen und kein Konzentrat lagern, weil der Mietvertrag für das Haus gekündigt worden war. Das war insofern beruhigend für Azmera, als diese Aufgabe ja Steven zugefallen wäre, auf dessen Expertise sie aber nicht so sehr vertraute, wie es bei Joe der Fall gewesen war.

Benny bemühte sich um ein neues europäisches Quartier. Das machte sie unsicher, weil sie nicht mitbestimmen konnte, wo sie das nächste halbe Jahr hauptsächlich verbringen würde, und es außerdem bedeutete, dass Steven irgendwann auch für die Transfusionen zuständig wäre. Sie fürchtete sich schon jetzt davor.

Aktuell empfand Azmera vor allem die Trainingsveränderungen als störend. Das Training machte ihr nur noch selten Spaß. Früher hatte sie das beinahe tägliche Laufen genossen, jetzt kostete es sie sehr viel Kraft und Disziplin, die täglichen Belastungen durchzustehen.

Immerhin ging es um die Vorbereitung auf ihre letzten Olympischen Spiele. Es war trotz aller Fragezeichen ihr Ziel, nächstes Jahr in Rio ein letztes Mal eine olympische Medaille zu gewinnen. Danach wollte sie noch einige lukrative Straßenläufe absolvieren und anschließend vom Wettkampfsport zurücktreten. Ihr Vertrag mit Benny lief bis zum Ende der Saison 2016, und bei den Gesprächen zur Vertragsverlängerung, die im Frühjahr stattfinden sollten, wollte sie diesen Plan festschreiben.

— Paris, Mittwoch/Donnerstag, 30./31.12.2015

Azmera hatte mit Steven ausgehandelt, dass sie nach der zweiten Blutentnahme bei Hominsang für ein paar Tage trainingsfrei bekam, um Verwandte zu besuchen. Dass es sich um ihre Schwester in Paris handelte, hatte sie nicht gesagt. Dort war Silvester, und Fatumas Familie hatte ein paar Tage Ferien. In Äthiopien wurde das neue Jahr im September gefeiert. Es waren also keine Feiertage, und Andualem hatte keine Zeit, mitzukommen.

Die Blutentnahme verlief wie immer komplikationsfrei. Azmera setzte sich am nächsten Abend in den Flieger, flog über Nacht, und Fatuma holte sie am darauffolgenden Morgen am Flughafen Charles de Gaulle ab. Azmera hatte nur Bordgepäck, so dass sie schnell draußen war. Dann waren sie noch eine Stunde mit dem Regionalzug und der Metro unterwegs, bis sie in Montreuil ankamen, wo Fatuma und Bernard eine bezahlbare Dreizimmerwohnung gemietet hatten. Mit der Metro 9 waren sie von hier in 15 Minuten an ihrer Arbeitsstelle, den Assistance Hôpitaux De Paris. Für Lara gab es einen Kindergarten in der Nähe.

Azmera hatte ihr ein Kleidchen mitgebracht, das Lara auch gleich anziehen wollte. Sie war ziemlich aufgeregt wegen des Besuchs ihrer Tante, die sie noch nie gesehen hatte. Sprachlich war der Besuch nicht schwierig. Azmera konnte zwar kaum Französisch, aber Lara wuchs zweisprachig mit Französisch und Kefa auf. Azmera sprach einigermaßen gut Englisch, und das reichte für eine Unterhaltung mit Bernard.

Nach dem Frühstück gingen die beiden Schwestern mit Lara in einen nahe gelegenen Park. Azmera war von der Pariser Kälte etwas überrascht und hatte von Fatuma einen dicken Daunenmantel bekommen. Lara spielte mit anderen Kindern auf einem Spielplatz, und Fatuma berichtete ein wenig von ihrem Leben in Paris. Sie sei inzwischen fast vollständig europäisiert, wie sie es ausdrückte. Finanziell ginge es der Familie gut, und sie habe auch regelmäßig bestimmte

Beträge an ihre Eltern überwiesen, so dass deren Zuschuss zu ihrem Stipendium inzwischen zurückgezahlt sei. Es sei ihr schon klar gewesen, dass das Geld eigentlich von Azmera gestammt hatte, aber sie dächte, dass dieser Weg des Zurückzahlens auch von ihr als richtig angesehen würde. Azmera stimmte zu und erzählte ihrerseits von den geplanten Investitionen zu Hause.

Fatuma freute sich für ihre Schwester über das absehbare Ende ihrer Läuferinnenkarriere und darüber, dass es mit Andualem, den sie persönlich noch nicht kennengelernt hatte, eine so schöne Zukunftsperspektive gab. Zur Hochzeit käme sie gerne, falls ihre Eltern zustimmten. Dann berichtete sie mit stockender Stimme, dass es schon seit einiger Zeit keinen Kontakt mehr gebe. Ihr Vater sei sehr zornig darüber, dass sie in Paris geblieben und nicht wie geplant zurück nach Hause gekommen war.

Das machte auch Azmera traurig, aber sie bekräftigte, dass Fatuma mit Bernard und Lara sicher zu ihrer Hochzeit eingeladen würde, sie hätte da ja auch noch ein Wörtchen mitzureden. Und falls es mit Bernard und dem Leben in Paris mal Probleme geben sollte, könne sie jederzeit nach Addis Abeba kommen. Dort gebe es immer einen Platz für sie und Lara. Das würde sie sich nicht wünschen, aber eine solche Option zu haben sei ja auch nicht schlecht.

Für den Silvesterabend hatten sich Fatuma und Bernard etwas Besonderes ausgedacht. Sie hatten Karten für das Ballett »Casse-Noisettes« im »Palais Garnier« besorgt und anschließend einen Tisch im »Ethiopia« reserviert. Sie wollten an diesem Abend einen Kulturmix veranstalten.

Den »Nussknacker« konnte man als fest zur europäischen Ballettkultur gehörend bezeichnen. Das »Ethiopia« bereitete in sehr guter Qualität äthiopische Gerichte zu. Sie hatten ein befreundetes Paar mit eingeladen, dessen Tochter auch mit Lara befreundet war. Heute Abend waren beide

Kinder bei Bernards Eltern, und es war diese Aussicht, mit der Freundin bei den Großeltern zu übernachten, die Lara dem Plan zustimmen ließ.

Azmera fragte nach den Bekleidungsregeln im »Palais Garnier«. Fatuma entlastete sie zweifach: »Du könntest zur Not auch in Jeans und Pullover auflaufen, aber ich denke, dass dir meine Kleider passen könnten. Ich habe da einiges.«

Sie verbrachten den Vormittag mit Anproben und fanden ein dunkelblaues Kleid, das Azmera hervorragend stand und in dem sie fantastisch aussah. Sie konnte auch passende Schuhe von Fatuma anziehen, und einen Mantel von ihr hatte sie ja schon gestern Vormittag getragen.

Dann versuchte sie im Internet herauszufinden, worum es in der Vorstellung gehen würde. Azmera wurde schnell das Märchenhafte der Handlung klar, und nach einigen Anmerkungen von Fatuma hatte sie zumindest eine Vorstellung davon, was sie erwartete.

Dass Ballett bedeutete, dass getanzt wird, wusste Azmera, aber gesehen hatte sie so etwas noch nie. Bei ihren vielen Reisen in die Metropolen dieser Welt hatte sie nie die Zeit gehabt, sich um kulturelle Veranstaltungen zu kümmern, und sich auch nicht wirklich dafür interessiert. In Addis Abeba gab es das »Hager-Fikir-Theater«, das neben lokalen Werken auch europäische Klassiker aufführte, aber sie war nie dort gewesen.

Sehr plötzlich hatte Azmera das Gefühl, dass sich ihre zunehmende Unzufriedenheit etwas konkretisierte. Bisher hatte sie ein sehr einspuriges Leben geführt. Es ging um Training, Wettkampf, Doping, darum, um den Erdball zu fliegen und Geld zu verdienen. Gewisse Beschränkungen hatte sie schon vorher wahrgenommen, aber jetzt empfand sie eine Enge, der sie gerade für ein paar Tage entkommen war, zu der sie aber schon morgen Abend zurückkehren würde. Sie beschloss, später darüber nachzudenken und jetzt erst mal den Pariser Silvesterabend zu genießen.

Von der Ballettaufführung war sie völlig begeistert. Sie betrachtete die Leistungen der Tänzerinnen und Tänzer unter einem sportlichen Gesichtspunkt und war von den Sprunghöhen und der Präzision der Bewegungen regelrecht hingerissen.

Im »Ethiopia« erwartete Azmera eine weitere Überraschung: Es wurde We't auf Lammfleisch-Basis, ein Eintopf, mit Injera, einem Fladenbrot, serviert. Es schmeckte so gut wie in den besten Restaurants von Addis Abeba. Der Kellner brachte Azmera eine einzelne rote Rose in einer schmalen Vase und stellte sie vor ihr hin: »Für die beste Läuferin unseres Heimatlandes!«

Das befreundete Paar waren Kollegen von Fatuma und Bernard, und deshalb standen Gespräche über klinische Themen und die beiden Kinder im Vordergrund. Es gab ein paar vorsichtige Fragen an Azmera, die ihr Reise-Leben zwischen Äthiopien und dem Rest der Welt betrafen. Sie war kurz versucht, ihre aktuellen Zweifel anzusprechen, beließ es dann jedoch bei den eingeübten Floskeln.

Der Neujahrstag verging mit einem späten Frühstück und einem Ausflug zum Eiffelturm schnell. Am Abend brachte Fatuma ihre Schwester zum Flughafen. Sie verabredeten, zukünftig wieder häufiger zu telefonieren.

Andualem holte sie am Flieger ab. Sie blieben dieses Wochenende in Addis Abeba, und Azmera erzählte von Paris und von Fatuma und Lara. Er kannte das »Radisson« in Paris, aber ein Ballett hatte er noch nicht gesehen. Sie nahmen sich vor, ab und zu ins »Hager-Fikir-Theater« zu gehen.

Kapitel 10

— Saarbrücken, Montag, 3.10.2016

Der Tag der Deutschen Einheit verging für Henriette mit Ausschlafen und langweiliger Hausarbeit. Am Samstag hatte sie vorausschauend für den Abend verschiedene Oliven, Gemüse und zwei Kalbskoteletts beim Türken gekauft und im Bioladen Robertas Lieblings-Frühstücksmüsli besorgt. Sie hoffte, dass Roberta über Nacht bleiben würde. Jetzt war sie pünktlich um 16 Uhr im Fitnessstudio. Als sie hereinkam, stand Roberta im Slip da und zog gerade ihren Sport-BH an. Henriette sah sich kurz um, sie waren allein.

»Na, das trifft sich ja gut, soll ich dir helfen?«

Sie küsste Roberta kurz und heftig, trat dann hinter sie, umfasste ihre rechte Brust, dann die linke und platzierte beide gut zentriert in den weichen Körbchen.

»Vielen Dank für die Ankleidehilfe«, sagte Roberta heiser, »gut, dass niemand gekommen ist.«

»Wer sagt das?«, fragte Henriette mit überdeutlichem kokettem Augenaufschlag.

Sie überstanden das gemeinsame Training ohne weitere körperliche Übergriffe und Vorwegnahme der Gesprächsthemen, aber es war nicht einfach. Duschen wollten sie bei Henriette, so dass mögliche Komplikationen mit anderen Studiobesucherinnen vermieden würden.

Schon während des Trainings hatte Roberta gestanden, dass sie sich auf eine Übernachtung bei Henriette eingestellt hatte. Henriette beichtete ihren vorsorglichen Einkauf, und sie mussten herzlich lachen. Jetzt, nach der gemeinsamen ausgiebigen Dusche, beide in kurzen Sweatshirts, goss Henriette die ersten Gläser Sauvignon blanc ein. »Ich freue mich auf den gemeinsamen Abend und die Nacht mit dir.«

Sie stießen an und genossen den ersten Schluck. Roberta fragte nach Schalen für die Oliven und verteilte die drei verschiedenen Sorten. Henriette wusch die Paprika und die Zucchini, würfelte sie und tat sie mit einer gehackten Schalotte und zwei gehackten Knoblauchzehen in eine Sauteuse mit Olivenöl. Nach ein paar Minuten gab sie den Saft einer halben Limette, drei Lorbeerblätter, etwas Noilly Prat und Sauvignon dazu, streute Piment d'Espelette darüber, ließ das Ganze einmal aufwallen und stellte die Sauteuse mit einem Deckel zur Seite.

Dazwischen sagte sie:

»Um mal zum Thema zu kommen, du hast sicher auch herausgefunden, dass Blutdoping seit Ende letzten Jahres in der Bundesrepublik strafbar ist?«

»Ja, habe ich. Und es stimmt mich nachdenklich, dass ich das nicht schon vorher wusste. Aber so ist es nun mal.«

»Gut, aber damit wäre unsere erste Frage geklärt. Die zweite Frage ist komplizierter: Hat Wilders in Dudweiler Blutdoping betrieben? Und wenn ja, mit wem? Hast du etwas Neues dazu? Ich kann dazu nur beitragen, dass Azmera Yifter zu den von Wilders betreuten Athletinnen gehört, und ich habe Angaben zu seiner Firma. Aber das weißt du ja auch schon.«

»Wir haben das Bild von Azmera Yifter einer Nachbarin des Hauses in Dudweiler gezeigt, sie hat sie als eine der dunkelhäutigen Frauen erkannt, die dort ein und ausgegangen sind. Aber leider ist das alles nicht ausreichend, um Azmera Yifter und diesen Wilders zu belangen. Es ist zu diffus. Es gibt Spuren, die auf Blutdoping hinweisen, und Azmera Yifter war irgendwie zugegen. Mehr haben wir nicht.«

Die Oliven gingen langsam zur Neige, und Henriette goss den zweiten Sauvignon ein.

»Ich könnte versuchen, Azmera Yifter direkt zu befragen, obwohl ich mir davon nicht viel verspreche. Übermorgen habe ich die Gelegenheit herauszufinden, ob ein Interview möglich wäre. Wollen wir jetzt die Kalbskoteletts machen?«

»Mach du das mal. Ich decke den Tisch.«

Beide dachten weiter nach. Dann meinte Roberta:

»Du kannst ja versuchen, ein Interview mit Azmera Yifter zu bekommen. Ich glaube aber nicht, dass du dabei etwas über mögliches Blutdoping erfährst. Für uns wird es auch schwierig. Wir könnten sie höchstens als Zeugin vorladen, falls wir ihren aktuellen Aufenthaltsort herausfinden. Das Gleiche gilt übrigens für Wilders.«

Die mit Salz und Pfeffer gewürzten Kalbskoteletts brutzelten jetzt in einer zweiten Sauteuse.

»Dann glaube ich«, sagte Henriette, »dass ihr Wilders über sein Büro bei ›The Athletes Manager‹ in Brüssel ansprechen solltet. Die Daten hast du.«

Sie hatte inzwischen das Gemüse mit etwas frischer gesalzener Butter noch einmal hochgefahren.

»Könntest du bitte mit den Tellern kommen?«

Sie setzten sich zum Essen, und Roberta sagte:

»Aber erst mal zum Hier und Jetzt, das sieht wieder ausgezeichnet aus. Du kannst auch sehr gut kochen.«

»Was meinst du mit ›auch‹?«

»Nicht, dass du jetzt auf dumme Gedanken kommst. Ich meine deine Analyse unseres Falles und deinen Vorschlag für das weitere Vorgehen. Du versuchst, über den Sportkanal Azmera Yifter zu orten und etwas aus ihr herauszubekommen. Und ich versuche, diesen Herrn Wilders zu befragen, und wenn ich dafür nach Brüssel fahren muss.«

»Da würde ich ja gerne mitkommen, aber das geht wahrscheinlich nicht, oder?«

»Oha, das könnte kompliziert werden. Normalerweise würden die belgischen Kollegen die Befragung übernehmen.

Wenn deutsche Ermittler dabei sein sollten, träte die Polizei in solchen Situationen zu zweit auf, ich müsste also mit einem Kollegen unterwegs sein. Da könnte ich dich schlecht als weitere Begleitung verkaufen, vor allem dem Kollegen gegenüber, verstehst du?«

»Okay, wenn du lieber mit deinem Kollegen in Brüssel übernachten willst, kann ich dagegen wohl nicht anstinken«, hänselte Henriette kichernd.

Zuerst sah Roberta etwas unsicher auf ihren Teller, dann stimmte sie in Henriettes Kichern ein. Sie stand auf und flüsterte Henriette ins Ohr: »Aber es ist eine schöne Idee. Ich würde gerne mal einen Ausflug mit dir machen.«

Sie knabberte an Henriettes Ohr und setzte sich dann wieder. »Übrigens, es gibt auch ein Leben neben dem Blutdoping.«

»Ach nee!« Henriette lächelte anzüglich und goss Sauvignon nach. »Aber erst nach dem Kalb!«

— Saarbrücken, Dienstag, 4.10.2016

Die Redaktionskonferenz war wegen des Tages der Deutschen Einheit auf den Dienstag verlegt worden. Die Routinepunkte wurden zügig besprochen, dann wurde es spannend und dauerte auch etwas länger.

Henriette erläuterte ihre bisherigen Ideen zu Doping und Medikamentenmissbrauch im Sport sowie die geplante Arbeitsteilung mit Stefan. Um das andere Thema nicht zu vernachlässigen, sei es gut, meinte sie, wenn Stefan neben Elsbeth noch weitere Unterstützung erhalten könnte.

Es war dies nichts anderes als eine indirekte Aufwertung von Stefans Tätigkeit und die Forderung nach einer strukturellen Veränderung, um die jeweiligen zentralen Beitragsthemen personell stärker zu unterstützen. Möglich wäre das natürlich nur zulasten anderer Bereiche. Es war eine der strukturellen Schieflagen, die Henriette geerbt hatte, dass die Chefin für die zentralen Beiträge verantwortlich war, aber nur einen Mitarbeiter, Stefan, und eine Praktikantin zur Verfügung hatte, während andere Bereiche personell bessergestellt waren.

Die Mitarbeiter hielten sich zunächst bedeckt. Auch die Bereichsleiter sagten nichts. Sie scheuten sich aber offensichtlich, die Konsequenzen einer solchen Veränderung zu kritisieren. Zögernd meldete sich dann Sabine, eine Mitarbeiterin aus dem Bereich Kultur, zu Wort. Sie könne sich vorstellen, in »Stefans Team« mitzuarbeiten.

Henriette konnte ihre Erleichterung kaum verbergen. Die »Kultur« hatte eine Redakteurin mit zwei Mitarbeitern, und es war bekannt, dass Sabine mit ihrer Vorgesetzten nicht gut konnte. Stefan reagierte sofort: »Ich kann mir das auch sehr gut vorstellen.«

Auf Henriettes Nachfrage erklärte sich auch die Kulturredakteurin sichtlich zähneknirschend einverstanden, wies aber natürlich auf den immensen Arbeitsaufwand ihres Bereichs hin und darauf, dass sie nicht sicher sei, ob unter diesen Bedingungen die bisherige Qualität gehalten werden könne.

»Wir wollen natürlich alle, dass dein Bereich weiter so gut funktioniert wie bisher«, meinte Henriette. »Falls es ein Problem geben sollte, melde dich bitte bei mir, damit wir gemeinsam eine Lösung finden.«

Zu Stefan gewandt sprach sie weiter: »Ich denke, ihr solltet euch so schnell wie möglich zusammensetzen, um alles zu besprechen.«

Mit einem fragenden Seitenblick zu Sabine: »Wenn es geht, sollte Sabine am Donnerstag schon dabei sein, finde ich.«

Stefan und Sabine nickten zustimmend. Henriette bedankte sich bei allen und schloss die Konferenz.

Anschließend machte sie sich in ihrem Büro einen Lungo und legte zufrieden die Beine auf den Schreibtisch. Es hatte funktioniert. Eine von drei Mitarbeitern, denen sie einen solchen Schritt zutraute, hatte sich die Gelegenheit, direkt bei der Chefin mitzuarbeiten, nicht entgehen lassen. Jetzt wollte sie dafür sorgen, dass diese Veränderung auch längerfristig akzeptiert wurde. Dafür müsste sie mit Stefan und Sabine gute Beiträge abliefern, das war ihr klar.

Am Nachmittag erledigte sie einige ungeliebte Verwaltungsarbeiten, die ihr von ihrem Sekretariat ultimativ vorgelegt wurden, und fuhr dann relativ früh nach Hause.

— Saarbrücken, Dienstag/Mittwoch, 4./5.10.2016

Karl hatte sich nach der Vorlesungs-Vorbereitung ein paar ruhigere Tage verordnet. So war er Dienstagnachmittag nur für ein paar Stunden im Büro, um mit Ingeborg das Notwendigste zu besprechen und seine Vorlesung weiter zu bearbeiten. Verlässliche Studierendenzahlen gab es noch immer nicht. Ingeborg hatte diese Tatsache mit den ironischen Worten kommentiert: »Aber die Lehrveranstaltungen starten ja auch erst in drei Wochen.«

Er freute sich auf Mittwoch und machte sich einige Gedanken über Henriettes aktuelles Thema. Wie sie wohl ihre Recherchen in die Veranstaltung einbringen würde? Er befürchtete zwar nicht, dass sie die Feier ernsthaft stören würde, etwas Brisanz verspürte er aber schon.

Er dachte auch über Horst Medow nach. Vor ein paar Jahren hatte es die Freiburger Sportmedizin-Affäre gegeben. Die Freiburger Sportmedizin hätte, so die Vorwürfe, Doping eines deutschen Radteams unterstützt. In diesen Zusammenhängen waren auch andere Sportarten genannt worden. Fußball gehörte dazu. Horst Medow war zu dieser Zeit sichtlich gestresst, und er hielt damit auch nicht hinter dem Berg. In der Fakultät berichtete er von pausenlosen Telefonattacken der Medien. Und wenn Karl sich richtig erinnerte, vertrat Horst Medow damals die Meinung, dass Doping im Fußball sowieso nichts bringe.

Kollege Zweigelt, der Horst Medow gar nicht leiden konnte, und das beruhte auf Gegenseitigkeit, hatte dann damals in kleiner Runde unter Bezug auf einen bekannten Anti-Doping-Mediziner aus Mainz, Primo Pradella, eine böse Äußerung fallen gelassen. Danach gäbe es für die Tatsache, dass es Sportmediziner gebe, die im Leistungssportsystem tätig seien und Doping nicht feststellten, nur zwei mögliche Erklärungen: Entweder sie seien sehr schlechte Mediziner, sonst müssten sie das Doping bei den von ihnen betreuten Sportlern erkennen, oder sie seien Teil des Systems, und dann verstünde es sich von selbst, dass sie nichts feststellten.

Karl hatte plötzlich zum ersten Mal das Gefühl, Henriette warnen zu müssen. Profisport und ganz besonders Fußball waren ein Milliardengeschäft geworden. Investigativer Journalismus zum Thema Doping war mit schwer kalkulierbaren persönlichen Risiken verbunden. Trotzdem wollte er ihr den Namen Primo Pradella für ihre Recherche mitteilen. Er würde am Mittwoch vor der Feier mit ihr darüber reden.

Henriette schloss die Vorbereitungen für Karls Besuch ab. Sie hatte ein paar Canapés vorbereitet, eine Flasche Crémant kaltgestellt, einen dunklen Hosenanzug samt weißer Bluse und passenden Pumps für die Feier herausgelegt und kam jetzt aus der Dusche. Sie frottierte sich ab.

Gestern und heute hatte sie versucht, sich eine Strategie für ihre Gespräche bei der Feier zurechtzulegen. Sie musste sich jetzt eingestehen, dass sie keine Strategie hatte. Übrig blieb, dass sie auf jeden Fall mit Horst Medow reden wollte. Sie rechnete jedoch damit, dass er auf direkte Fragen genauso reagieren würde, wie sie es im Internet gefunden hatte. Warum sollte er ihr gegenüber auch etwas anderes sagen? Sie kalkulierte außerdem ein, dass er die Nachfrage für ein späteres Interview ablehnen würde, weil es nichts Neues zu bereden gebe. Sie wollte trotzdem ein Gespräch versuchen, einfach um sich eine bessere Vorstellung von dieser Person zu machen. Und wenn dann etwas mehr herauskam, umso besser. Wichtiger erschien ihr allerdings inzwischen, über anwesende Sportfunktionäre irgendwie an Azmera Yifter heranzukommen. Sie würde Karl bitten, ihr hierfür einen Gesprächspartner zu empfehlen.

Aber erst mal ging es um etwas anderes. Sie streifte sich ein kurzes Trägerkleidchen über.

Auf Henriettes Frage, ob er zuerst die Canapés oder etwas anderes wolle, reagierte Karl überraschend: »Ich habe seit dem Frühstück nichts gegessen. Verzeih, aber die Canapés könnten für den Fortgang des Abends wichtig werden.«

Henriette lachte, öffnete den Crémant und meinte nur: »Kleidungsmäßig müsstest du dich aber schon etwas anpassen.«

Karl trug einen dunklen Anzug mit Krawatte, stimmte in sich hineinbrummelnd zu, zog sich aus und bat Henriette um ein T-Shirt, das sie von ihm hatte.

Henriette betrachtete ihn: »Meinst du das mit ›Canapés first‹ wirklich ernst? Man könnte einen anderen Eindruck bekommen.«

»Lass dich da nicht täuschen.«

Sie küssten sich ausgiebig, und auch ihre Hände waren ziemlich unterwegs. Dann schauten sie sich an, lachten und setzten sich an Henriettes Küchentresen. Sie prosteten sich zu.

Karl genoss schweigend sein erstes Canapé. Er beugte sich vor: »Sei bitte nicht böse, wenn dich ein älterer Herr auf etwas hinweisen möchte.« Er lächelte etwas unsicher. »Vorsichtiger konnte ich nicht anfangen. Darf ich weitermachen?«

Jetzt war es an Henriette, unsicher zu lächeln. »Ja, ich bitte darum. Auf was willst du mich hinweisen?«

»Deine Doping-Recherchen zum Fußball könnten gefährlich werden. Es ist ein Milliardengeschäft, und falls du mit deinen Überlegungen recht haben solltest, wärest du ein Feind all derjenigen, die davon profitieren. Also bitte ich dich, vorsichtig zu sein.«

»Auf den Gedanken bin ich auch schon gekommen, als ich mich mit der Fuentes-Geschichte befasst habe. Aber was soll ich tun? Einfach aufhören?«

»Keine Ahnung. Aufhören wäre schlimm für dich. Aber für nachher würde ich erst mal vorschlagen, dass du Horst Medow nicht mit dem Rücken an die Wand stellst, was dir zweifellos gelingen könnte. Das meine ich nicht aus Rücksicht auf die Feier, sondern aus Rücksicht auf dich.«

»Da kann ich dich beruhigen. Von Horst Medow verspreche ich mir nicht viel. Ich will zwar mit ihm reden, um mir ein Bild von ihm zu machen, aber wichtiger wäre es mir, etwas über den aktuellen Aufenthaltsort dieser äthiopischen Läuferin herauszufinden, um vielleicht mit ihr ein Interview hinzukriegen. Meine Hoffnung wäre, dass du mich zum Einstieg mit einem Sportfunktionär bekannt machen könntest, der darüber etwas weiß.«

»Das wird kein Problem sein, wir werden sehen, wer da ist. Aber noch einmal zum Fußball: Kennst du den Namen Primo Pradella?«

»Nein, bislang nicht.«

»Dann sind deine Recherchen noch ausbaufähig. Schau mal nach, aber besser erst morgen, nach deinem Gespräch mit Horst Medow.«

»Ich wollte jetzt sowieso nicht ans Notebook«, meinte Henriette, und mit einem Blick auf den leeren Canapé-Teller: »Alles aufgegessen, was machen wir jetzt?«

Sie kamen ausreichend pünktlich zur Feier. Nach den obligatorischen Begrüßungen und den beiden Reden von Horst Medow und seinem Habilitanden Bert Funk nutzte Henriette die erste sich bietende Chance, Horst Medow anzusprechen. Noch während des Beifalls nach Bert Funks Dankesrede, Horst Medow stand allein in einer Ecke, ging sie auf ihn zu. Sie stellte sich vor, ohne Karl als Bezugsperson zu nennen, und erläuterte ihr journalistisches Interesse am Leistungssport im Saarland. Er reagierte interessiert, bot seine Zusammenarbeit an und beantwortete ihre Fragen zur Betreuung der Fußballnationalmannschaft und die Bedeutung seiner Tätigkeit für das Saarland ausführlich. Als sie das Thema Doping ansprach, veränderte sich die Kommunikation allerdings schlagartig. Er wies sie nicht ab, aber äußerte Statements wie abgelesen, die sie dem Inhalt nach schon aus dem Internet kannte. Es lief so, wie sie erwartet hatte. Sie entschuldigte sich dann auch bald für den »Überfall« und bedankte sich für das Gespräch. Auf eine Interview-Nachfrage verzichtete sie.

Sie wollte sich gerade abwenden, da meinte er: »Kennen Sie eigentlich Ulrike Stanjowski?«

»Nein, bislang nicht.«

»Frau Stanjowski ist eine Kollegin von Ihnen. Sie hat letztes Jahr einen größeren Artikel über die wirtschaftliche Bedeutung des internationalen Fußballs geschrieben, und sie arbeitet aktuell an einer Fortsetzung. Ich habe ja noch nicht genau verstanden, worauf Sie Ihren Beitrag tatsächlich fokussieren wollen, Frau Courgette. Aber vielleicht sollten Sie mal mit Frau Stanjowski reden. Sonst kommen Sie sich noch ins Gehege«, lachte er. »Ich gebe Ihnen mal ihre Handynummer, da hätte Frau Stanjowski sicher nichts dagegen.«

Er las die Nummer von seinem Handy ab, Henriette tippte sie in ihres, bedankte sich noch einmal und machte sich über einen Umweg zur improvisierten Bar auf die Suche nach Karl.

An der Bar nahm sie ein Glas Crémant, ging etwas zur Seite, nahm ihr Handy und googelte »Stanjowski«. Irgendwie kam ihr der Name bekannt vor, vielleicht aus ihrer Hamburger Zeit. Sie fand eine freie Wirtschaftsjournalistin aus Frankfurt, aber das half ihrer Erinnerung auch nicht auf die Sprünge.

Plötzlich stand Karl neben ihr: »Na, wie war's?«

»Genau, wie ich gedacht habe, niente.«

»Mach dir nichts draus.«

Er hatte auch ein Glas Crémant in der Hand und stieß mit ihr an.

»Komm, ich erklär dir ein paar Leute. Da hinten steht unser massiver Präsident im Gespräch mit dem Kanzler, wahrscheinlich ein Krisengespräch wegen der Studierendenzahlen«, sagte Karl mit großer Ernsthaftigkeit.

»Der große Dicke mit dem kleinen Grauhaarigen?«

»Genau. Und die kleine Schwarzhaarige links daneben ist die Präsidenten-Gattin.«

»Na, das stelle ich mir auch nicht einfach vor«, kicherte Henriette.

»Ich bitte dich, die Frau war einmal eine erfolgreiche Turnerin.«

Karl bemühte sich, ernst zu bleiben.

»Übrigens, da hinten, der Typ mit dem roten Schlips, das ist Dr. Michael Klein, der Leiter des Olympiastützpunktes. Den könntest du wegen deiner Läuferin ansprechen. Und links neben dem Büfett steht mein lieber Kollege Zweigelt, das ist der Vermieter des Hauses mit den Blutspuren. Ich gehe mal rüber zum Präsidenten, wo zieht es dich hin?«

»Der Zweigelt interessiert mich nicht. Ich versuche es mal mit dem Leiter des Olympiastützpunktes, sag mir noch mal den Namen, bitte.«

»Dr. Michael Klein. Dann treffen wir uns später wieder an der Bar, viel Erfolg.«

Karl schlenderte in Richtung des Präsidenten davon.

Henriette pirschte sich an Dr. Klein heran. Er war im Gespräch, aber nach wenigen Minuten verließ ihn sein Gesprächspartner, und Henriette war am Zug. Dr. Klein konnte natürlich viel zum Leistungssport im Saarland sagen, und das tat er auch ausführlich. Über das Stichwort »internationale Kooperationen« landeten sie dann bei Azmera Yifter.

»Ja, das war wirklich ein Highlight mit dem Training von Azmera Yifter auf unserer Anlage. Und dann hat sie wirklich die Bronzemedaille gewonnen. Aber das muss ich Ihnen jetzt auch sagen: Wir haben sie seit 14 Tagen hier nicht wieder gesehen, obwohl die Absprache noch länger gültig war. Da bin ich schon etwas enttäuscht.«

»Heißt das, dass Azmera Yifter seit zwei Wochen hier nicht mehr aufgetaucht ist?«

»Ja, das habe ich doch gerade gesagt. Und da sind wir schon etwas enttäuscht, dass sie so einfach verschwindet.«

Ein junger Mann trat von der Seite heran:

»Entschuldigung, Michael, ich habe euch gerade über Azmera Yifter reden hören, darf ich mich da einmischen?«

»Ja, gern, Arne. Weißt du etwas Neues?«

Dr. Klein stellte den jungen Mann vor:

»Das ist Arne Fischer, unser Leichtathletik-Nachwuchstrainer.«

»Ja, vielleicht«, antwortete dieser. »Ich habe mal rumgehört, und da heißt es, sie sei förmlich vom Erdboden verschluckt.«

»Wie bitte? Was meinst du damit?«

»Man hat mir gesagt, dass sie für den Berlin-Marathon gemeldet gewesen, aber nicht angetreten sei. Niemand scheint zu wissen, wo sie sich aufhält.«

»Na gut, da könnten dann gesundheitliche Probleme dahinterstehen.«

»Die könnten dann aber auch kommuniziert werden, finde ich.«

Henriette mischte sich ein:

»Schade, ich hatte mir versprochen, etwas von Azmera Yifter zu dieser Kooperation zu hören. Das scheint ja aktuell schwierig zu sein. Gibt es bei Ihnen, Herr Dr. Klein, irgendjemanden, zu dem Azmera Yifter ein engeres Verhältnis hatte? Also irgendeine Person, mit der sie vielleicht über ihre Beweggründe, hier im Saarland zu trainieren, gesprochen haben könnte?«

Klein legte seine Stirn in Falten, aber bevor er den Mund aufmachte, sagte Arne Fischer:

»Es gibt im ›Sportlertreff‹ eine afrikanische Mitarbeiterin, mit der sich Azmera Yifter ab und zu ausgetauscht hat.«

»Du meinst Bikilu, oder?«, fragte Klein zurück.

Arne Fischer nickte.

»Gut, Frau Courgette, ich werde Bikilu fragen, ob sie mit Ihnen sprechen möchte, und melde mich dann bei Ihnen.«

»Das wäre sehr nett, Herr Dr. Klein.«

Sie gab ihm ihre Visitenkarte, bedankte sich bei beiden und ging in Richtung Bar.

Karl erwartete sie mit zwei frischen Crémant-Gläsern: »Damit ist klar, dass mein Auto hierbleiben wird und wir ein Taxi nehmen werden.«

»Das ist eine gute Idee.« Sie stießen wieder an.

»Und, wie war es?«, fragte Karl.

»So lala. Azmera Yifter ist verschwunden. Aber vielleicht habe ich noch eine Chance über ein Gespräch mit einer Mitarbeiterin vom ›Sportlertreff‹. Und bei dir?«

»Der Präsident wollte mir auch nach einer Crémant-Bestechung keine zusätzliche Stelle genehmigen.« Karl musste laut lachen, weil der Präsident in diesem Moment zu ihnen trat.

»Darf ich Ihre charmante Begleiterin begrüßen?«, fragte er Karl.

Karl stellte beide vor. In diesem Moment ertönte eine Lautsprecherstimme, die zum Tanzen aufforderte.

»Dann muss ich Sie auch schon wieder verlassen«, verabschiedete sich der Präsident. »Ich glaube, meine Frau möchte tanzen.«

Henriette und Karl beschlossen, auch auf die Tanzfläche zu gehen. Der Präsident war mit seiner Frau schon dort.

Bei einem Blues flüsterte Henriette in Karls Ohr: »Die beiden sehen aus wie Asterix und Obelix.«

Karl flüsterte zurück: »Glaube nur nicht, dass du die Urheberrechte an dieser Idee hättest.«

Bei einem späteren Blues verirrte sich Karls Hand, und er fragte vorsichtig: »Meinst du nicht, dass es allmählich reicht mit dem Vorglühen?«

Henriette löste sich spontan von ihm, deutete einen Knicks an und zog ihn zum Ausgang.

— Saarbrücken, Donnerstag, 6.10.2016

Es war mal wieder eine der kürzeren Nächte, aber das Gute war, dass Henriettes Termin mit Stefan erst um elf Uhr startete und Karl völlig frei war. Sie wachten gegen 9:30 Uhr auf. Nach ein paar Kuscheleien standen sie vernünftigerweise auf, duschten, frühstückten einen Lungo und eine Madeleine, ein kleines, aber feines französisches Gebäck. Henriette brachte Karl noch an die Uni, wo sein Auto stand, und erreichte dann gerade rechtzeitig ihr Büro. Stefan und Sabine warteten schon im Sekretariat.

Sie begrüßte beide, Sabine mit einem zusätzlichen »Willkommen im Team«, und forderte sie auf, schon mal am Besprechungstisch Platz zu nehmen.

»Möchtet ihr auch einen Kaffee?«, fragte sie. »Ich mache mir einen Lungo, es ist gestern doch etwas später geworden.«

Stefan und Sabine wollten auch einen Lungo, und während der Zubereitung erläuterte Henriette das Projekt für Sabine in Kurzform. Sie endete mit dem Vorschlag, dass Sabine als dritte Autorin genannt werden solle. Stefan stimmte zu, und Sabine betonte, dass sie sich darüber freue und dass das im Hause nicht selbstverständlich sei.

Um die Besprechung nicht weiter zu dominieren, bat Henriette Stefan, mit seinem aktuellen Recherche-Status zum Medikamentenmissbrauch im Sport zu beginnen.

»Also«, begann er, »die Tendenz ist klar. Im Breiten- und Freizeitsport wird geschluckt und gespritzt, dass es eine Freude ist. Wusstest du, dass bei Volksläufen und Marathons knapp die Hälfte der Teilnehmer Schmerzmittel einnimmt?«

»Nee, wirklich?«, fragte Henriette. Sabine schüttelte nur den Kopf.

»Es geht noch viel weiter. Ein indirekter Hinweis auf den umfangreichen Medikamentenmissbrauch im Breitensport ist die Tatsache, dass die weltweite EPO-Produktion das therapeutisch eingesetzte Volumen um ein Vielfaches überschreitet. Im Jahr 2007 schätzten Experten, dass 60 bis 70 Prozent der hergestellten EPO-Menge im Sport landet. Das ist ein bisschen viel für die paar Leistungssportler.«

Niemand sagte einen Ton.

»2011 waren neun Millionen Deutsche Mitglied in einem Fitnessstudio«, berichtete Stefan weiter. »Für zehn bis 20 Prozent kann nach Befragungen davon ausgegangen werden, dass sie ›User‹ sind. Das sind im Sprachgebrauch der Experten diejenigen, die Medikamente zu sich nehmen, um ihre Leistung zu steigern oder den Körper besser aussehen zu lassen. Und damit meine ich nicht Nivea, sondern so etwas wie Anabolika. Es sind also ungefähr eine Million Bundesbürger, von denen wir reden. Was man noch wissen sollte, ist, dass bei diesen Befragungen die tatsächliche Zahl eher unterschätzt wird.«

»Und wie kommen diese vielen Menschen an ihre Medikamente?«, fragte Henriette ungläubig.

»Über das Internet und direkt über Mediziner und Apotheken. Circa 30 Prozent aller User werden von Ärzten, Apothekern oder Physiotherapeuten beim Medikamentenmissbrauch unterstützt, inklusive der Verordnung der Medikamente«, antwortete Stefan. »Bei einer Untersuchung wurden User befragt, die mindestens sechs Jahre regelmäßig Anabolika konsumierten, da waren es 60 Prozent.«

Jetzt fragte Sabine ziemlich empört: »Wie kann ein Arzt ein solches Verhalten nur rechtfertigen? Das geht ja nun gar nicht.«

Stefan meinte: »Das geht schon. Die wichtigste Argumentationslinie ist die der Schadensbegrenzung. Die Sportler würden sowieso dopen, also dann lieber unter ärztlicher Aufsicht und Anleitung.«

Henriette blickte auf: »Wieso taucht da ›Doping‹ auf? Wir sind doch beim Medikamentenmissbrauch, oder?«

»Da hast du recht. Die Begrifflichkeiten sind auch bei den Experten leider nicht eindeutig. Und dann könnte man ja auch noch überlegen, ob diejenigen Mediziner, die einen Fitnessstudio-Besucher unterstützen, nicht auch einen Leistungssportler unterstützen würden.«

Henriette nickte kurz.

»Ich nehme an, dass diejenigen, die ihre Medikamente über das Internet beziehen, sich auf diesem Wege auch informieren. Ist das richtig?«

»Ja, genau. Es gibt jede Menge Foren, in denen sich die User relativ anonym austauschen.«

Stefan schaute zu Sabine und Henriette, es schien aber keine Frage zu geben. Dann machte er weiter:

»Zum Schluss habe ich einige erschreckende Zahlen zum Medikamentenmissbrauch von Kindern und Jugendlichen. In den USA haben elf Prozent der männlichen und drei Prozent der weiblichen Schüler der Jahrgangsstufen 11 und 12 Erfahrungen mit Anabolika oder anderen Dopingpräparaten. Die Zahlen stammen allerdings von 1988. Das Einstiegsalter lag bei 38 Prozent der Fälle unter dem 15. Lebensjahr. Auch für Kanada gibt es vergleichbare Daten. Eine deutsche Studie zeigt, dass neun Prozent der befragten Jugendlichen in Fitnessstudios über eigene Erfahrungen mit Dopingmitteln verfügen.«

»Na, da hast du ja einiges gefunden«, sagte Henriette. »Ich bin, vorsichtig ausgedrückt, ziemlich entsetzt. Hast du auch irgendeine Originalquelle, also die Aussage eines Users?«

»Nein, bislang nicht, aber es gibt eine große Studie mit publizierten anonymen Interviews von Usern. Ich dachte, dass wir davon etwas nutzen könnten.«

»Gut, frage bitte unseren Juristen, wie es mit den Rechten aussieht. Wie willst du sonst weitermachen?«

»Es gibt Hinweise darauf, dass eine beträchtliche Anzahl von Polizisten und Militärs im Zuge ihres körperlichen Trainings als User einzuschätzen seien. Aber bislang habe ich noch keine eindeutigen Belege gefunden. Ich bleibe aber dran.«

»Ja, gut, mach das. Du hast ja schon eine gute Basis, denke ich.«

Jetzt erläuterte Henriette ihre bisherigen Ergebnisse. Zum Abschluss fasste sie zusammen:

»Ich wollte über Horst Medow den Doping-Faden im Fußball und über die äthiopische Läuferin für die Leichtathletik aufrollen. Beide Fäden scheinen aktuell gerissen zu sein. Trotzdem gibt es sowohl für den Fußball als auch für den Langstreckenlauf jede Menge ernst zu nehmende Hinweise auf Doping-Netzwerke. Das Problem für uns ist, dass sich wohl kaum ein Mitglied dieser Netzwerke zu einem Interview bereit erklären wird. Und die Vergangenheit hat gezeigt, dass auch ehemalige Mitglieder lieber schweigen. Ohne konkrete Quellen wird unser Artikel aber auf der Doping-Seite sicherlich etwas leichtgewichtiger. Bei Azmera Yifter gibt es über diese Bikilu noch eine kleine Chance, an sie heranzukommen. Außerdem gibt es über einen anderen

Kontakt, den ich anonym halten möchte, Hinweise darauf, dass sich unsere Polizei für diesen Wilders interessiert. Allerdings ist die Beweislage hier wohl sehr dünn, so dass ich nicht damit rechnen würde, dass Wilders irgendetwas verrät.«

»Warum sollte er auch, wenn er nicht dazu gezwungen wird«, meinte Stefan. »Trotzdem gibt es hier anscheinend noch zwei Recherche-Linien, die etwas bringen könnten. Aber im Fußball? Man könnte es etwas sarkastisch so formulieren: Du suchst den mit dem System unzufriedenen Aussteiger, der alle Interna kennt und sie dir gerne mitteilt, weil er inzwischen finanziell völlig unabhängig von diesem System ist und auch keine Angst vor persönlichen Repressionen hat. Es ist genauso wie mit allen kriminellen Netzwerken. Schlechte Karten, würde ich sagen.«

»Wenn wir es systematisch versuchen wollten«, meinte jetzt Sabine mit ihrer ersten Wortmeldung, »und zwar jetzt erst mal nur für die Ebene der Fußballer gedacht, müssten wir Listen von Spielern aufstellen, die in der letzten Saison noch gespielt haben und jetzt nirgendwo mehr auftauchen. Die müssten wir dann ansprechen. Und, entschuldigt bitte meinen Ausflug, dann bräuchten wir zuerst die Kontaktdaten. Das würde ich schnell hinkriegen, aber danach könnten wir ja schlecht mit der Tür ins Haus fallen, nach dem Motto: Wären Sie bereit, uns etwas über Dopingpraktiken im Fußball zu erzählen? Das bedeutet, dass wir uns eine Recherche-Story einfallen lassen müssten, die dann irgendwann beim Doping landet. Und«, jetzt winkte Sabine ab, »spätestens nach dem dritten Anruf hat sich herumgesprochen, dass da irgendwelche Journalisten unterwegs sind, vor denen man sich am besten in Acht nehmen sollte. Noch mal: Entschuldigt bitte meinen Ausflug.«

»Stefan«, sagte Henriette nach einer kurzen Pause, »das war gar nicht sarkastisch formuliert, das war einfach zutreffend ausgedrückt.«

Und zu Sabine gewandt: »Ich danke dir ausdrücklich für deine Schleife. Wir sollten aber überlegen, es eventuell umzudrehen: Wenn es uns gelingen würde, an geeigneten Stellen fallen zu lassen, wofür wir uns interessieren, könnte sich vielleicht jemand melden, der unter bestimmten Bedingungen bereit wäre, etwas zu erzählen. Meint ihr, dass das klappen könnte?«

Stefan und Sabine nickten etwas zögerlich. Sabine merkte an, dass die Auswahl der Personen und Institutionen, die man informieren wollte, nicht unwichtig für einen möglichen Erfolg wäre. Außerdem müssten sie damit rechnen, dass sich auch diejenigen bei ihnen melden würden, die etwas gegen ihre Recherchen hätten, und das könnte ungemütlich werden.

»Das sehe ich allerdings genauso«, erwiderte Henriette. Sie musste an Karls warnende Worte denken. »Dann sollten wir diese Idee wohl begraben.«

Henriette überlegte kurz. »Ich würde vielleicht noch eine Kollegin anrufen, die auch im Fußball-Thema unterwegs ist. Horst Medow hat sie mir genannt. Vielleicht hat sie einen Hinweis für uns. Wäre das okay?«

»Wer ist das?«, fragte Stefan.

»Ulrike Stanjowski«, antwortete Henriette nach einem Blick auf ihr Handy. »Kennst du sie?«

»Kennen wäre übertrieben. Aber ich habe schon etwas von ihr gehört. Sie scheint eine seriöse Wirtschaftsjournalistin zu sein.«

»Ja, der Name kam mir auch bekannt vor. Also, wäre das okay?«

»Scheint mir etwas ungewöhnlich zu sein. Aber was soll es schon schaden, versuchen können wir es.«

Henriette kam noch einmal auf die Äußerung von Sabine zurück, die Kontaktdaten der ausgemusterten Fußballer schnell herausfinden zu können, und fragte, wie sie das bewerkstelligen wolle.

»Also, ich kann ganz gut mit dem PC umgehen. Da geht so einiges«, antwortete Sabine.

»Das ist gut zu wissen«, sagte Henriette etwas nachdenklich. »Ich hätte noch eine Bitte an dich: Seit 2015 gibt es in Deutschland ein Anti-Doping-Gesetz, das möglicherweise in Juristenkreisen ziemlich kritisch gesehen wird. Könntest du da mal nachhaken?«

Sie sprachen noch über Stefans anderes Projekt und darüber, wie Sabine hier am besten einsteigen könnte. Dann vertagten sie sich auf die nächste Woche zur gleichen Zeit. Das sollte so etwas wie eine Frist darstellen, bis zu der Henriette möglichst Kontakte zu Azmera Yifter und jemandem aus der Fußballszene hergestellt haben sollte. Dann würden sie weitersehen.

Als die beiden gegangen waren, schaute Henriette auf ihr Handy und sah, dass Klein vom Olympiastützpunkt sie angerufen hatte. Sie rief sofort zurück. Klein berichtete, dass Bikilu gerne mit ihr sprechen wolle und dass es heute während der Nachmittags-/Abendschicht ginge, falls es nicht allzu lange dauerte. Henriette bedankte sich und sagte zu, heute vorbeizukommen und sich kurz zu fassen.

Das passte ja gut. Sie könnte ihren Vater besuchen und auf dem Rückweg im »Sportlertreff« diese Bikilu befragen. Sie rief ihren Vater an und fragte, ob es am Nachmittag mit einem Besuch passen würde.

»Na klar, es ist ja Donnerstag, und ich freue mich schon. Aber könntest du bitte heute mal etwas Kuchen mitbringen?«

Henriette wunderte sich über die Frage, weil er das bisher immer strikt abgelehnt hatte, antwortete aber einfach:

»Ja, mache ich gerne. Für dich Schoko, oder?«

»Ja, Schoko wäre schön. So gegen halb vier?«

»Gut, dann bin ich so um halb vier mit Schokokuchen bei dir.«

Sie kam etwas später, aber das machte bei ihrem Vater nichts. Als er die Tür öffnete, erschrak sie. Er stand gebückt in der Tür, eine Hand auf der Klinke, mit der anderen Hand stützte er sich auf einen Stock.

»Krieg keinen Schreck, es ist halb so schlimm.«

»Was ist passiert?« Henriette nahm ihn etwas unbeholfen in den Arm und strich ihm über den Kopf.

»Komm erst mal rein. Ah, der Kuchen, das ist schön.«

Sie setzten sich an den Küchentisch, der Kaffee war schon fertig. Dann erzählte ihr Vater von einem Spaziergang am Dienstag zum Friedhof und diesem blöden Sturz, von dem er jetzt noch Knie- und Hüftschmerzen habe.

»Aber dagegen soll Schokokuchen ja Wunder bewirken«, meinte er und zwinkerte Henriette zu.

»Und wie ist es zu diesem Sturz gekommen?«

»Mir wurde schwindelig, und dann bin ich wohl ohnmächtig geworden. Es ging alles sehr schnell.«

»Und wie lange warst du ohnmächtig?«

Er blitzte sie an wie in alten Zeiten: »Ich habe nicht auf die Uhr geschaut.«

Dann schaute er wieder entspannter. »Es kann nicht lange gedauert haben. Ich bin dann zu einer Bank gekrochen, habe mich hochgezogen und erst mal eine Weile ausgeruht. Der Rückweg war ziemlich schmerzhaft, aber die Physiotherapeutin hat am Mittwoch nur Prellungen entdeckt. Also nichts Schlimmes, da habe ich wohl Glück gehabt.«

Der Schokokuchen und auch Henriettes Obsttörtchen waren aufgegessen.

»Wollen wir noch einen Kaffee fürs Wohnzimmer?«, fragte Henriette. »Heute ist es wohl besser, wenn ich ihn mache.«

Ihr Vater stimmte zu, und bald saßen sie mit dem zweiten Kaffee in den alten, bequemen Sesseln am Couchtisch.

»Jetzt noch mal etwas anderes«, begann ihr Vater. »Ich habe diesen Vorfall zum Anlass genommen, meine Patientenverfügung zu überarbeiten. Das wollte ich kurz mit dir besprechen. Viel hat sich nicht geändert. Du bist für alles zuständig, und die Vorsorgevollmacht bleibt unverändert, sie wird nur aktualisiert. Auf meine Bankkonten hast du ja sowieso schon Zugriff. Was ich verändert habe, sind die künstliche Ernährung und die künstliche Flüssigkeitszufuhr oder wie man das nennt. Beides lehne ich im Fall des Falles ab.«

»Gut, ich habe es gehört, aber nicht verstanden. Wieso lehnst du das ab?«

»Wenn du es wirklich hören willst? Na gut. Beides kann mir bei einem möglicherweise irgendwann entstehenden Wunsch zu sterben helfen. Wenn ich bewusst nichts mehr esse und trinke, gerate ich zunächst in den Zustand, für den die Patientenverfügung gilt, ich kann mich nicht mehr äußern. Wenn dort einer künstlichen Ernährung und einer künstlichen Flüssigkeitszufuhr nicht ausdrücklich widersprochen wurde, müssten mich die Ärzte wieder aufpäppeln, und das will ich nicht.«

Henriette schluckte.

»Gut, das war deutlich, aber jetzt habe ich es verstanden. Und ganz entfernt habe ich das Gefühl, dass es so richtig ist.«

Sie hatte das erste Mal seit Monaten Tränen in den Augen. Sie lachte, vielleicht etwas zu laut, und sagte: »Aber bis jetzt scheint dir ja der Schokokuchen noch zu schmecken.«

Und dann wieder ruhiger: »Bitte sag es mir, wenn sich das verändert.«

Er fragte noch nach Karl, und Henriette erzählte ihm von Mittwochabend. Die Recherche-Anteile ließ sie unter den Tisch fallen, dafür weitete sie die Asterix-und-Obelix-Geschichte aus.

»Du weißt ja, wo die Patientenverfügung und die Vorsorgevollmacht liegen«, sagte ihr Vater zum Abschied. »Wenn du das nächste Mal kommst, gebe ich dir die aktualisierten Versionen auch noch mit.«

Beinahe hätte sie vergessen, auf dem Rückweg beim »Sportlertreff« vorbeizufahren, so sehr war sie in Gedanken. Auf dem Parkplatz des Olympiastützpunkts blieb sie noch einige Minuten im Auto sitzen, um sich etwas zu sammeln. Sie verstand ihren Vater inzwischen noch besser. Wenn die Endlichkeit des eigenen Lebens immer konkreter wurde und wenn man, wie ihr Vater, immer alles im Griff haben wollte, musste man sich mit aktiven Ausstiegsszenarien beschäftigen. Was das alles für sie selbst bedeutete, war noch eine ganz andere Frage.

Aber sie war jetzt in der Gegenwart und wollte die letzte Chance, Azmera Yifter zu finden, nutzen. Also raffte sie sich auf und ging die Stufen zum »Sportlertreff« herauf.

Als Henriette den großen Raum betrat, sah sie am Tresen eine junge, attraktive dunkelhäutige Frau. Sie ging auf sie zu und fragte: »Sind Sie Bikilu?«

»Ja, dann sind Sie wohl Frau Courgette?«, fragte Bikilu in bestem Deutsch zurück.

»Das stimmt. Haben Sie ein paar Minuten Zeit?«

»Ja, einen kleinen Moment noch. Ich bitte nur eine Kollegin, mich hier zu vertreten.«

Aus der Küche erschien wie gerufen eine Kollegin, die nur winkte.

»Alles geregelt«, sagte Bikilu. »Wollen wir uns dort setzen?«

Sie wies auf eine diskrete Ecke mit einem kleinen Tisch und zwei Stühlen. »Möchten Sie etwas trinken?«

»Nein, danke. Ich hatte heute schon genug Kaffee. Aber doch, bitte, wenn ich ein Glas Sprudel bekommen könnte?«

Bikilu holte zwei Gläser Sprudel, setzte sich wieder und fragte: »Sie interessieren sich für Azmera Yifter? Darf ich fragen, warum?«

Henriette berichtete über ihr Interesse am Leistungssport im Saarland und dass sie gerne wüsste, warum Azmera Yifter gerade hier ihre Olympiavorbereitung durchgeführt hatte. Aber nun sei sie ja sozusagen verschwunden.

»Ja, das macht uns hier alle ziemlich betroffen.«

»Haben Sie denn irgendeine Ahnung, wo sie sein könnte und warum sie verschwunden ist?«

»Nein, und wenn ich es wüsste, warum sollte ich es Ihnen erzählen?«

»Hören Sie, wir haben schon einiges herausgefunden. Wir nehmen an, dass Azmera in Schwierigkeiten mit ihrem Manager steckt. Wir könnten ihr helfen. Aber wir müssten mit ihr sprechen.«

Bikilu schaute sie erstaunt an.

»Ich hatte auch das Gefühl, dass sie Schwierigkeiten hatte. Sie war sonst immer ein Sonnenschein, sagt man das so? Sie war nach ihrer Bronzemedaille nur noch einmal kurz hier, trainierte aber nicht, sondern holte nur eine Reisetasche, die sie hier deponiert hatte. Wir sprachen nur wenig miteinander, es ging ihr nicht gut.«

»Wie haben Sie denn miteinander gesprochen?«, fragte Henriette erstaunt. »Kann Azmera Deutsch?«

»Nein, aber ich spreche einen ähnlichen Dialekt wie sie, und im Zweifel haben wir uns auf Englisch verständigt, das ging ganz gut.«

»Und wann war das?«

»Vor zwei Wochen etwa. Nein, genau vor zwei Wochen am Donnerstag, da hatte ich ausnahmsweise die Früh- und Mittagsschicht. Es war so gegen 10:30 Uhr. Es war leer, das Frühstück war vorbei, und das Mittagessen hatte noch nicht begonnen.«

»Und was hat sie gesagt?«

»Dass sie wohl nicht mehr zum Trainieren hierherkäme, weil es ihr nicht gut gehe. Dann holte sie ihre Tasche und umarmte mich. Das hatte sie vorher nie gemacht.«

»Wann hatte sie denn ihre Reisetasche hier deponiert?«

»Das war so zwei Wochen vor Rio. Da hatte sie mich gefragt, ob ich eine Idee hätte, wo sie hier eine Tasche deponieren könne. Ich hatte ihr meinen Spind angeboten, der ist groß genug, und ich habe zwei Schlüssel. Sie kannte den Ort, weil wir dort manchmal saßen und relativ ungestört reden konnten. Ja, und dann habe ich ihr ein Taxi gerufen, das gab es sonst nie. Sie wurde immer mit dem Auto abgeholt.«

»Wissen Sie, wohin das Taxi fahren sollte?«

»Nein, das hat sie nicht gesagt.«

»Haben Sie sonst irgendeine Idee, wo sie hingefahren sein könnte? Immerhin haben Sie ja anscheinend öfter miteinander geredet.«

»Glauben Sie mir, darüber habe ich mir schon ziemlich den Kopf zerbrochen. Die einzigen Ideen, die ich habe, sind ihre Familie in Bekoji oder ihre Schwester Fatuma. Azmera hat ihre Schwester mal bei einem Gespräch erwähnt. Fatuma ist Medizinerin in Paris, und Azmera war sehr stolz auf sie. Da habe ich mir überlegt, dass es nur zwei Stunden mit dem ICE wären, aber das ist nur so eine Idee. Bei ihrer Schwester würde es ihr sicher gut gehen. Aber vielleicht ist sie auch in Bekoji.«

Henriette war elektrisiert. Was wäre, wenn von dieser Schwester niemand in der Leichtathletikszene wusste? Es wäre der perfekte Unterschlupf, wenn es für Azmera einen Grund zum Ausstieg gegeben haben sollte.

»Ich habe das Gefühl, dass Sie von dieser Schwester niemandem sonst etwas erzählen sollten«, sagte Henriette ernst. »Ich werde sehen, was ich tun kann.« Sie bedankte sich für das Gespräch, bezahlte die beiden Sprudel, obwohl Bikilu sich dagegen wehrte, und verabschiedete sich.

Als sie im Auto saß, rief sie sofort Sabine an. Es war zwar schon 18 Uhr, aber einen Versuch war es wert. Sabine war sofort dran und versprach, Adresse und Telefonnummer einer Fatuma Yifter, Medizinerin in Paris, ausfindig zu machen. Sie würde sich bei Henriette melden, wenn sie etwas herausgefunden hätte.

Zwei Stunden später, Henriette hatte sich gerade nach einer Dusche und der Vorbereitung ihrer Gemüsepfanne das erste Glas Sauvignon eingegossen, rief Sabine an.

»Ich glaube, ich habe sie«, sprudelte Sabine los. »Es war etwas kompliziert, weil sie inzwischen geheiratet hat, aber jetzt bin ich mir sicher. Hast du etwas zu schreiben?«

»Na, das ist ja toll! Du musst mir bei Gelegenheit erklären, wie du das angestellt hast. Moment, bitte.«

Henriette holte Block und Stift. »Ich bin bereit.«

Sie notierte Fatumas neuen Nachnamen und ihre Arbeitsstelle samt Adresse und Durchwahl.

»Die privaten Kontaktdaten versuche ich dann morgen herauszufinden. Jetzt würde ich erst mal gerne nach Hause fahren, okay?«

Henriette bedankte sich für die schnelle Recherche und wünschte Sabine einen schönen Restabend.

Der Sauvignon schmeckte jetzt noch besser. Sie hatte wirklich eine Chance, Azmera Yifter zu finden. Tagesschau und Gemüsepfanne nahm sie nicht so richtig wahr, und die Nacht war auch eher unruhig. Aber am nächsten Morgen hatte sie einen Plan.

Kapitel 11

— Abu Dhabi, Dienstag, 20.1.2015

Das Trainingslager verlief einerseits wie gewohnt. An das warme Klima hatte Lars sich nach drei Tagen halbwegs gewöhnt. Einigen anderen Spielern ging es ähnlich. Das Training war heftig, aber er war trotz der Blutentnahme in guter Form und vertrug die hohen Belastungen ohne Probleme. Die Bedingungen, also Plätze, sanitäre Anlagen, Räume für Physiotherapie und auch das Essen, waren fantastisch. Die in solchen Trainingslagern gern aufkommende Tristesse bekämpfte er wie sonst auch mit seinem E-Book-Reader. Er zog sich in sein Zimmer zurück und las. Es schien ihm so, als sei er der Einzige.

Andererseits überlagerten diesmal die Nachrichten über die Verhandlungssituation mit den Parisern die normalen Abläufe. Er stand mit Axel täglich in Verbindung, und schon am Abend des vierten Tages gab Axel grünes Licht. Der Wechsel war vereinbart, zwar noch nicht wasserdicht, aber es blieben nur noch wenige Formalien.

Am Abend dieses vierten Tages erschienen die Kontrolleure. Sie untersuchten die halbe Mannschaft, fanden aber nichts. Bei anderen Mannschaften, die ebenfalls die guten Bedingungen für ein Trainingslager nutzten, wurde auch nichts gefunden. Lars war wieder einmal von der Qualität der Arbeit von Dr. Enrico überzeugt.

Eine Formalität, die vor seinem Wechsel noch erledigt werden musste, war die medizinische Prüfung in Paris. Die sollte heute stattfinden, und Lars war selbstverständlich freigestellt worden. Nach dem Frühstück wurde er abgeholt und zum Flugplatz Al-Bateen gefahren, wo schon die Maschine wartete, die ihn nach Paris flog. Er hob um elf Uhr Ortszeit ab und landete in Paris-Le Bourget um 15:30 Uhr Pariser Zeit. Es war dieselbe Privatflug-Airline, die ihn auch schon von Samedan nach Paris gebracht hatte, aber anderes Personal. Trotzdem war die erste Frage die nach einem Cappuccino und einem Mineralwasser. Lars musste innerlich grinsen. Später bekam er dann noch ein sehr gutes Huhn mit Reis.

Die Untersuchungen dauerten bis in den Abend, brachten aber keine spontan überraschenden Erkenntnisse. Die letztendlichen Ergebnisse würden erst in zwei Tagen feststehen. Er wurde in dasselbe Hotel wie bei seinem letzten Besuch gebracht, aber es war nicht Charles, der ihn fuhr. Lars aß im Hotelrestaurant, wurde am nächsten Vormittag nach dem Frühstück nach Le Bourget gefahren und landete nach einem Cappuccino und einem Mineralwasser um 12:15 Uhr am General Aviation Terminal, dem Privatflug-Terminal des Frankfurter Flughafens. Seine Mannschaftskollegen würden gegen 16 Uhr eintreffen. Lars würde sie morgen Vormittag auf dem Trainingsgelände treffen.

— Frankfurt, Donnerstag, 22.1.2015

Das Training lief für ihn jetzt relativ locker. Der Trainer hatte ihn gestern Vormittag zur Seite genommen, ihm zu seinem bevorstehenden Wechsel gratuliert, nicht ohne sein Bedauern auszudrücken, und dann gesagt: »Das kann jetzt alles sehr schnell gehen. Ich schlage vor, dass du bis zum Beginn deines neuen Vertrages bei uns weiter trainierst, allerdings nur bei den allgemeinen Inhalten. Bei taktischen Übungen und spielnahen Übungen mit erhöhtem Verletzungsrisiko will ich dich nicht dabeihaben. Nicht jeder gönnt dir diesen Wechsel.«

Lars war sehr einverstanden gewesen und hatte es genossen, ohne jeden Druck zu trainieren. Er begann seine

Doping-Kur nach Plan und freute sich auf den Abend mit Ulli.

Am späten Nachmittag, er war noch auf dem Trainingsgelände und verabschiedete sich gerade von dem wieder genesenden Physiotherapeuten, klingelte sein Handy. Es war Ulli, die fragte, ob sie heute Abend zu ihm gehen könnten. Ihre Freundin sei da, hätte selber Besuch, und das würde wahrscheinlich nicht so gut passen.

»Na gut«, meinte Lars. »Dann müssen wir uns eben auf den Durchgangsbahnhof einlassen.«

Jetzt musste er sich beeilen, noch eine Flasche Crémant kaufen, das Bett beziehen und Handtücher herauslegen. Frische Wäsche hatte er noch, aber nur wenig Zeit.

Im Auto klingelte sein Handy das zweite Mal. Es war Axel: »Hallo, Lars. Jetzt musst du richtig stark sein. Es ist alles unter Dach und Fach, und sie wollen, dass wir am kommenden Montag, also am 26., nach Paris kommen, unterschreiben und du dann gleich bei ihnen anfängst. Was sagst du jetzt?«

»Moment!« Lars fuhr rechts ran und atmete einmal durch. »Sag das noch mal!«

»Du hast schon richtig gehört. Ab nächstem Montag bist du in Paris. Ich würde dir gerne morgen die Verträge zeigen. Es ist alles so, dass du sehr zufrieden sein kannst. Aber ich würde dir gerne das eine und andere erklären. Könntest du morgen vorbeikommen?«

»Kann ich. Ich will vormittags trainieren, das letzte Mal mit den alten Kumpels, würde mich für den Nachmittag abmelden und könnte gegen 15 Uhr in St. Ingbert sein.«

Lars war seit seinen Anfängen im Profibereich bei der St. Ingberter Agentur, die Axel mit zwei Partnern betrieb. Sie gehörte nicht zu den größten Agenturen in Deutschland, aber er fühlte sich bislang immer gut vertreten und betreut. Axel war schon immer sein Ansprechpartner gewesen, und sie hatten eine sehr vertrauensvolle Beziehung. Jetzt war Lars wohl ihr bestes Pferd im Stall.

Wichtige Gespräche fanden normalerweise in der Agentur statt. Hier waren sie sicher, dass keine Journalisten irgendwie mithörten, und bei vertraglichen Unklarheiten gab es jede Menge Nachschlagewerke, andere Vertragstexte und letztlich noch weitere Kollegenmeinungen, die zurate gezogen werden konnten.

»Dann werde ich zu 15 Uhr alles vorbereiten. Willst du bei mir übernachten, oder wie denkst du es dir?«

»Ich glaube, eher nicht. Ich hätte gerne, dass sich Dr. Reuber am Samstagvormittag hier in Frankfurt den Vertrag ansieht. Ist das okay?«

»Natürlich, als Hausjurist deines Vaters hat er sich auch alle anderen Verträge von dir angesehen. Ich fände das sehr gut.«

»Dann habe ich spontan noch Fragen: Wenn ich ab Montag in Paris bin, werde ich zunächst in einem Hotel wohnen, oder? Und gibt es ein Auto oder einen Fahrdienst für mich?«

»Beides positiv. Du bist zunächst in dem Hotel, das du schon kennengelernt hast. Alles Weitere soll dann schnell geklärt werden, also wo du wohnen willst und wie groß, all diese Fragen. Du wirst auf alle Fälle mobil sein, das heißt, entweder gibt es einen Fahrer auf Abruf, aber wahrscheinlich steht ein größerer Peugeot in der Hotel-Tiefgarage für dich bereit.«

»Na gut, das hätte ich mir denken können. Dann habe ich noch eine Bitte: Meine Idee wäre jetzt spontan, am Montagvormittag gegen elf Uhr mit einem Privatflieger von Frankfurt über Saarbrücken nach Paris zu fliegen, dafür gibt es mehrere Gründe. Könntest du das bitte für uns organisieren? Gerne mit dem Unternehmen, das die Pariser unter

Vertrag haben, nur mit dem Unterschied, dass ich den Flug diesmal selbst bezahlen werde.«

»Du meinst, dass ich dann in Saarbrücken zusteige?«

»Ja, genau. Das wäre doch gut. Und anschließend nimmst du den Flieger wieder nach Hause.«

»Okay, mache ich so«, antwortete Axel. »Dann bis morgen Nachmittag.«

Der Abend mit Ulli verlief trotz der Durchgangsbahnhof-Situation in gewohnt intensiven Bahnen. Das alles beherrschende Thema war natürlich der plötzliche Umzug von Lars nach Paris. Ulli bot überraschenderweise an, ihn nach St. Ingbert zu begleiten. Lars war etwas irritiert, dachte darüber nach, wie wohl Axel diese Idee fände, und meinte dann, dass er doch besser alleine führe. Sie könne ihn ja dann demnächst in Paris besuchen, das Hotel würde sie ja kennen.

Ulli reagierte zunächst etwas belegt darauf, dass er ihr Angebot brüsk, so schien es ihr jedenfalls, ablehnte. Im weiteren Verlauf des Abends verschwamm dieser Aspekt dann aber zusehends, und beim Einschlafen freuten sie sich auf gemeinsame Zeiten in Paris. Sie verabredeten, in der nächsten Woche zu telefonieren, um dann einen Besuch zu verabreden.

— Saarbrücken, Freitag, 23.1.2015

Lars hatte sich bei seinem letzten Training in alter Runde von allen verabschiedet. Dann hatte er eine Kleinigkeit gegessen und sich mit dem BMW, den er vorläufig noch weiter nutzen konnte, auf den Weg nach St. Ingbert gemacht.

Axel empfing ihn herzlich, zeigte und erläuterte ihm das Vertragswerk, ging auf bestimmte Passagen näher ein und übersprang andere.

»Über die Verwertungsrechte gab es längere Diskussionen«, erklärte er. »So, wie es hier steht, liegen alle Rechte beim Verein, dafür sind deine Bezüge so aufgestockt, dass du auch mit zusätzlichen Werbeverträgen kaum mehr verdienen könntest. Da könnten wir aber auch noch mal ran, wenn dir das nicht gefällt. Du bist so an die Werbestrategie des Vereins gebunden.«

»Habe ich verstanden, okay. Nein, finde ich gut so. Ich hab's nicht so mit der Werbung. Und die Zahlen, die ich hier im Zusammenhang mit meinen Bezügen finde, machen mich sprachlos und etwas schwindelig.«

»Das verstehe ich. Die Steigerung im Verhältnis zu deinen aktuellen Bezügen ist schon enorm. Aber es ist der Standard, du verzichtest auf eigene Werbeeinnahmen, und vergiss es bitte gleich wieder: Du bist jetzt ein internationaler Star. Außerdem werden auch deine Ausgaben kräftig zunehmen. Denk an Madrid und die Privatflüge, wenn ich es richtig verstehe. Und das Wohnen und Leben ist in Paris auch nicht ganz ohne.«

»Tja, und wenn ich erwischt werde, können sie mir fristlos kündigen, ist doch so? Und eventuell muss ich sogar viel Geld zurückzahlen?«

»Ja, das ist eine Routinepassage in allen Verträgen. Das hattest du auch beim letzten Mal unterschrieben. Aber ich wüsste jetzt nicht, dass so etwas schon einmal passiert wäre.«

»Axel, entschuldige bitte, wenn ich dich damit behellige, aber ich habe nicht sehr viele Gesprächspartner zu diesem Thema. Ist das nicht hochgradig schizophren? Da wissen beide Vertragspartner über die Vorgänge sehr gut Bescheid und profitieren auch beide davon, aber nur einer trägt das ganze Risiko für den Fall, dass die Vorgänge entdeckt werden.«

»Was soll ich dazu sagen. Das ist die offizielle Anti-Doping-Richtung im Leistungssport, der sich auch der Fußball nicht verschließen kann. Das wirkliche Fußball-Leben sieht anders aus, wie wir beide wissen. Vielleicht solltest du deine enormen Bezüge auch als Risiko-Bonus verstehen.«

»Na gut, ich werde es versuchen. Das wäre immerhin ein halbwegs rationaler Umgang mit dem Thema.«

Sie besprachen noch verschiedene Details des Vertrages, es gab keine Fragwürdigkeiten. Axel schickte den Vertrag über einen sicheren E-Mail-Weg an die Kanzlei von Dr. Reuber, der den Termin für den nächsten Vormittag zugesagt hatte.

— Frankfurt, Samstag – Montag, 24. – 26.1.2015

Pünktlich um zehn Uhr betrat Lars die Kanzlei. Außer ihnen beiden war niemand da, es war Samstag. Dr. Reuber begrüßte ihn: »Schön, dich zu treffen, Lars. Wie ich sehe, scheint es ja mit deiner Fußballerkarriere immer noch weiter bergauf zu gehen. Wie fühlst du dich?«

»Hallo, Dr. Reuber, etwas unwirklich aktuell. Es geht gerade atemberaubend schnell, deshalb auch dieser plötzliche Termin.«

Sie setzten sich in Dr. Reubers Büro an einen Besuchertisch.

»Ja, ich habe gelesen, dass du ab Montag in Paris sein sollst. Warum diese Eile?«

»Es gibt jetzt im Januar ein sogenanntes Transferfenster für solche Wechsel. Außerdem gibt es in Frankreich keine so lange Winterpause wie in Deutschland. Je früher ich bei der Mannschaft bin, desto besser. Der erste mögliche Spieltermin wäre der 30. Januar.«

»Gut, das kann ich verstehen.«

Nach einer kurzen Pause, während derer Dr. Reuber den Vertrag durchblätterte, sagte er: »Deine Agentur hat gute Arbeit geleistet, finde ich. Das macht alles einen tadellosen Eindruck. Ich habe keine Fallstricke zu deinen Lasten gefunden, bis auf einen möglichen Punkt.«

»Der wäre?«, fragte Lars.

»Die Verwertungsrechte. Du hast nach diesem Text keinerlei eigenständige Verwertungsrechte, sondern bist an die

Maßnahmen des Vereins gebunden. Du könntest also keinen Vertrag mit einem Schuhproduzenten oder einer Joghurtfirma abschließen, die mit deinem Namen werben wollen. Das ist eine deutliche Knebelpassage.«

»Das hat mir Axel auch erklärt«, antwortete Lars. »Es wird aber mit meinen Bezügen ausgeglichen. Ich verkaufe meine Rechte quasi an den Verein, und wie mir Axel erklärt hat, müsste ich schon sehr viel mit eigener Werbung verdienen, um das zu toppen. Nach Axels Meinung verkaufe ich meine Rechte also sehr gut.«

»Da würde ich auf die Expertise deiner Agentur vertrauen, was die monetäre Seite angeht. Du kannst dann allerdings für Werbeinhalte herangezogen werden, mit denen du dich nicht sehr gut identifizieren kannst, vorsichtig ausgedrückt. Und du könntest dich dann nicht wirklich dagegen wehren.«

»Und was sollte das sein?«

»Wer ist der Finanzier deines neuen Vereins?«

»Okay, habe ich verstanden. Aber ich glaube, ich bleibe trotzdem dabei. So schlimm wird es wohl nicht kommen. Und sind Fußballschuhe, Joghurt oder Baumärkte wirklich besser?«

»Da hast du vielleicht recht.«

Dr. Reuber dachte kurz nach, blätterte noch einmal vor und zurück und sagte dann: »Das wäre wirklich das Einzige, was mir nachdenkenswert erschiene. Laufzeit, fixe Ablösesumme und so etwas sind so fußballspezifisch, da wird deine Agentur sicher besser Bescheid wissen.«

»Na, dann bedanke ich mich ganz herzlich.« Lars stand auf.

Dr. Reuber fragte noch nach Lars‘ Eltern, er kannte seinen Vater schon aus Kindertagen, und als Lars meinte, dass seine Eltern noch nichts von Paris wüssten, runzelte er leicht die Stirn. »Sprich mit ihnen. Sie sollen es nicht aus der Zeitung erfahren, finde ich. Ich verstehe schon«, sprach er weiter,

»gestern waren es noch ungelegte Eier, über du nicht gerne redest, da bist du wie dein Vater. Aber heute sind es Fakten, und du solltest sie anrufen. Bestell bitte schöne Grüße.«

Lars wartete den späten Nachmittag ab, um mit seinen Eltern zu telefonieren. Sein Vater nahm ab und wünschte ihm ein gutes neues Jahr. Lars stutzte kurz, wünschte ihm dann aber das Gleiche. Ihm war klar geworden, dass er sich seit den Weihnachtstagen nicht mehr bei seinen Eltern gemeldet hatte.

»Ich wollte euch mitteilen, dass ich ab nächste Woche in Paris spiele.«

Totenstille in der Leitung. Dann ein plötzliches Auflachen:

»Na, das ist ja eine tolle Geschichte. Gratuliere! Wann können wir dich bei einem Spiel besuchen?«

Lars war perplex, er hatte eher Vorwürfe wegen der späten Information und kritische Nachfragen erwartet. In Frankfurt hatten ihn seine Eltern nie bei einem Spiel besucht.

»Lasst mich dort bitte erst mal ankommen, dann werden wir sicher einen Termin finden. Übrigens, ich war wegen des neuen Vertrages bei Dr. Reuber. Ich soll euch schöne Grüße ausrichten.«

»Ach, der Johannes, wie geht es ihm?«

»Ich habe den Eindruck, dass es ihm gut geht. Wie seht ihr eigentlich die Zusammenarbeit mit Dr. Reuber, falls mein potenzieller Schwager wirklich ins Geschäft einsteigen sollte?«

»Hast du mit ihm darüber gesprochen?«

»Nein, natürlich nicht. Es ist mir nur gerade so eingefallen. Er hat mich bei allen bisherigen Fußballverträgen sehr gut beraten, und ich habe nie eine Rechnung erhalten.«

»Ja, so ist Johannes. Ich habe noch keine Ahnung, wie wir das machen sollen. Aber wir werden aufpassen, das verspreche ich dir.«

»Gut, und ich verspreche euch eine Einladung irgendwann im Frühling, wenn man in Paris nicht nur bei Fußballspielen zusehen kann.«

Den Rest des Wochenendes erlebte Lars wie in Watte gepackt. Er räumte sein Appartement so auf, dass Umzugsleute sich halbwegs zurechtfinden konnten und packte zwei große Reisetaschen mit der notwendigsten Kleidung und anderen unverzichtbaren Utensilien. Dazwischen flogen seine Gedanken zwischen seiner gefühlten Einsamkeit, Ulli, seiner Familie, Sergio, Rüdiger und Axel hin und her.

Seine Medikamente fielen ihm erst wieder ein, als er die Box sah. Lars verstaute sie in einer der Taschen ganz unten. Er würde sein Programm in Paris fortführen. Jetzt fühlte er sich nicht in der Lage dazu.

Er überlegte, Ulli anzurufen, tat es aber nicht. Er wollte ihr nicht auf den Wecker fallen.

Dann überlegte er, sich bei Sergio zu melden, tat es aber auch nicht. Sie hatten sich gestern auf dem Trainingsplatz verabschiedet, was gab es Neues zu erzählen?

So wühlte er weiter in seinem Appartement, ließ sich am Abend eine Pizza kommen und sah etwas fern, ohne den Film wirklich zu verstehen.

Der Sonntag verlief ähnlich. Er übte ein wenig, in französischer Sprache ein paar Sätze über seine Ziele bei Olympique Paris zu sagen, und kam immer wieder ins Stolpern. Er merkte, dass das Problem nicht die Sprache war. Französisch konnte er wirklich gut. Es waren eher die Inhalte: Was wollte er eigentlich in Paris? Dann fiel ihm ein, dass er lieber in den Medienmodus schalten sollte, statt tatsächlich über seine Ziele nachzudenken. Danach hatte er keine Probleme mehr mit seinen Formulierungen.

Abends informierte er sich über das Internet, wie Paris in der französischen Liga gespielt hatte. Sie hatten gegen St. Etienne gewonnen. In der Tabelle standen sie auf dem dritten Platz. Das sah ja nicht schlecht aus, entsprach aber wahrscheinlich nicht ganz den Vorstellungen des Investors.

Am 30. Januar, das wäre am nächsten Freitag, würden sie in Paris gegen Rennes spielen. Ein Heimspiel also. Er war sich nicht sicher, ob ihm ein Auswärtsspiel zum Start nicht lieber wäre. Aber vielleicht würde ihn der Trainer noch gar nicht einsetzen? In den Nächten schlief er nicht besonders, am Montagmorgen fühlte er sich aber gut: Es ging los.

Er parkte den BMW am General Aviation Terminal. Den Schlüssel legte er auf den linken Vorderreifen, nachdem er sich umgesehen und niemanden entdeckt hatte. Der Verein würden den Wagen später abholen lassen.

Sein Flugbegleiter kam ihm mit einem Gepäckwagen entgegen. Lars war schleierhaft, woher dieser Mensch wusste, wo er parkte. Sie gingen zusammen durch die Abflughalle und bestiegen sofort den Flieger. Es war derselbe Typ wie bei seinem ersten Privatflug.

»Wir müssen noch etwas warten, die Luft über Frankfurt ist ziemlich voll«, meinte sein Flugbegleiter. »Wie wäre es mit einem Cappuccino und einem Mineralwasser?«

»Woher kennen Sie meine geheimsten Wünsche?«, antwortete Lars belustigt.

Er lehnte sich zurück. Das Abenteuer konnte beginnen.

In Saarbrücken landeten sie nach einer guten halben Stunde. Lars hatte das Gefühl, dass die Maschine kaum gestanden hatte, als sich die Tür schon öffnete und Axel, vom Flugbegleiter empfangen, hereinkam. Die Tür wurde wieder geschlossen, noch bevor sie sich richtig begrüßt hatten, und der Flieger rollte wieder an.

Während des Fluges, bei einem weiteren Cappuccino plus Mineralwasser für Lars und einem doppelten Espresso plus Mineralwasser für Axel, berichtete Lars von seinem Besuch bei Dr. Reuber. Dann sprachen sie über die aktuelle Situation bei Olympique Paris, und beide waren sich einig, dass in Lars gehörige Erwartungen gesetzt wurden.

— Paris, Montag, 26.1.2015

Sie wurden von Charles abgeholt, der sich bei Lars nach Mademoiselle »Üli« erkundigte.

Die Vertragsunterzeichnung ging schnell vonstatten. Es gab noch ein paar nette Worte von beiden Seiten, dann waren die Formalitäten erledigt. Axel wurde wieder zum Flieger gebracht, Lars ins Hotel.

Um 16 Uhr wurde er bereits wieder abgeholt. Verschiedenste Trainingsbekleidung lag in der korrekten Größe in seinem Schrank. Es gab ein einstündiges individuelles Lauf- und Beweglichkeitsprogramm bei einem der Co-Trainer, und Lars wurde das Trainingsgelände gezeigt. Die Mannschaft sollte er morgen kennenlernen. Nach der Dusche legte er die offizielle Club-Kleidung inklusive Club-Sakko an. Alles passte hervorragend. Seine eigenen Jeans konnte er wieder anziehen. Dann gab es eine kurze Besprechung mit dem Trainer, dem Geschäftsführer und dem Pressesprecher. Sie bereiteten Lars auf die anschließende offizielle Vorstellung im Presseraum vor, die live in TF1 übertragen wurde, erläuterten ihm den Ablauf der Veranstaltung und wann was von ihm erwartet wurde. Seine Aufgabe war, zuerst ein kurzes Statement abzugeben und dann auf die Fragen der Journalisten einzugehen. Lars fühlte sich guter Dinge.

Der Presseraum war brechend voll und ziemlich überheizt. Die Vereinsvertreter und Lars saßen auf dem Podium und hatten etwas Luft, während die Journalisten dicht gedrängt standen und praktisch im eigenen Saft schmorten.

Der Trainer sprach ein paar Sätze und lobte die fußballerische Qualitäten von Lars in den höchsten Tönen. Dann war Lars dran. Er bedankte sich für die Worte des Trainers und bemerkte dann, dass er sich sehr freuen würde, wenn der Trainer in drei Monaten genauso über ihn spräche. Außerdem, er wischte sich einen fiktiven Schweißtropfen von der Stirn, habe er nicht gewusst, dass es in Paris im Januar so warm sei. Es gab ein großes Gelächter, und die Veranstaltung war im Wesentlichen für Lars gelaufen. Er sagte in seinem Medienmodus noch etwas über die gemeinsamen Ziele, und dann begannen die Fragen. Alle waren wohlwollend, es gab keine Probleme. Nur eine Frage brachte ihn etwas aus dem Konzept: Wie es denn mit den Frauen aussähe, ob sich die schicken Pariserinnen Hoffnungen machen könnten?

»Eher weniger«, antwortete er spontan. »Meine Freundin wird in der nächsten Zeit zu mir nach Paris ziehen.«

Nachdem er die Worte ausgesprochen hatte, bereute er sie sofort und hoffte dann, dass Ulli nicht TF1 sehen würde.

— Paris, Samstag, 23.5.2015

Lars ließ sich vom Freudentaumel seiner Mannschaftskollegen mitreißen. Sie waren heute Französischer Meister geworden. Nachdem sie in der Champions League im April im Viertelfinale an Barcelona gescheitert waren, gab es jetzt einen großen Erfolg zu feiern.

Sein Einstand im Januar und Februar war noch ziemlich mittelprächtig gewesen. Er hatte taktische Aufgaben, die ihm nicht lagen, und er hatte das Gefühl, sein Potenzial nicht einbringen zu können. Anscheinend hatte der Trainer das ebenfalls bemerkt, und nach einigen Umstellungen funktionierte es erst besser, dann richtig gut. Lars wurde mehr und mehr zum zentralen Spielgestalter.

Glücklicherweise hatte er bis auf Kleinigkeiten keinerlei Verletzungen. Die medizinische und physiotherapeutische Betreuung war in seinem neuen Verein noch etwas besser, als er es schon gewohnt war.

Dr. Enrico machte weiter sehr gute Arbeit. Er besprach mit Lars die Spielpläne der französischen Liga, der Champions League und der Nationalmannschaft, und gemeinsam erarbeiteten sie eine zeitlich strukturierte Prioritätenliste, nach der sie Lars' Madrid-Reisen und die verschiedenen Maßnahmen planten. Seine sportliche Form war durchgehend gut bis sehr gut, und er spürte keinerlei Nebenwirkungen.

Die Reisen nach Madrid liefen unkompliziert. Ein bis zwei Tage vorher bestellte er telefonisch den Flieger, und nach zwei Stunden, einem Cappuccino und einem Mineralwasser war er in Madrid. Wenn es erforderlich war, konnte er sogar erst nach dem Vormittagstraining losfahren und war immer noch am Abend wieder zurück in seinem Appartement.

Dort fühlte er sich inzwischen richtig wohl. Die Entscheidung war ihm nicht leichtgefallen. Das Club-Management hatte ihm mehrere Vorschläge für ein Domizil unterbreitet. Neben schlossähnlichen Anwesen in der Nähe des Vereins-Trainingsgeländes bei Saint-Germain-en-Laye am Pariser Westrand und nett gelegenen Einfamilienhäusern in derselben Gegend gab es einige Angebote von Appartements in Paris. Darunter war eines in der Nähe des Place de la Madeleine. Das war für seinen Geschmack so richtig zentral, und wenn er schon drei Jahre in Paris leben würde – für diese Zeit hatte er unterschrieben –, dann aber auch richtig.

Den Ausschlag gaben dann die Details. Das Penthouseartige Appartement im Dachgeschoss hatte zwar 100 Quadratmeter, aber nur zwei Zimmer. Schlafzimmer und Bad lagen auf der Seite eines ruhigen Hofes. Das Wohn-Esszimmer und die Küche bildeten zusammen einen großen Raum zur Straßenseite und mündeten in eine geräumige Terrasse. Das entsprach ziemlich genau seinen Bedürfnissen. Er brauchte kein Gästezimmer, seine Familie würde bei Besuchen in einem Hotel wohnen, und wenn er mal anderen privaten Besuch bekäme, würde der entweder in seinem Bett oder auf einer Schlafcouch im Wohnzimmer übernachten. Ein Pluspunkt war, dass es eine 24-Stunden-Conciergerie gab, die alle möglichen Besucher und Lieferanten filterte, einen Tiefgaragenparkplatz sowie einen Fahrstuhl, der direkt bis vor die Tür des Appartements fuhr.

Mit der Conciergerie hatte Lars organisiert, dass er für Besucher grundsätzlich nicht erreichbar war. Es durfte keiner Person, die nach ihm fragte, mitgeteilt werden, in welchem Appartement er wohnte, und es sollte grundsätzlich gesagt werden, er sei nicht da, aber es könne eine Nachricht hinterlassen werden. Damit fühlte er sich ziemlich sicher, sowohl vor Fans und Kriminellen als auch vor Dopingkontrolleuren. Gesperrt werden konnte er erst nach drei versäumten Kontrollen, das beruhigte ihn.

Auch die Lage passte. Mit dem Auto war er in 40 Minuten am Trainingsgelände, und zum Flughafen Le Bourget waren es 30 Minuten. Das waren für Pariser Verhältnisse gute Bedingungen, und er konnte direkt im Zentrum leben.

Die Miete war heftig, aber er machte sich klar, dass dieser Preis so lange überhaupt kein Problem war, wie er hier Fußball spielte. Er musste sich davon distanzieren, die Beträge, die er aktuell regelmäßig ausgab, nach normalen Kriterien zu bewerten. So war sein Leben eben zurzeit. Und außerdem blieb noch sehr viel übrig.

Ulli war während der Woche häufig hier. Sie hatte einen Schlüssel, und die Conciergerie wusste Bescheid. An den Wochenenden war sie allerdings meistens in Frankfurt. Anfangs war Lars nicht begeistert, aber allmählich gewöhnte er sich an ihre An- und Abreisen. Vielleicht war es ja auch besser so. An den Wochenenden war er bei Auswärtsspielen sowieso nicht zu Hause, und auch bei Heimspielen war er praktisch nicht anwesend, weil er so auf das Spiel fokussiert war. Für die Reisen nahm Ulli entweder den ICE oder einen normalen Flieger. Die Reisedauer unterschied sich nicht wesentlich, wenn man bei den Flügen die Fahrten in Frankfurt und in Paris miteinbezog. Wenn die Zeitplanung es erforderte, sponserte Lars einen Privatflieger, damit ging es etwas schneller.

Sie hatten das Appartement mit einigen zusätzlichen Möbeln und Accessoires eingerichtet, das meiste war aber schon vorhanden gewesen. Da Ulli überwiegend von zu Hause arbeitete, war sie diejenige, die Lieferanten und Handwerker empfing und entließ.

Sie versuchten, die Stadt zu genießen. Wenn Lars Zeit hatte, gingen sie zusammen viel zu Fuß und eroberten so Straße für Straße ihr näheres Revier. Er hatte sich daran gewöhnt, immer mit dunkler Sonnenbrille und Baseballkappe unterwegs zu sein, und gab damit ein Bild ab, das in den Medien so nicht zu finden war. Bis auf sehr wenige Situationen blieb er unerkannt.

Der Wirt des Bistros um die Ecke, François, hatte ihn allerdings beim ersten Besuch direkt mit seinem Namen angesprochen, aber sehr diskret. Schon beim zweiten Mal hatten sie ohne direkte Anrede einen sehr bequemen Platz am Tresen angeboten bekommen, der sie hinter einem Pfeiler etwas verdeckte, von dem sie aber selbst einen guten Überblick hatten. Seitdem waren sie abends häufig hier, und Lars musste an Sergio und das »Locas« in Frankfurt denken. Auch morgens waren sie manchmal bei François, es gab frische Croissants und fantastischen Kaffee.

Am besten gefiel Lars, dass er nach dem ersten Mal nie wieder als Fußballspieler angesprochen wurde. Er war schlichtweg Lars. Einmal sah er allerdings, wie François bei ihrem Eintreten ein kleines Schild von seinem Platz am Tresen entfernte. War hier ständig für sie reserviert? Er verdrängte den Gedanken.

Lars und Ulli besuchten alle Sehenswürdigkeiten und Museen. Ab und zu tauchten sie in die Pariser Musikszene ein. Sie besuchten klassische Konzerte und Jazzclubs. Eigentlich waren sie beide keine wirklichen Musikkenner, aber sie genossen die unterschiedlichen Atmosphären.

Als im März Ullis Artikel zu den wirtschaftlichen Begleiterscheinungen des internationalen Fußballs erschien, gab es eine erste ernsthafte Auseinandersetzung. Lars erkannte in einem zugegebenermaßen sehr kleinen Teil des Textes deutlich seinen Werdegang und den Verhandlungsprozess mit Paris, soweit ihn Ulli mitbekommen hatte.

Er erinnerte sich an Axels Warnung, was Journalistinnen betraf. Er war ziemlich sauer und enttäuscht. Ulli verteidigte sich und fragte, ob er oder der Pariser Verein denn im Text an irgendeiner Stelle genannt worden seien. Das war tatsächlich nicht der Fall. Übrig blieb, dass Insider sehr wohl verstehen konnten, wen diese Passage betraf. Alle anderen konnten mit den Aussagen aber nichts Konkretes verbinden.

Nach einer Abstinenz-Woche bat Ulli Lars um Verzeihung, und Lars bat Ulli, doch wieder nach Paris zu kommen. Sie versöhnten sich dann ausgiebig. Lars bemühte sich, die Beziehung als unbeschädigt anzusehen, musste sich aber mit der Zeit eingestehen, dass das wohl nicht ganz zutraf.

Am 25. und 29. März hatte er zwei Länderspiele. Das erste war ein Vorbereitungsspiel in Kaiserslautern gegen Australien, da spielten sie unentschieden, das zweite war ein Europameisterschafts-Qualifikationsspiel in Tiflis gegen Georgien, das hatten sie gewonnen. Lars bekam gute Kritiken, und er war auch selbst mit sich ziemlich zufrieden. Das Wichtigste war für ihn, dass er jetzt anscheinend für die Nationalmannschaft gesetzt war. Es gab zu seinem Einsatz keinerlei Fragezeichen, weder vom Bundestrainer noch von den Medien. Die Saisonplanung mit Dr. Enrico funktionierte.

Für Ende April hatte er seine Familie eingeladen. Seine Eltern und seine Schwester mit ihrem Partner Karl-Heinz kamen am Freitagabend mit dem ICE. Lars hatte für sie ein Hotel in der Nähe seines Appartements gebucht. Für das Spiel am Samstag hatte er ihnen VIP-Karten besorgt und einen Shuttle vom Hotel zum Stadion und zurück organisiert. Danach trafen sie sich am Abend bei François. Lars hatte einen Tisch reserviert und François gesagt, dass seine Familie käme. Ulli war an diesem Wochenende auch in Paris geblieben, damit sie seine Familie kennenlernen konnte.

Sie hatten das Spiel gegen Lille hoch gewonnen. Lars hatte gut gespielt und selbst zwei Tore erzielt. Er hatte den Trainer gebeten, nach dem Spiel möglichst schnell verschwinden zu dürfen, weil seine Eltern zu Besuch seien. Er durfte, wurde von den Medien freigeblockt und fuhr nach Hause. Mit Ulli holte er seine Familie im Hotel ab, und sie gingen zu François. Es wurde ein netter Abend. François hatte ihnen einen Tisch in einer Nische gegeben. Lars empfahl er, sich mit dem Rücken zum Gastraum zu platzieren, so könne er unerkannt bleiben.

Seine Familie war beeindruckt und befangen. Dass Lars im Pariser Stadion bejubelt wurde, konnten sie gerade noch einordnen. Die VIP-Behandlung waren sie allerdings nicht gewohnt, und wie Lars erfuhr, wich der Vereins-Chauffeur, es musste sich nach ihren Berichten um Charles gehandelt haben, nicht von ihrer Seite. Er hatte Monsieur Lars und Mademoiselle »Üli« wohl in den höchsten Tönen gelobt.

Lars beobachtete, dass sich seine Familie langsam entspannte. Ulli verstand sich gut mit seiner Schwester Kathi, das war schon mal die halbe Miete, und auch seine Eltern schienen sie zu mögen. Für Ulli war es immerhin die erste Begegnung mit seiner Familie. Sie gab sich alle Mühe, fußballferne Themen zu lancieren, und hatte gute Erfolge mit ihren Bundesbahn-Anekdoten. Karl-Heinz wirkte etwas spröde, taute aber auf, als sich Lars mit ihm über Wintersport und Langlauf unterhielt. Die lockere Atmosphäre bei François tat ein Übriges. Lars war froh, seine Familie nicht in ein Sternerestaurant eingeladen zu haben. Seine Schwester teilte später mit, dass Karl-Heinz und sie Mitte Juni heiraten wollten. Das führte zu einer Flasche Champagner, die François am Tisch mit großer Zeremonie öffnete. Es wurde ziemlich spät, und sie verabredeten sich zum Frühstück in Lars' Appartement.

Ulli hatte am Samstagvormittag eingekauft, frisches Baguette holte Lars sonntagfrüh. Die Conciergerie war informiert, und um zehn Uhr standen die Gäste vor der Tür. So viele Besucher hatten sie noch nie gehabt, aber Ulli hatte die Anschaffung eines Esstischs mit sechs Stühlen durchgesetzt, das passte jetzt ausgezeichnet. Für die Terrasse war es noch etwas zu frisch. Da hätten sie allerdings auch sechs Plätze gehabt.

Die Besichtigung umfasste auch das Schlafzimmer, und Lars war Ulli dankbar, dass sie daran gedacht hatte, aufzuräumen. Es sah geradezu wie geleckt aus. Er gab ihr ein heimliches Zeichen der Dankbarkeit, und sie lächelte diskret zurück.

Sie besprachen die gemeinsamen Nachmittagspläne für den Paris-Besuch, dann nahm sein Vater Lars mit einem fragenden Blick Richtung Terrasse zur Seite. Als sie draußen standen, jeder mit einem Kaffee in der Hand, sagte er:

»Junge, ich freue mich sehr über deinen Erfolg, und Mutter auch. Trotzdem wollte ich dir kurz den aktuellen Stand des Familienbetriebs mitteilen. Es ist alles gesund, deine Schwester wird ab dem 1. Mai die Leitung in Saarlouis übernehmen, und nach ihrer Hochzeit mit Karl-Heinz soll er dann auch in die Firma eintreten. Er wird sich hauptsächlich um den Onlinehandel kümmern. Die juristischen Aufgaben wird er sich mit Johannes teilen. Ich werde das mit Johannes besprechen und bin mir sicher, dass er zustimmen wird. Was meinst du?«

»Was soll ich dazu sagen? Ihr werdet das schon richtig machen. Karl-Heinz kann ich nicht einschätzen, aber Kathi sollte das eigentlich können, oder? Ich kann euch nur gutes Gelingen wünschen.«

»Ja, ja, so habe ich mir das schon gedacht. Du bist inzwischen in einer anderen Welt angelangt und betrachtest unser Geschäft wahrscheinlich etwas mitleidig, auch was die Einkünfte angeht.«

»Nein, Papa, genau das sollst du nicht denken. Es ist nur so, dass ich aktuell wirklich keinen Kopf für die Firma habe. Recht hast du mit der anderen Welt, aber mir ist das bewusst, und ich versuche mich darauf einzustellen, dass diese Welt nur eine Phase meines Lebens darstellen wird. Eure Einkünfte haben mit meinen aktuellen wirklich nichts zu tun, aber sie sind hart und seriös erarbeitet. Ich arbeite auch hart, aber das Fußballgeschäft ist einfach verrückt, seriös ist anders. Und es ist nun mal so, dass ich finanziell vom Familienbetrieb völlig unabhängig bin.«

»Das stimmt wohl. Obwohl es im Augenblick völlig deplatziert aussieht, will ich dir trotzdem zum Schluss noch einmal versprechen, dass für dich in der Firma jederzeit ein Platz frei sein wird.«

»Ich danke dir! Gehen wir wieder rein?«

Kapitel 12

— Addis Abeba, Montag, 21.3. – Montag, 4.4.2016

Am Montagabend saßen Azmera und Andualem am Tisch in ihrer kleinen Küche. Nach dem Essen eröffnete ihm Azmera, dass Steven ihr heute mitgeteilt habe, wo das neue Sommerquartier stattfinde. Es sei in Deutschland, die Stadt heiße Saarbrücken. In zwei Wochen würde sie fliegen.

»Schade, dass du wieder wegmusst«, antwortete Andualem, »aber ich habe ja damit gerechnet. Von dieser Stadt habe ich noch nie gehört. Wie heißt sie noch mal?«

»Saarbrücken, und sie liegt im Südwesten von Deutschland.«

»Kenne ich wirklich nicht. Weißt du, warum es ausgerechnet Saarbrücken sein soll?«

»Nein, aber ich habe gehört, dass die Trainingsmöglichkeiten sehr gut sein sollen, und Steven hat wohl Beziehungen zu den Verantwortlichen dort. Außerdem ist es wahrscheinlich ein guter Standort für die Starts der Nachwuchsläuferinnen. Und Steven kann sich ja nicht zerteilen.«

»Und meinst du, dass für deine Rio-Vorbereitung diese Stadt Saarbrücken optimal ist?«

»Ich weiß nicht. Optimal wahrscheinlich nicht. Für den Start in Manchester Ende Mai ist es nicht schlecht. Und das entscheidende Qualifikationsrennen Ende Juni ist in den Niederlanden. Aber ich habe sowieso keine Wahl. Und bislang lief es immer sehr gut.«

»Aber bislang war es auch Joe.«

»Das stimmt leider, obwohl Benny schon die wichtigen Entscheidungen getroffen hat. Es gibt trotzdem noch etwas Positives. Ich habe mir Saarbrücken mal auf Google Maps angesehen. Das liegt praktisch neben Paris, es gibt wohl eine Zugverbindung von nur zwei Stunden. Vielleicht kann ich Fatuma zwischendurch mal besuchen.«

Am Wochenende darauf hatte Andualem frei, und sie waren nach Bekoji gefahren, um Azmeras Familie zu besuchen. Azmera würde ihre Eltern während der nächsten Monate nicht sehen. Wenn sie während der Saison nach Addis Abeba käme, würde sie einen Termin bei Hominsang wahrnehmen, eine Nacht bei Andualem verbringen und am nächsten Tag zurückfliegen. Besuche in Bekoji waren dabei nicht eingeplant.

Sie brauchten gute drei Stunden mit dem Land Cruiser, den Andualem gebraucht gekauft hatte. Er war natürlich von Azmeras Geld bezahlt worden, und er hatte sich zuerst dagegen gewehrt, dass sie ein Auto finanzierte, das eigentlich nur von ihm genutzt wurde. Erst als sie ihm klarmachte, dass es kein Luxusgefährt werden sollte, sondern ein rustikales Transportfahrzeug, mit dem man in Äthiopien fast überall hinkäme, willigte er ein und fand dann einen Land Cruiser mit 150.000 Kilometern in gutem Zustand.

Der Besuch war angekündigt, und so wurde es ein kleines Familienfest. Alle waren da und dazu noch ein paar enge Freunde aus der Umgebung. Azmera war glücklich. Ihren Eltern und den Großmüttern ging es gut. Die Großmütter hatten ein klassisches Festessen vorbereitet. Weil es auch abends warm blieb, saßen sie auf der Terrasse hinter dem »neuen Haus« an einer großen Tafel.

Azmera war natürlich der Mittelpunkt. Alle beteiligten sich an der Diskussion um ihre Chancen in Rio und wussten über die afrikanischen Läuferinnen sehr gut Bescheid. Es gab eine ganze Reihe sehr guter Läuferinnen, darunter eine andere äthiopische Spitzenläuferin, die deutlich jünger war als Azmera und im letzten Jahr immerhin Weltbestzeit über 3.000 Meter gelaufen war. Jetzt wurde sie für die 10.000 Meter von Rio gehandelt.

Andualem und Azmera beteiligten sich kaum an dieser Diskussion. Früher hätte sie ein solches Gespräch wegen der damit verbundenen Erwartungen belastet. Heute sah sie das entspannter. Sie genoss die sichtbare Anerkennung ihrer Person und konnte auf einige großartige Erfolge zurückblicken. Die konnte ihr niemand mehr nehmen, und sie hatte die Familie finanziell saniert.

Sie versuchte schließlich, das Thema zu beenden. Sie sagte, dass sie sich erst mal auf die Qualifikation konzentrieren müsse. Wenn sie es dann bis Rio geschafft haben sollte, würde sie alles daransetzen, eine Medaille zu gewinnen.

Nach dem Essen begleitete Azmera ihre Mutter in die Küche, um ihr beim Abwasch zu helfen. Die Großmütter sowie alle anderen blieben auf der Terrasse sitzen.

»Was macht eigentlich das Guest House, Mutter?«, fragte sie.

»Oh ja, da gibt es ein interessantes Haus drei Straßen weiter. Wir haben mit dem Besitzer geredet, und er will sich das überlegen. Vielleicht können wir morgen dort mal vorbeischauen. Aber ich wollte dich auch etwas fragen: Wie lange willst du eigentlich noch laufen? Ich meine, du wirst nicht jünger, und Andualem wird nicht ewig auf dich warten wollen.«

»Ja, Mutter, darüber denke ich auch nach. Jetzt steht erst mal Rio an, und dann hänge ich vielleicht noch eine Saison dran. Mein aktueller Vertrag mit Benny Wilders läuft bis zum Ende dieser Saison.«

»Hast du mit Andualem schon mal über Kinder nachgedacht?«

Sie berichtete ihrer Mutter jetzt nicht, dass ihr Vertrag mit einem namhaften Sportartikelhersteller eine Schwangerschaft praktisch ausschloss. Stattdessen antwortete sie: »Nein, darüber haben wir jedenfalls nicht ausführlich gesprochen. Aber für mich war klar, dass Kinder erst nach meiner Zeit als Läuferin infrage kommen, und Andualem sieht es wohl genauso. Danach könnte ich mir das schon vorstellen. Übrigens, hast du eigentlich schon mal etwas von Lara gehört?«

»Nein, wer ist Lara?«

»Lara ist Fatumas Tochter. Sie ist inzwischen fast vier Jahre alt.«

Ihre Mutter schaute Azmera mit großen Augen an. Dann schossen ihr Tränen in die Augen.

»Vater hat den Kontakt verboten«, schluchzte sie.

Azmera nahm sie in die Arme und sagte nichts. Nach einer Weile beruhigte sich ihre Mutter.

»Wie geht es ihr? Ist sie glücklich?«

»Ich habe sie vor ein paar Monaten besucht. Sie ist Ärztin, mit einem Kollegen verheiratet und hat mit ihm die kleine Lara. Ich glaube, dass es ihr sehr gut geht. Sie bedauert nur, dass ihr den Kontakt völlig abgebrochen habt. Das macht sie traurig.«

»Ich freue mich sehr, dass es ihr gut geht. Bestell ihr bitte ganz liebe Grüße von ihrer Mutter. Wenn Vater doch nur seine Meinung ändern würde.«

»Vielleicht wäre meine Hochzeit mit Andualem eine Möglichkeit zur Versöhnung. Ich möchte Fatuma mit ihrer Familie natürlich einladen. Vielleicht hat er dann ein Einsehen.«

Am nächsten Vormittag sahen sie sich das Gebäude von außen an, das ihre Mutter als eventuelles Guest House beschrieben hatte. Es machte einen guten Eindruck. Andualem merkte an, dass das Grundstück zur Straße hin groß genug für einen kleinen Parkplatz sei. Für Übernachtungsgäste wäre das eine wichtige Voraussetzung. Er bot an, bei einem Besichtigungstermin dabei zu sein, um den finanziellen Aufwand für Renovierungs- und Umbaumaßnahmen zu kalkulieren. Die Qualität der Bausubstanz würde Azmeras Vater selbst einschätzen können, er hatte genug Erfahrung.

Nach einem kleinen Mittagessen machten sie sich auf die Rückfahrt nach Addis Abeba.

Die nächste Woche verging wie im Flug. Azmera trainierte jeden Tag und packte daneben routiniert ihren großen Rollkoffer. Abends saß sie mit Andualem zusammen, und sie sprachen über die nahe und fernere Zukunft.

Der Zeitplan für Reisen nach Addis Abeba in der nächsten Zeit war für Azmera klar. Es war vorgesehen, dass sie beim Great Manchester Run, einem Straßenlauf über 10.000 Meter, starten würde. Das wäre am 22. Mai. Dann käme am 29. Juni die äthiopische Olympiaqualifikation über 10.000 Meter in Hengelo in den Niederlanden. Höhepunkt wäre der 10.000-Meter-Lauf bei den Olympischen Spielen in Rio de Janeiro am 12. August. Was danach käme, würde kurzfristig entschieden werden.

Sie hatten jetzt bei Hominsang drei Konzentratbeutel gelagert, die für die drei Wettkämpfe gedacht waren. Es war geplant, dass Azmera jeweils vier Tage vor den Wettkämpfen nach Addis Abeba käme, um die Transfusionen zu erhalten.

Damit war natürlich ein möglicher Standortvorteil Saarbrückens für die beiden europäischen Wettkämpfe nicht gegeben. Azmera konnte sich diese Wahl auch nur so erklären, dass Steven außer für sie noch für eine Reihe von Nachwuchsläuferinnen zuständig war. Diese Läuferinnen hatten viel mehr Starts im europäischen Umfeld, wo sie sich beweisen und Geld verdienen sollten. Das gemeinsame Training mit einer Olympiasiegerin und Weltmeisterin sollte sie weiterbringen. Hinzu kam, dass die anderen Läuferinnen ein weniger aufwendiges Blutdoping betrieben, das sich in Saarbrücken mit Sicherheit realisieren ließ. Joe hatte ihr die verschiedenen Varianten einmal erklärt.

Also musste Azmera die Reisen in Kauf nehmen. Die Zeitverschiebung zwischen Addis Abeba und Manchester betrug zwei Stunden, bei Hengelo war es eine Stunde. Diese Differenzen konnte sie gut wegstecken, das wusste sie. Für Rio waren es allerdings sechs Stunden, da mussten sie sich etwas einfallen lassen.

Jetzt hatte sie das Problem, wie sie dies alles Andualem erklären sollte. Sie kannte die Termine ihrer Addis-Abeba-Reisen und wollte sie natürlich mit ihm besprechen. Über ihr Doping hatte sie allerdings noch nie berichtet, und auch jetzt wollte sie ihm nichts davon erzählen, obwohl sie spürte, dass er etwas ahnte. Sie behalf sich, wie schon die letzten Jahre, mit dem Vehikel »medizinische Untersuchung«, obwohl sie auf seine mögliche Frage, wozu so kurz vor wichtigen Wettkämpfen medizinische Untersuchungen gut seien, keine Antwort hätte geben können. Aber Andualem stellte diese Frage nie.

— Saarbrücken, Montag, 25.4.2016

Gestern, am Sonntag, war Azmera das erste Mal mit dem Bus in die Stadt gefahren. Dudweiler lag etwas außerhalb, dafür war aber das Trainingsgelände sehr gut zu erreichen. Sie hatte sich einen ersten Eindruck von Saarbrücken verschaffen wollen und Steven gefragt, ob er die Stadt kenne. Stevens Antwort war symptomatisch für seine Einstellung zu den Läuferinnen. Er hatte gemeint, sie seien nicht zum Sightseeing hier.

Ein Café wie in Moorsel hatte sie bei ihren vorsichtigen Erkundungen in der näheren Umgebung des Hauses nicht entdeckt. Dafür gab es direkt beim Trainingsgelände eine Gaststätte, die »Sportlertreff« hieß. Mit dem Namen konnte sie nicht viel anfangen, Deutsch konnte sie kein Wort. Aber sie hatte bei Steven durchgesetzt, dass sie hier ab und zu mit ihren Kolleginnen einen Kaffee trinken konnte, meist nach dem Training. Er wollte sie völlig abschotten, dagegen hatte sie offen opponiert, und die anderen Läuferinnen hatten mitgezogen.

Steven ging mit seiner Gängelung so weit, dass er den Läuferinnen nach der Ankunft in Frankfurt die Pässe und Visa abgenommen hatte, mit der Begründung, dass er sie für die weiteren Reisevorbereitungen bräuchte. Die Papiere der anderen Läuferinnen hatte er erhalten, Azmera hatte das jedoch schlicht verweigert, und Steven gab nach. Seitdem hatte sie immer eine kleine, verschließbare Brieftasche bei sich, auf die sie höllisch aufpasste. Darin waren ihr Pass und ihr Visum, eine Kreditkarte und ein mittlerer Eurobetrag.

Bei einem der ersten Besuche im »Sportlertreff« fragte Azmera auf Englisch, wo sie in Saarbrücken einen guten Kaffee trinken könnte. Man nannte ihr den St. Johanner Markt mit einigen guten Cafés und erklärte ihr, welche Buslinie sie nehmen und wo sie aussteigen solle.

Das hatte sie gestern getan. Nach zwei Nachfragen bei freundlichen Saarbrückern war sie sich sicher, den St. Johanner Markt gefunden zu haben. Sie schlenderte ein wenig herum. Die Frühlingssonne kam heraus, und viele Leute saßen draußen vor den diversen Lokalen. Sie suchte sich einen der wenigen freien Plätze in der Sonne und bestellte einen Kaffee.

Sie genoss die Sonne und die angenehme Atmosphäre. Die Leute waren locker und freundlich, sie schienen das Leben zu genießen. Für einen Augenblick war Azmera bei Fatuma. So war es für sie jeden Tag, dachte sie.

Der Anfang ihres Aufenthalts war nicht besonders schön gewesen. Nach der Auseinandersetzung wegen der Papiere am Frankfurter Flughafen waren sie in einem Kleinbus nach Dudweiler gefahren. Das Haus und die Räumlichkeiten waren nicht schlecht. Azmera hatte ein Zimmer für sich, die vier anderen Läuferinnen waren jeweils zu zweit in einem Zimmer untergebracht. Es gab einen großen Gemeinschaftsraum mit einem Fernsehgerät, in dem auch gegessen wurde, und eine geräumige Küche. Sie kochten abwechselnd, Steven beteiligte sich aber weder beim Kochen, noch aß er mit ihnen zusammen. Er hatte eine Wohnung gemietet, die ein paar Hundert Meter entfernt war, holte sie zum täglichen Training ab, betreute sie bei ihren Wettkämpfen und war für alle Doping-Maßnahmen zuständig. Er wurde von einer Mitarbeiterin unterstützt, die sie bei Einkäufen begleitete und ihn vertrat, wenn er mit einzelnen Läuferinnen zu Wettkämpfen unterwegs war.

Anfangs fehlte es an Mobiliar. Immerhin hatte jede ein Bett, aber in Azmeras Zimmer gab es sonst nichts. Steven war zwei Wochen beschäftigt, bis sie einen Tisch mit zwei Stühlen und einen Schrank hatte und im Haus alles halbwegs vollständig war.

Wie in Moorsel gab es einen Raum für die physiotherapeutische Betreuung neben einem der insgesamt zwei Bäder. In diesem Raum befanden sich auch ein großer Kühlschrank, ein Schränkchen mit medizinischen Utensilien, und es gab zwei Tische mit weiteren Geräten, die Azmera aus Moorsel kannte.

Sie vermisste Chantal. Petra, die hiesige Physiotherapeutin, reichte an Chantal nicht heran. So empfand es jedenfalls Azmera. Sie ahnte, dass sie Petra unrecht tat, die sich jedenfalls große Mühe gab. Irgendwie sprang aber kein Funke über.

Die Trainingsmöglichkeiten waren sehr gut. Die 400-Meter-Bahn hatte einen schnellen Belag. Sie hatten die Bahn häufig für sich, ab und zu waren andere Leichtathleten auf dem Platz, aber sie störten sich gegenseitig nicht. Es war nicht so, dass die anderen Sportler sie nicht beachteten. Es gab das eine oder andere freundliche Wort auf Englisch, aber es wurde nie aufdringlich.

Das Sportgelände lag praktisch direkt im Stadtwald am Rand eines Hügels. Vom Eingang des Leichtathletikplatzes aus gab es viele Möglichkeiten, im Wald zu laufen, von relativ flachen 2.000-Meter-Runden bis zu stark hügeligen 10.000-Meter-Strecken. Für Abwechslung war also gesorgt.

Azmeras Doping verlief wie gewohnt und unverändert. Die Intervalle der Kontrolluntersuchungen hatten sich deutlich verlängert, seit Steven den Job hatte. Ergebnisse hatte sie seitdem auch nicht mehr mitgeteilt bekommen. Sie hatte aber auch nicht dafür gekämpft. Es hatte bisher noch keine gravierenden negativen Effekte ihres Dopings gegeben, dann würde das schon weiter gut gehen, dachte sie. Außerdem war sie so auf ihr letztes großes Ziel als Läuferin fokussiert, dass sie aufkeimende Sorgen nicht zuließ.

— Manchester, Sonntag, 22.5.2016

Der Great Manchester Run am Sonntag war ihr erster ernsthafter Formtest für die olympische Saison. Azmera kannte die Strecke, und weil sie hier schon mehrere Starts absolviert hatte, würde sie ihre Laufzeit und damit den Status ihrer Olympiavorbereitung gut einschätzen können. Das Starterinnenfeld war gut, aber nicht nur unbedingt Weltklasse.

Mittwochvormittag brachte Steven sie mit dem Kleinbus zum Flughafen Frankfurt, mittags flog sie ab und war abends in Addis Abeba. Hier holte Andualem sie ab, sie aßen etwas zu Hause und kompensierten dann erfolgreich sechs sexabstinente Wochen. Am nächsten Morgen schlief sie lange, und als sie aufstand, war Andualem schon weg.

Am frühen Nachmittag hatte sie ihren Termin bei Hominsang. Die Infusion verlief glatt, es gab keine Probleme. Am Abend waren sie in einem Restaurant zum Essen verabredet. Andualem erkundigte sich nach den Ergebnissen der medizinischen Untersuchung. Azmera antwortete mit einem kurzen »Alles okay«. Andualem fragte nicht weiter nach und berichtete dann von seinem Arbeitstag, später brachte er sie zum Flughafen.

Im Flieger konnte Azmera gut schlafen, und am sehr frühen Freitag war sie wieder in Frankfurt. Am Ankunftsgate traf sie Steven, der auch ihr Manchester-Gepäck dabeihatte, und beide frühstückten eine Kleinigkeit. Zwei Stunden später saßen sie im Flieger nach Manchester.

Direkt nach dem Einchecken im Hotel fuhren sie zur Laufstrecke. Azmera lief zur ungefähren Startzeit ihres Wettkampfs eine halbe Stunde in mäßigem Tempo, Steven begleitete sie dabei auf einem Fahrrad. Sonst gab es nur Ruhen und Essen. Am Samstag wiederholten sie das Programm.

Sie gewann das Rennen zwar nicht, aber die Zeit war okay. Eine Kenianerin, Spezialistin für solche Straßenläufe, war auf den letzten 500 Metern schneller. Genau wie Steven war Azmera insgesamt mittelprächtig zufrieden mit dem Ergebnis.

— Saarbrücken, Mittwoch, 15.6.2016

Wieder zurück in Saarbrücken, intensivierte Steven ihr Training. Azmera war sich sicher, dass auch ihr Doping intensiviert wurde. Sie musste sich eingestehen, dass sie keinen genauen Überblick mehr hatte, wie viel sie von welchen Substanzen einnahm. Sie wiegte sich in Sicherheit, weil sie bislang alles gut vertragen hatte und nicht zu befürchten war, dass in Saarbrücken äthiopische Dopingfahnder, wenn es sie denn überhaupt gab, auftauchen würden. Wenn sie kontrolliert würde, da war sie sich sicher, wäre sie positiv. Die Minidosen unter Joe waren Vergangenheit. Ihr Trainingsdoping wurde jedoch immer so rechtzeitig abgesetzt, dass bei Wettkampfkontrollen nichts zu finden wäre.

Trotzdem fühlte sie sich manchmal tagelang schlapp und müde. Das tägliche Training kostete sie ihre ganze Disziplin. Sie hatte eigentlich nur noch ein Ziel: Rio.

Im »Sportlertreff« hatte sie Bikilu kennengelernt. Sie stand hinter der Theke, und Azmera wollte Kaffee für sich und ihre Kolleginnen kaufen. Bikilu hatte wohl schon von ihr gehört, jedenfalls sprach sie Azmera auf Kefa an, nicht ganz vollkommen, aber gut verständlich. Sie waren sich sofort sympathisch. Von jetzt an versuchte Azmera, ihre

Besuche im »Sportlertreff« mit Bikilus Arbeitszeiten zu koordinieren.

Bikilu war von einem deutschen Ehepaar adoptiert worden. Sie war zum Zeitpunkt der Adoption schon acht Jahre alt gewesen, und die ersten Jahre waren sehr schwierig für sie. Sie hatte Glück mit ihren Adoptiveltern, bekam viel Verständnis und jede Unterstützung. Sie schaffte das Abitur und studierte jetzt Wirtschaftsinformatik an der Saarbrücker Uni. Mit dem Job im »Sportlertreff« verdiente sie sich ein paar Euro zu der Unterstützung ihrer Adoptiveltern dazu.

Im »Sportlertreff« hatten sie nicht die Zeit, ausführlicher miteinander zu reden, es war schließlich während Bikilus Arbeitszeit. Für den letzten Sonntag hatten sie sich deshalb auf dem St. Johanner Markt verabredet. Sie verbrachten den Vormittag im »Kulturcafé« bei Kaffee und Croissants, und Bikilu berichtete von ihren Deutschland-Erfahrungen, die nicht nur gut waren. Azmera beließ es bei einer Kurzfassung ihrer eigenen Geschichte, und Bikilu fragte nicht weiter nach. Azmera war sehr froh, dass sie von Bikilu nicht vorrangig in die Rolle der Olympiasiegerin und Weltmeisterin gedrückt wurde. Sie berichtete dafür ausführlicher von Fatuma. Sie hatte das Gefühl, Bikilu damit ein positives Beispiel für einen gelungenen Wechsel in die europäische Welt geben zu können.

— Hengelo, Mittwoch, 29.6.2016

Für die Vorbereitung des Qualifikationsrennens in den Niederlanden waren die gleichen Abläufe wie für Manchester geplant. Am Samstagvormittag brachte Steven Azmera nach Frankfurt, am Abend war sie in Addis Abeba, wo Andualem sie abholte. Die Nacht verlief ähnlich wie vor fünf Wochen. Die Infusion am Sonntagnachmittag ging gut. Der Termin am Sonntag war ungewöhnlich, aber Hominsang war wie immer flexibel.

Beim gemeinsamen Abendessen, wieder im selben Restaurant, fragte Andualem diesmal nicht nach den Ergebnissen der medizinischen Untersuchung. Er hatte das erste Mal beim Zusammensein mit Azmera den Eindruck, dass sie vor einem Wettkampf nervös, ja sogar etwas ängstlich wirkte. Er sprach seinen Eindruck nicht an, aber erkundigte sich nach Azmeras Einschätzung des Qualifikationsrennens.

Sein Eindruck war wohl richtig. Azmera atmete hörbar aus und fasste sich etwas: »Erinnerst du dich an das Gespräch mit meiner Familie? Diese junge Läuferin tritt in Hengelo wirklich über die 10.000 Meter an, und sie ist richtig gut. Es gibt auch noch ein paar andere gute Läuferinnen, und alle wollen nach Rio. Und ich muss mindestens Dritte werden, so sieht es aus.«

»Und wie siehst du deine Chancen?«

»Ich habe keine Ahnung. Es wird bestimmt knapp.«

»Gut! Aber denke immer daran: Das Geld reicht schon jetzt für unsere Pläne. Dafür brauchst du Rio nicht mehr unbedingt.«

»Wir könnten das zusätzliche Geld schon gut gebrauchen. Und außerdem: Ich will es unbedingt!«

»Das habe ich verstanden, und ich wünsche dir, dass es klappt. Was ich nur sagen wollte: Die Welt geht nicht unter, wenn du nicht nach Rio kommst, verstehst du?«

Azmera nickte nur, jetzt etwas abwesend.

»Lass uns fahren. Ich will den Flieger nicht verpassen.«

Diesmal schlief sie nicht so gut und fühlte sich am Frankfurter Flughafen etwas verknittert. Steven holte sie ab, und sie machten sich im Kleinbus auf den Weg nach Hengelo. Azmera stellte den Sitz in Schlafstellung, und bis auf eine Unterbrechung an einer Raststätte in der Nähe von Essen, bei der sie tankten und etwas frühstückten, döste sie durch.

Sie konnten noch am Montagvormittag in Hengelo im Hotel einchecken, weil Steven das weitsichtig vorbereitet hatte.

Sie verabredeten, dass Steven alle offiziellen Angelegenheiten klären und Azmera um 15 Uhr abholen würde, um etwas zu essen. Danach würde sie wieder ein wenig ruhen, und gegen 19 Uhr würden sie sich auf den Weg zur Strecke machen. Dann würde Azmera ihr übliches Erwärmungsprogramm durchführen und gegen 20 Uhr, zum Zeitpunkt des Starts, einen lockeren 30-Minuten-Lauf beginnen.

Den Dienstag gestalteten sie im Prinzip identisch, aber nach dem Frühstück musste Azmera in einem anderen Hotel, in dem die äthiopischen Funktionäre und Trainer untergekommen waren, zu einem Medientermin erscheinen.

Der Renntag verlief im gleichen Rhythmus. Azmera fühlte sich gut. Das Rennen begann ruhig und wurde dann etwas flotter. Sie blieb immer unter den ersten drei. Nach 15 von 25 Runden startete die junge Favoritin einen fulminanten Zwischenspurt, dem keine folgen konnte oder wollte. Der Abstand wurde so groß, dass er nicht mehr einholbar war.

Für Azmera begann damit ein zweites Rennen, in dem sie Zweite werden musste. Sie checkte ihre Kontrahentinnen, und nach weiteren fünf Runden startete sie selbst einen Zwischenspurt, weil sie es nicht auf einen Endsprint mit der ganzen Gruppe ankommen lassen wollte. Sie wusste, dass sie da geringere Chancen hatte. Ihr Zwischenspurt überraschte das Feld, und es konnten nur zwei andere Läuferinnen an ihr dranbleiben. Sie hielt das Tempo hoch. Die Führende war uneinholbar, der dritte Platz aber in greifbarer Nähe. Auf den letzten Metern versuchten ihre Mitläuferinnen, sie zu übersprinten, aber Azmera konnte den Angriff gerade noch abwehren und erreichte knapp den zweiten Platz. Die Freude über die geschaffte Olympia-Nominierung war groß.

— Saarbrücken, Donnerstag, 21.7.2016

Steven intensivierte das Training weiter. Azmera wollte mit ihm darüber reden, aber er blockte alle Versuche ab, etwas zu verändern. Sie fühlte sich jetzt phasenweise auf eine Art körperlich überfordert, die sie bislang nicht kannte.

In ihrer Not ersann sie muskuläre Probleme. Petra fand dann auch etwas, und im Ergebnis gab es zwei Tage Pause mit vielen Massagen. Azmera war sich nicht sicher, ob Petra verstand, was vor sich ging, aber sie spielte mit, und das war gut. Azmera wiederholte diese Geschichte noch zweimal, so dass sie sich auf diese Weise in den sechs Wochen bis Rio drei zusätzliche Regenerationsphasen erkämpft hatte.

Sie baute eine immer größer werdende Distanz zu Steven auf. Gestern Nachmittag, nachdem sie wieder einmal vergeblich versucht hatte, auf seine Trainingsgestaltung Einfluss zu nehmen, kaufte sie ein Prepaid-Handy mit einem Ladegerät und packte es samt Kleidung, die für ein paar Tage reichen sollte, in eine Sporttasche. Sie hatte keinen Plan, aber das Bedürfnis, sich für eine spontane Abreise zu wappnen. Die Tasche trug sie dann an einem trainingsfreien Vormittag zu Fuß in den »Sportlertreff«. Bikilu brachte sie ohne weitere Nachfragen in ihrem Spind unter und gab Azmera sogar einen Schlüssel.

— Rio de Janeiro, Freitag, 12.8.2016

Die direkte Vorbereitung auf Rio brachte einige Probleme, und Azmera war froh, dass Steven sie wenigstens bei dieser Planung einbezog. Beide waren sich einig, dass sie nicht mit der äthiopischen Olympiamannschaft anreisen sollte. Der Zeitraum zwischen ihrem Hominsang-Besuch und dem Wettkampf wäre zu lang gewesen.

Bei dieser Diskussion musste sie daran denken, dass das Nationale Olympische Komitee Äthiopiens für die Eröffnungsfeier einen international unbekannten Schwimmer als

Fahnenträger nominiert hatte. Alle Medaillengewinner waren bislang Leichtathleten, und sie selbst wäre wegen ihrer vergangenen Erfolge eigentlich prädestiniert für diese Aufgabe. Aber letztlich war sie froh, dass das Komitee anders entschieden hatte, und sie war sich ziemlich sicher, dass seine Mitglieder wussten, was sie taten.

Das war das eine Problem. Andererseits gab es Zeitunterschiede zwischen Saarbrücken, Addis Abeba und Rio, die aber händelbar erschienen. Der 10.000-Meter-Lauf in Rio sollte am Freitag, dem 12. August, um 11:10 Uhr gestartet werden. Der Zeitunterschied zwischen Saarbrücken und Rio betrug minus fünf Stunden, das hieß, wenn es in Rio elf Uhr war, war es in Saarbrücken 16 Uhr.

Sie entschieden, die letzte Trainingswoche in Saarbrücken nach dem Rio-Zeitplan auszurichten. Die eine Stunde Unterschied zwischen Saarbrücken und Addis Abeba konnten sie vernachlässigen. Das bedeutete konkret, dass Azmera abends länger aufblieb und erst um zwölf Uhr aufstand, die Fenster ihres Zimmers konnte sie verdunkeln. Dann frühstückte sie, ruhte noch einmal, und gegen 16 Uhr absolvierte sie eine Trainingseinheit. Anschließend bekam sie ihre Physiotherapie. Der Plan war, dieses Zeitmanagement bei ihrem Kurzaufenthalt in Addis Abeba beizubehalten. Die Konsequenz war leider, besser nicht bei Andualem zu schlafen.

Am Sonntag, dem 7. August, fuhr sie mit Steven am Abend nach Frankfurt. Azmera flog mit kleinem Handgepäck über Nacht nach Addis Abeba, Steven mit Azmeras und seinem eigenen Olympiagepäck nach Rio.

Sie kam frühmorgens um 6:50 Uhr in Addis Abeba an, nach Rio-Zeit war es allerdings 0:50 Uhr. Sie ließ sich in ein Flughafenhotel fahren, das Steven vorher für sie gebucht hatte, dunkelte das Zimmer ab, so gut es eben machbar war, und ging sofort ins Bett. Auf dem Flug hatte sie zuerst noch einen Film angesehen und dann nur wenig geschlafen. Ihren

Handy-Wecker stellte sie auf sieben Uhr Rio-Zeit, das war hier 13 Uhr. Um 14 Uhr hatte sie den Termin bei Hominsang.

Die Infusion klappte wieder ohne jegliches Problem. Um 15 Uhr war sie draußen. Andualem wartete dort schon auf sie, und sie schlossen sich in die Arme. Sie hatten sich seit sechs Wochen nicht gesehen, und normalerweise würden sie so schnell wie möglich nach Hause fahren und direkt im Bett landen.

Heute war das anders. Azmera war schon völlig auf ihren letzten großen Wettkampf fokussiert, da hatte sie für Sex keinerlei Kopf. Sie lächelte ihn an:

»Ich weiß, was du denkst, aber lass es uns bitte auf das nächste Mal verschieben. Das wäre mir lieber.«

Andualem ließ die Schultern hängen: »Ich muss zugeben, dass ich das schon befürchtet habe. Ich kenne dich ja inzwischen ein bisschen. Dann lass uns ein paar Schritte gehen. Wo schläfst du heute Nacht?«

»Wieder im Hotel. Ich werde sehr spät ins Bett gehen und morgen auf dem schnellsten Weg zum Flieger, das würde dich nur nerven. Ich lebe schon nach Rio-Zeit.«

Das kannte er schon. Es war nicht das erste Mal, dass ihr Aufenthalt in Addis Abeba so schräg verlief. Aber vielleicht war es ja das letzte Mal.

Sie schlenderten durch die Straßen mit ihren Lieblingsgeschäften, sprachen über alles, nur nicht über Rio, tranken in Alems Restaurant einen Kaffee und waren um 17:30 Uhr zu Hause. Zum Abendessen, das für Azmera nach Rio-Zeit eher ein spätes Mittagessen war, wollten sie wieder zu Alem gehen, beide hatten es nicht so sehr mit dem Kochen. Die Zeit verging etwas schleppend, Andualem erledigte irgendwelche dringenden Hausarbeiten, Azmera blätterte in herumliegenden Zeitschriften.

Bei Alem taute Andualem etwas auf und berichtete von einem möglicherweise passenden Objekt für ihre Hotelpläne. Der Tipp eines Kollegen sei noch ganz frisch, und er sei sich überhaupt noch nicht sicher, ob es wirklich geeignet wäre. Er berichtete über seine Einschätzung der Lage und die Größe des Objekts samt dem dazugehörenden Grundstück. Azmera tauchte in seine Überlegungen ein und vergaß für zwei Stunden Rio. Sie diskutierten die aktuell verfügbaren Informationen und befanden beide, dass es gut aussah. Andualem sollte weitermachen und würde sie auf dem Laufenden halten.

»Aber melde dich bitte erst nach dem 12. 8.«, lachte Azmera, und damit war sie wieder zurück in ihrem aktuellen Fokus.

Er fuhr sie ins Hotel, und sie verabredeten einen Kontakt nach ihrem Wettkampf. Nach Rio-Zeit war es jetzt 17 Uhr. Sie sah in der Lounge fern, ohne vom Inhalt etwas mitzubekommen, bestellte zuerst einen Kaffee, später noch ein Sandwich und Mineralwasser. Nach drei Stunden hatte sie genug, ging in ihr Zimmer, stellte den Handy-Wecker und stieg ins Bett.

Am Dienstagabend holte Steven sie um 22 Uhr am Flughafen Rio de Janeiro-Antônio Carlos Jobim ab. Azmera ging im Hotel sofort auf ihr Zimmer und ins Bett. Gegessen hatte sie beim Zwischenstopp in São Paulo. Sie hatten sich entschieden, dass Azmera bis zu ihrem Wettkampf nicht im olympischen Dorf wohnen würde, danach wollte sie umziehen.

Mittwoch und Donnerstag waren getaktet wie der Wettkampftag. Um sieben Uhr gab es Frühstück, danach zwei Stunden Ruhe, dann fuhren sie eine gute Stunde zum Trainingsgelände neben dem Stadion, und Azmera absolvierte ihre 30-Minuten-Einheit. Nachmittags besuchte sie den Mannschafts-Physiotherapeuten. Steven übernahm alle administrativen Aufgaben.

Am Freitagmorgen fühlte sie sich gut. Der Reisestress war vergessen, und sie hatte ihren Rhythmus. Ihr letzter Doping-

Termin war der bei Hominsang gewesen, alles andere hatten sie vorher abgesetzt. Sie war sich sicher, absolut sauber zu sein. Die Ruhephase nach dem Frühstück war heute kürzer, sie musste um 9:30 Uhr am Trainingsgelände sein, um sich zum Wettkampf zu melden und ihre Startnummer abzuholen. Hier traf sie auch ihre äthiopischen Kolleginnen – das erste Mal nach Hengelo – und die anderen Konkurrentinnen. Alle liefen sich nach ihren individuellen Programmen ein. Nach einer halben Stunde startete der Transport ins Stadion. Sie gingen durch die Katakomben, saßen in einem Warteraum, bis sie schließlich aufgerufen wurden.

Von jetzt an erlebte Azmera alles wie in Trance. Es würde ihr letzter großer Wettkampf werden. Sie versuchte, sich wie gewohnt vorzubereiten. Ihre Routine half ihr, sich trotz der aufwallenden Emotionen halbwegs strukturiert zu verhalten.

Nach dem Startschuss fiel alles von ihr ab. Sie war völlig klar und in ihrem gewohnten Wettkampfmodus. Ihr Ziel war eine Medaille, es war also genauso wie in Hengelo.

Das Rennen begann schnell. Nach fünf Kilometern gab es eine Spitzengruppe von acht Läuferinnen, der Rest war schon jetzt abgeschlagen. Eine Tempoverschärfung ihrer jungen äthiopischen Kollegin zersplitterte dann auch diese Gruppe. Nur eine Kenianerin kam halbwegs mit. Azmera konkurrierte mit einer weiteren Kenianerin um den dritten Platz. Auf den letzten 100 Metern konnte sie diese Gegnerin hinter sich lassen und tatsächlich die Bronzemedaille gewinnen. Außerdem lief sie persönliche Bestzeit.

Azmera fühlte sich befreit, und es war, als fiele eine große Last von ihr ab. Sie gratulierte den beiden vor ihr platzierten Läuferinnen, dann wurde ihr eine äthiopische Flagge gegeben, und sie ging zusammen mit ihrer jungen Kollegin, die auch eine äthiopische Flagge umgehängt hatte, auf die Ehrenrunde, noch bevor die letzte Läuferin des Rennens im Ziel war.

Um die Goldmedaillengewinnerin gab es einen regelrechten Hype. Sie war einen fantastischen Weltrekord gelaufen, und das bei ihrem erst zweiten 10.000-Meter-Lauf. Azmera war es recht. Nachdem sie während des Laufes hellwach gewesen war, fiel sie jetzt wieder in den tranceähnlichen Zustand wie vor dem Rennen.

Über allem stand, dass dies ihr letzter großer Wettkampf gewesen war, ihre Läuferinnenkarriere war vorbei. Sie empfand eine große Leere. Und dann kamen wieder diese Erleichterung und die Freude, es geschafft zu haben. Sie hatte die Bronzemedaille gewonnen. Ihre junge Kollegin beneidete sie in keiner Weise, sondern hatte manchmal sogar das Gefühl, sie zu bedauern, weil sie wusste, dass es für sie nun um die Verteidigung dieser Goldmedaille ging und was sie dafür alles auf sich nehmen müsste.

Azmera absolvierte mit ihrer Routine alle offiziellen Termine und die Medaillenzeremonie, ohne dass ihre geistige Abwesenheit negativ auffiel. Irgendwann traf sie Steven, der sie aus den Fängen eines afrikanischen Radioreporters befreite.

»Lass uns jetzt gehen«, sagte er. »Es ist alles gesagt.«

Sie ließ sich von ihm fortführen. Alle offiziellen Aufgaben waren in der Tat erledigt, und sie spürte, dass sie Hunger hatte. Als sie im Hotelrestaurant saßen und bestellt hatten, gratulierte ihr Steven förmlich zur Bronzemedaille. Er ergänzte seine Gratulation mit einem kurzen »Mehr war heute wohl nicht drin.«

Damit holte er Azmera endgültig in die Welt zurück. Sie betrachtete ihn kurz, nickte dann und sagte: »Danke auch für die Gratulation zur persönlichen Bestzeit.«

Steven schaute von seinem Essen auf und antwortete dann etwas irritiert: »Ja, das war schon ziemlich gut.«

Viel sprachen sie nicht. Steven erinnerte an ihre Vereinbarung, dass sie spätestens in einer Woche wieder in Saarbrücken sein sollte, um sich auf den Rest der Saison vorzubereiten. Dabei ging es eigentlich ausschließlich um den Berlin-Marathon am 25. September. Er wollte ihr noch einmal Blut abnehmen, die Erythrozyten herauszentrifugieren und ihr das Konzentrat zum Berliner Rennen mittels einer Infusion verabreichen. Dazwischen würde sie gedopt trainieren.

Sie bestätigte den Termin in einer Woche und erklärte, dass sie ihn anriefe, falls ihre geplante Ankunft in Frankfurt sich irgendwie ändern würde. Alternativ könne sie aber auch einen Zug nehmen. Er bestand auf dem Anruf und wünschte ihr noch eine schöne Zeit in Rio. Sie gingen zur Rezeption, wo schon Stevens Gepäck stand. Er bezahlte, winkte ihr noch einmal zu und verließ das Hotel. Draußen stand schon sein Taxi. Das war zwar in etwa so verabredet, aber jetzt kam sich Azmera trotzdem etwas verlassen vor.

Sie hatte nach ihrem Wettkampf noch ein paar Tage Rio und die Olympischen Spiele genießen wollen. Es war vereinbart, dass sie sich bei ihrer Mannschaft meldete und dann ein Quartier im olympischen Dorf bezöge.

Sie ging auf ihr Zimmer, packte ihre Sachen, dann traf sie eine Entscheidung. Sie rief Andualem an. In Addis Abeba war es schon ziemlich spät, aber sie war sich sicher, dass er auf ihren Anruf wartete. Sie hätte ihn schon früher anrufen sollen. Sie berichtete ihm vom heutigen Tag, obwohl er das Ergebnis natürlich schon kannte. Sie spürte, wie sehr er sich für sie freute, dass sie ihr Ziel erreicht hatte. Dann machte sie den Vorschlag, nur ein oder zwei Tage in Rio zu bleiben und stattdessen nach Addis Abeba zu kommen. Sie müsste allerdings am 19. wieder in Saarbrücken sein. Ob er ein Ticket für den Flug nach Frankfurt besorgen könne? Sie würde versuchen, über die Delegationsleitung möglichst schnell einen Flug von Rio nach Addis Abeba zu bekommen. Den schon gebuchten Flug von Rio nach Frankfurt würde sie einfach verfallen lassen.

Andualem war begeistert. Er würde sich gerne um den Flug kümmern und sich sehr auf ihren Besuch freuen.

Damit war die Sache klar. Azmera bestellte ein Taxi und gab dem Fahrer die Adresse, die sie von der äthiopischen Delegation bekommen hatte. Sie hatte von Steven noch 500 Reais bekommen, das sollte sich jetzt auszahlen. Der Fahrer schaute sie immer wieder durch den Rückspiegel an. Nach ein paar Kilometern fragte er plötzlich: »Are you Azmera Yifter? I've seen you in TV this morning.«

Azmera bestätigte, und jetzt konnte sich der Fahrer kaum halten: »You've won the bronze medal, but you're the best runner ever.«

Er klopfte sich während der Fahrt auf die Schenkel und schlug aufs Lenkrad: »Unbelievable, unbelievable.« Dann nahm er sein Handy, rief verschiedene Bekannte an und rief immer wieder: »Unbelievable, I've a medalist in my car. It's Azmera Yifter.«

Azmera befürchtete, dass er nicht mehr so sehr auf den Verkehr und die kürzeste Strecke achten würde, aber plötzlich stoppte er vor einer Absperrung. Er drehte sich um, sah sie strahlend an und gab ihr die Hand: »Thank you for your visit.«

Als sie ihm einen Geldschein reichen wollte, wehrte er sie ab und wiederholte: »Thank you for your visit. I've never met a medalist before.«

Sie kam mit ihrem Athletenausweis durch die Absperrung und fragte sich zur äthiopischen Delegation durch. Dort warteten alle auf die Goldmedaillengewinnerin, und es sollte eine große Feier stattfinden. Aber jetzt gratulierten sie Azmera, hatten Verständnis für ihren Wunsch, erst mal ihr neues Quartier zu beziehen, beschrieben ihr den Weg zu ihrem Zimmer und gaben ihr einen Schlüssel. Um einen Flug nach Addis Abeba würden sie sich auch kümmern.

— Saarbrücken, Donnerstag, 22.9.2016

Seit einem Monat war sie wieder hier. Steven hatte ihr Blut abgenommen, und sie hatte weiter gedopt trainiert. Heute Vormittag sollte es die Infusion für den Berlin-Marathon am kommenden Sonntag geben.

Eigentlich hatte sie ihre Karriere als abgeschlossen betrachtet, aber sie wollte jetzt bis Berlin weitermachen, damit sie ihren Vertrag erfüllte. Auch Andualem hatte ihr dazu geraten, obwohl er sie am liebsten gleich in Addis Abeba behalten hätte.

Die Tage dort waren wie ein großes Fest gewesen. Das betraf sowohl die Zweisamkeit mit Andualem als auch den Besuch bei Azmeras Familie in Bekoji. Sie war noch zwei Tage in Rio gewesen, bevor ihr Flug ging, aber die waren ziemlich anstrengend. Ihre Zimmergenossin war eine ihr völlig unbekannte Schwimmerin, die die Nächte durchfeierte. Es ging zu wie in einem Taubenschlag, und Azmera hatte kaum schlafen können.

Jetzt hatte sie das Gefühl, die letzte Etappe ihrer Läuferinnenkarriere in Angriff zu nehmen. Diese vier Tage würde sie auch noch hinkriegen und danach ganz regulär aussteigen.

Die anderen Läuferinnen ihrer kleinen Saarbrücker Trainingsgruppe waren mit Stevens Mitarbeiterin zu einem Laufevent in Luxemburg mit dem Kleinbus unterwegs, und Azmera war mit ihm im Haus in Dudweiler allein. Als sie das improvisierte medizinische Behandlungszimmer betrat, spürte sie eine große Angst, weil es das erste Mal Steven sein würde, der ihr die Infusion gab, und sie vertraute ihm überhaupt nicht. Sie war kurz davor, einfach umzudrehen und fortzulaufen. Mit flatternden Nerven versuchte sie sich damit zu beruhigen, dass er diese Prozedur mit den anderen Läuferinnen schon öfter ohne Probleme absolviert hatte, jedenfalls so weit, wie sie es beobachten konnte.

Steven war schon da und hatte alles vorbereitet. Sie redeten nur das Notwendigste. Ihre Ängste nahm er nicht wahr. Er desinfizierte die geplante Einstichstelle, so wie sie es kannte. Dann setzte er die Nadel an, und Azmera schaute wie gewohnt zur Seite, weil sie nicht wirklich zusehen konnte.

Als er sie durch die Haut in die Vene stach, durchfuhr sie ein starker Schmerz, wie sie ihn zuvor nicht erlebt hatte. Gleichzeitig wurde ihr schwindelig. Sie bekam Panik, schrie laut auf, riss den Arm zur Seite und stieß Steven dabei heftig in die Seite. Die Kanüle flog durch den Raum, und sie blutete heftig. Steven stolperte leicht, fand aber schnell sein Gleichgewicht wieder und packte ihren Arm. Azmera, immer noch in Panik, versuchte, sich wieder loszureißen, aber Steven hielt ihren Arm fest. Dann schlug sie ihm mit dem anderen Arm so heftig, wie sie konnte, ins Gesicht. Er lockerte seinen Griff und hielt die andere Hand schützend vor sein Gesicht. Jetzt konnte sie sich endlich losreißen, und Steven taumelte zurück. Azmera zog die Füße an und trat sie ihm mit voller Wucht gegen die Knie. Steven stürzte und schlug mit dem Kopf gegen die Kante eines Metalltisches. Blut spritzte herum.

Plötzlich war alles ruhig. Das Ganze hatte nicht einmal fünf Sekunden gedauert. Azmera blutete nach wie vor. Der Schmerz war jetzt kaum zu spüren. Der Schwindel war weg. Sie traute sich trotzdem nicht, aufzustehen und nach Steven zu sehen. Sie fühlte sich wie gelähmt.

Nachdem sie eine Minute regungslos dagesessen hatte, wurde sie wieder klarer. Steven bewegte sich nicht. Sein Kopf lag in einer größer werdenden Blutlache. Sie stand auf und legte sich einen Verband an, Verbandsmaterial gab es genug. Dann ging sie in ihr Zimmer, zog die Brieftasche mit ihrem Pass und ihrem Visum, einer Kreditkarte, dem Schlüssel von Bikilus Spind und 500 Euro unter der Matratze hervor und zog sich eine leichte Jacke über, damit man ihren Verband nicht sah. Anschließend ging sie zurück ins Behandlungszimmer. Sie erschrak, weil sie den Eindruck hatte, dass das ganze Zimmer voller Blut war. Steven lag noch genau so, wie er gestürzt war, oder hatte er sich bewegt? Sie fühlte die Panik wieder aufflammen und überlegte fieberhaft, woran sie noch denken musste. Jetzt hörte sie Steven ganz leise stöhnen. Oder hatte sie sich das nur eingebildet? Zur Sicherheit steckte sie noch weiteres Verbandsmaterial in eine Plastiktüte. Dann verließ sie das Haus.

Es war niemand zu sehen. Auch die neugierige Nachbarin, von der sie sich manchmal beobachtet gefühlt hatte, war heute nicht am Fenster zu sehen.

Azmera kannte den Weg zum »Sportlertreff« von ihrem Taschentransport. Nach 25 Minuten war sie da.

Beim »Sportlertreff« hielt sie nach Stevens privatem Passat Ausschau. Wenn er aufgewacht wäre und sie hier suchen würde, könnte er mit dem Wagen schon da sein. Sie war froh, dass sie den Wagen nicht entdecken konnte, und ging zunächst in den Toilettenraum. Es hatte sie niemand gesehen. Sie sah sich den Verband an. Die Blutung hatte nachgelassen, aber sie erneuerte den Verband trotzdem. Sie kontrollierte ihr Aussehen im Spiegel, wusch sich das Gesicht, holte ihre Tasche aus dem Spind und ging zu Bikilu.

Azmera wusste, dass sie wenig Zeit hatte. Deshalb bat sie Bikilu zuerst, ihr ein Taxi zu bestellen, dann gab sie ihr den Spindschlüssel zurück. Als Bikilu sie fragend ansah, konnte Azmera nur sagen, dass es ihr nicht gut ginge und sie wahrscheinlich nicht mehr zum Training käme. Dann nahm sie Bikilu in den Arm, verabschiedete sich und ging zum Meerwiesertalweg hinunter, dem Taxi entgegen. Wenn Steven jetzt käme, hätte sie ein Problem, das wusste sie. Dann sah sie das Taxi. Sie ließ sich zum Bahnhof fahren, kaufte ein Ticket nach Paris, und um elf Uhr bestieg sie den ICE, der von Frankfurt kam.

Als sie saß, wurde ihr wieder etwas schwindelig. Sie dachte an Steven. Sie hatte ihn einfach in seinem Blut liegen lassen, ohne sich um ihn zu kümmern. Hoffentlich wachte er bald wieder auf und war nur eine Zeit bewusstlos. Vielleicht war die Kopfverletzung nur eine Platzwunde, von denen Azmera wusste, dass sie stark bluteten. Aber was wäre, wenn er sich bei dem Sturz tödlich verletzt hatte?

Azmera driftete weg und fantasierte, dass man sie suchen würde, falls Steven tot wäre. Plötzlich hielt der Zug, und es stiegen Polizisten zu. Sie waren in Forbach, nahe der französischen Grenze. Die Polizisten gingen durch den Zug, und Azmera wollte sich am liebsten unsichtbar machen, solch eine Angst hatte sie. Sie wurde nicht weiter beachtet.

Als der Zug wieder fuhr, machte sie sich klar, dass niemand wusste, wo sie war und dass sie außerdem einen gültigen Pass und ein Visum besaß. Es hatte eigentlich kein Risiko gegeben. Sie zog das Prepaid-Handy aus der Tasche, um ihre Schwester anzurufen. Aber dazu musste sie erst mal den Handy-Akku aufladen. Sie hatte ein Ladekabel und fand eine Steckdose. Bei 20 Prozent brach sie den Ladevorgang ab, ging in eine der WC-Kabinen, schloss sich ein und rief Fatuma an. Sie hatte Glück. Unter der Kliniknummer meldete sich eine Angestellte, aber nach einer Minute hörte sie Fatuma fragen: »Azmera, was ist los?«

»Ich bin im Zug nach Paris. Gegen 13 Uhr bin ich da.«

»Okay, was ist passiert?«

»Ich bin abgehauen. Es geht mir ganz gut. Kann ich ein paar Tage bei euch bleiben?«

»Du bist abgehauen? Das verstehe ich nicht. Aber du kannst natürlich bei uns bleiben, so lange, wie du willst.«

»Ich erkläre es dir, wenn ich da bin. Sag mir bitte, wo ich hinkommen soll. Ich komme am Gare de l'Est an.«

Fatuma nannte ihr die Adresse ihrer Klinik.

Am Gare de l'Est nahm Azmera ein Taxi zur Klinik, fragte sich durch, und bald nahm Fatuma sie in die Arme. Nach den ersten stockenden Erzählungen untersuchte sie Azmeras Wunde und versorgte sie.

»Das ist nichts Schlimmes. Es hätte sich entzünden können, das wäre unschön, aber jetzt ist alles gut.«

Kapitel 13

— Paris, Montag, 10.10.2016

Azmeras Einstichwunde war inzwischen gut verheilt und beinahe vergessen. Psychisch ging es ihr allerdings sehr schlecht. Sie machte sich Vorwürfe, dass sie Steven hatte liegen lassen, dass sie das Wohl Andualems und ihrer Familie aufs Spiel setzte, dass sie Fatuma und Bernard belästigte und gefährdete und dass sie es überhaupt hatte so weit kommen lassen.

Nachdem sie zu dritt ihre Situation ausführlich beleuchtet hatten, wurde allen klar, dass Azmera wohl noch ein paar Wochen in Paris bleiben müsste. Falls Bennys Leute oder auch die Polizei sie verfolgten, würden die wohl annehmen, dass sie zurück nach Addis Abeba geflogen wäre, und sie dort suchen.

Fatuma, Bernard und Lara gaben sich alle Mühe, aber die Dreizimmerwohnung zeigte ihnen schnell Grenzen auf. Fatuma schlief zuerst auf der Gästecouch im Wohn-Esszimmer. Das ging für einige Zeit halbwegs gut, aber sie mussten eine andere Lösung finden. Bernard gelang es, abseits aller offiziellen Wege für zwei Monate ein Zimmer im Schwesternwohnheim der Klinik zu mieten. Das löste das Platzproblem, aber Azmera wollte eigentlich nach Hause, saß jetzt in ihrem Zimmer und wartete die Zeit ab.

Fatuma hatte die Idee, die gesundheitliche Notwendigkeit des Abtrainierens mit der psychischen Situation ihrer Schwester zu verbinden. Azmera brauchte eine Strukturierung ihrer Tage in Paris. Also legte Fatuma ihr zusammen mit Bernard einen einfachen Trainingsplan vor. Sie erklärten ihr die Notwendigkeit des Abtrainierens von hochtrainierten Ausdauersportlern. Das bedeutete, dass Azmera nicht spontan das Training absetzen durfte. Sie musste vielmehr die Trainingsbelastungen langsam reduzieren, sonst könnte sie ernsthafte Herz-Kreislauf-Probleme bekommen. Der Trainingsplan sah an den Arbeitstagen zwei Trainingseinheiten von je anderthalb Stunden Laufen im moderaten Joggingtempo vor. Damit hatte sie genug zu tun, und das Laufen tat ihr sowieso gut. An den Wochenenden war sie mit Fatuma, Bernard und Lara zusammen und brauchte keine andere Abwechslung.

Als die beiden Schwestern Laufschuhe und einen Trainingsanzug kauften, schaute der Verkäufer Azmera zwar aufmerksam an, sagte aber keinen Ton. Beide bedauerten danach ihre Unvorsichtigkeit, weil sie sich eigentlich einig waren, Azmeras Aufenthaltsort nicht bekannt werden zu lassen. Der Verkäufer hatte sie vielleicht erkannt.

In vielen nächtlichen Gesprächen hatten alle drei die Situation wieder und wieder beleuchtet. Zwei Fragen hatten sie bald nebeneinandergestellt: Was war mit Steven? Und: Wie verhielt sich Benny Wilders? Die erste Frage wurde indirekt dadurch beantwortet, dass es an den Tagen nach Azmeras plötzlicher Ankunft in Paris in keinem deutschen Medium einen Hinweis auf einen Todesfall oder eine schwere Körperverletzung in Saarbrücken-Dudweiler gegeben hatte.

Die zweite Frage war komplizierter. Die Vertragssituation sah als letztes Rennen den Berlin-Marathon vor. In Berlin war Azmera nicht gestartet, auf den Startlisten war sie nicht erschienen. Offiziell war ihr Antritt wegen einer Krankheit zurückgezogen worden. Ob Benny eine Vertragsstrafe hatte zahlen müssen, wussten sie nicht.

Sonst waren alle finanziellen Transaktionen zwischen Azmera und Benny abgeschlossen. Übrig blieb nur die Prämie des Nationalen Olympischen Komitees Äthiopiens. Azmera hatte den ihm zustehenden Anteil noch nicht an Benny überwiesen.

Sie beschlossen, dass Azmera Benny seinen Anteil der Olympiaprämie überweisen würde. Sie nahmen an, dass er darüber hinaus keinerlei Interesse hätte, Ansprüche durchzusetzen, weil er damit riskierte, dass seine Mitwirkung am Doping thematisiert würde.

Zur Sicherheit sollte Azmera aber bis Ende Oktober in Paris bleiben. Falls es bis dahin weder bei Andualem noch bei ihrer Familie irgendwelche Nachfragen nach Azmera gab, die auf eine Verfolgung durch Behörden oder Benny hinwiesen, würde sie nach Addis Abeba zurückkehren.

Bis dahin wollten sie ihren Aufenthaltsort möglichst nicht preisgeben. Sie hatten keine Ahnung, wie Telefonüberwachung funktionierte, beschlossen aber, vorsichtig zu sein. Andualems Anschluss und den ihrer Eltern rief sie nicht an. Sie rief Andualem über die Vermittlung des Hotels an, bei dem er arbeitete. Diese Nummer, so dachten sie, würde wohl kaum im Hinblick auf Azmera überwacht werden. Sie verabredeten dann den Zeitpunkt des nächsten Telefonats, ebenfalls über das Hotel, und Andualem hielt den Kontakt mit ihren Eltern.

— Saarbrücken, Montag, 10.10.2016

Henriette hatte ein langweiliges Wochenende hinter sich. Roberta hatte keine Zeit, und Karl war auf einem Kongress in Pisa. Sie gönnte ihm die herbstliche Toskana.

Die Woche würde dann interessanter werden. Heute Abend war sie mit Roberta verabredet. Sie wollten mal wieder in die »Tomate 2« und dann zu Roberta. Neben den erotischen Aussichten war Henriette sehr gespannt auf Robertas Bericht über Wilders‘ Befragung.

Am Dienstag wollte sie zusammen mit Karl nach Paris fahren und Azmeras Schwester in der Klinik befragen. Bis zum Donnerstagstreffen mit Stefan und Sabine sollte sie etwas Handfestes haben, oder sie müssten das Projekt deutlich abspecken.

Sie hatte sich mit Primo Pradella, dem Anti-Doping-Mediziner aus Mainz, beschäftigt. Sie fand die Aussage, die Karl von ihm berichtet hatte: Sportmediziner, die im Leistungssportsystem tätig seien und Doping nicht feststellten, seien entweder sehr schlechte Mediziner oder aber selbst Teil des Dopingsystems. Sie fand auch sehr klare und sehr kritische Aussagen zum Doping im Fußball. Aber es nutzte nichts. Er nannte nie irgendwelche Namen. Und Henriette brauchte Namen.

Außerdem hatte sie Ulrike Stanjowski angerufen. Henriette hatte ihr allerdings nur eine Nachricht hinterlassen können und um ihren Rückruf gebeten. Es ginge um ihren neuen Fußball-Artikel.

Sabine hatte ihr die privaten Kontaktdaten von Azmera Yifters Schwester geschickt. Außerdem wusste sie jetzt, dass Fatuma den Namen ihres Mannes angenommen hatte. Sie hieß seit ihrer Heirat Fatuma Besson.

Bei der Redaktionskonferenz nahm Henriette sich heute Zeit für die Bereiche, die häufig zu kurz kamen. Der Bereich Kultur bekam zum Beispiel nicht ganz zufällig Raum für die ausführliche Vorstellung eines kritischen Hintergrundberichts zum neuen Programm des Saarländischen Staatstheaters. Aus dem Bereich Leben wurde über die Planung eines Artikels zum Stellenwert der saarländischen Restaurantszene in der Großregion Südwestdeutschland/Elsass-Lothringen berichtet.

Henriette war mit der Entwicklung des Magazins recht zufrieden. Die Verkaufszahlen zeigten leicht nach oben, der Abwärtstrend schien gestoppt. Mit ihrem Sekretariat besprach sie noch einige offene Punkte für Dienstag und Mittwoch, dann fuhr sie nach Hause.

Für die Paris-Reise packte sie ihren kleinen City-Rucksack. Viel brauchte sie nicht. Die Nacht würden sie in einem Hotel in der Nähe der Klinik verbringen. Sie hatte es selbst gebucht, weil ihr der Gedanke, ihrem Sekretariat gegenüber den Wunsch nach einem Doppelzimmer zu äußern, unangenehm war. Die Bahntickets lagen ausgedruckt im Flur.

Sie hatte sich mit Karl für morgen um neun Uhr im »Ubu Roi« zum Frühstück verabredet. Er würde erst heute Nachmittag in Saarbrücken-Ensheim landen. Von ihrer heutigen Verabredung mit Roberta hatte sie nichts erzählt. Es passte ganz gut so.

Schon beim Training hatte Roberta kurz berichtet, dass bei Wilders nichts herausgekommen sei. Sie verschoben das Thema aber in die »Tomate 2«. Hier suchten sie sich einen Ecktisch, es war nicht sehr voll. Sie bestellten, und nach dem ersten Schluck Sauvignon blanc begann Roberta zu erzählen:

»Ich war glücklicherweise mit einer Kollegin unterwegs.«

Henriette grinste verschmitzt: »Hört, hört!«

»Nein, nicht, was du schon wieder denkst. Aber ich finde es mit einer Frau einfach angenehmer, als zwei Tage mit so einem Testosteron-Monster zusammen zu sein. Und der belgische Kollege hat mir schon gereicht. So, wie der uns angesehen hatte, wäre er am liebsten sofort mit uns beiden in die Kiste gesprungen.«

»Gut, du hast es offensichtlich unbeschadet überstanden. Und was war mit Wilders?«

»Der war aalglatt. Er entschuldigte sich für die Irritationen, die die Blutflecken hervorgerufen hätten. Sie würden mittels geschulten Personals regelmäßig Blutproben ihrer Athletinnen nehmen, um sie von einem Labor auswerten zu lassen. Es gehe um Gesundheitsuntersuchungen, die bei Hochleistungssportlerinnen sehr wichtig seien. Dann sei ein Ständer mit gefüllten Glasröhrchen vom Tisch gefallen. Das könne passieren. Es sei aber alles professionell gereinigt worden.«

»Hat er den Namen und die Adresse des Labors für die Auswertung der Blutproben genannt?«

»Nein, ich hatte diese Frage auch gestellt, aber Wilders hat es abgelehnt, auf deutschsprachige Fragen zu antworten. Der belgische Kollege fand die Frage dann nicht so wichtig. Er hatte wohl sowieso den Eindruck, seine Zeit mit den deutschen Polizistinnen zu vertrödeln.«

»Na, dann ist die Wilders-Spur wohl versandet.«

»Ja, so müssen wir das wohl sehen. Anders wäre es, wenn wir Aussagen von den Läuferinnen bekämen.«

Henriette blickte von ihrem Flammkuchen auf: »Stimmt! Bislang habe ich immer nur an Azmera Yifter gedacht. Wo sind denn die anderen Mädels gelandet?«

»Keine Ahnung. Zur Einreise brauchen sie ein Visum, das gilt dann für den ganzen Schengen-Raum. Eine Suche wäre sehr aufwendig, das wird wohl nichts.«

»Das verstehe ich. Dann bleibt nur noch Azmera Yifter, die ich vielleicht morgen in Paris treffe.«

»Wie bitte? Das ist neu!«

»Es gibt einen Hinweis, dass sie nach Paris zu ihrer Schwester geflohen sein könnte. Und ich habe die Kontaktdaten der Schwester.«

»Das hört sich kompliziert an. Du vermutest also, dass Azmera Yifter in Paris bei ihrer Schwester ist, und bist so optimistisch anzunehmen, dass diese Schwester einen Kontakt herstellen werde. Warum sollte sie das tun? Was kannst du dieser Azmera anbieten?«

»Bisher bin ich davon ausgegangen, dass sie psychisch ziemlich unter Druck stehen und Redebedarf mit einem wohlwollenden Pressevertreter haben könnte. Möglicherweise braucht sie aber auch sonst irgendwelche Hilfe, vielleicht auch finanzieller Art.«

»Du willst sie also kaufen?«

»So würde ich das nicht nennen. Wenn man auf der Flucht ist, kann Geld aber nicht schaden. Vielleicht braucht sie etwas. Ich habe jedenfalls vom Verlag ein mögliches Honorar als Angebot für ausführliche Aussagen dabei.«

Henriette schaute sich kurz um, aber die anderen Gäste schienen sie nicht zu beachten.

Sie sprach etwas leiser weiter: »Mir ist schon klar, dass du mit solchen Aussagen nichts anfangen könntest. Du müsstest sie anschließend polizeilich vernehmen, um ihre Aussage verwenden zu können. Ich kann mir allerdings nicht vorstellen, dass Azmera Yifter daran irgendein Interesse haben könnte.«

»Das sehe ich genauso. Insgesamt bedeutet das jedoch, dass die polizeiliche Seite unseres Projekts dann tot wäre.«

»Stimmt! Nur gut, dass wir noch andere Projekte haben.«

Henriette stand auf, küsste Roberta, setzte sich wieder und meinte: »Jetzt muss ich nur noch diesen verdammten Flammkuchen vertilgen.«

»Lass dir Zeit, ich laufe nicht davon. Gibt es denn beim Fußball-Thema etwas Neues?«

»Na ja, ich habe mit einer Kollegin Kontakt aufgenommen, die auch zum Thema Fußball unterwegs ist, aber eher mit einem wirtschaftlichen Hintergrund. Viel verspreche ich mir nicht davon, aber wer weiß?«

»Meinst du, dass sie dir einen Tipp in Richtung Doping geben kann?«

»Ich will es auf jeden Fall versuchen, aber wie gesagt, viel verspreche ich mir nicht davon.«

»Es ist wie in vielen Fällen organisierter Kriminalität. Ohne die Aussagen eines geständigen Mittäters kommt man nur schwer an Beweise«, bemerkte Roberta jetzt sehr grundsätzlich. »Und je mehr Geld im Spiel ist, desto größer wird der Druck auf die Protagonisten zu schweigen. Gab es denn im Fußball überhaupt schon einmal jemanden, der geplaudert hat?«

»Ja, Toni Schumacher, das war ein Torwart in den Achtzigern, der danach so seine Probleme im deutschen Fußball hatte. Sonst wüsste ich keinen.«

Sie fuhren in Robertas Mini zum Eschberg. Henriette war mit dem Taxi zum Training gekommen und wollte später auch mit einem Taxi nach Hause fahren.

»Wir haben noch nicht darüber gesprochen«, meinte sie dann vorsichtig, »aber ich wollte heute nicht bei dir übernachten. Ich bin morgen schon um neun Uhr mit Karl verabredet, und das wäre mir schon etwas dicht. Nachher nehme ich mir dann ein Taxi.«

»Oh, fahrt ihr zusammen nach Paris?«, fragte Roberta etwas enttäuscht.

»Ja, er hat Zeit, und er ist in schwierigen Gesprächssituationen einfach sehr gut.«

»Gut, ich werde mich darauf einstellen.«

Henriette überlegte noch, wie Roberta ihre letzten Worte gemeint haben könnte, da waren sie schon angekommen. Roberta hatte das Schlafzimmer wie eine Kerzenhöhle vorbereitet. Die Stimmung war etwas beschädigt, und so setzten sie sich zuerst an den Küchentisch. Die Kleidungsfrage war schnell entschieden: Roberta hatte zwei Kurz-Sweatshirts, wie sie sie bei Henriette getragen hatten, bereitgelegt. Roberta öffnete eine Flasche Sauvignon blanc und goss zwei Gläser etwas zu voll.

»Das brauchen wir jetzt vielleicht.«

Sie schaute in ihr Glas. Henriette streichelte Robertas Hände.

»Na, was hätte ich denn tun sollen?«, fragte sie. »Dieses Treffen mit dir absagen, weil es terminlich etwas eng würde?«

»Nein, du hast ja recht. Das hätte mir noch weniger gefallen. Ich war nur etwas enttäuscht. Und dass du nicht innerhalb einer Stunde von meinem Kopfkissen in Karls Arme fallen willst, verstehe ich schon.«

»Gut«, sagte Henriette. »Ich glaube, mir ist etwas heruntergefallen.«

Sie stand auf und krabbelte unter den Tisch. Sie fand, was sie suchte, und war sich sicher, dass es noch ein schöner Abend werden würde.

— Saarbrücken, Dienstag, 11.10.2016

Im »Ubu Roi« wurde Henriette schon von Karl erwartet. Er umarmte sie fest und küsste sie: »Schön, dich zu sehen. Ich habe dich vermisst.«

»Oje, war es in der Toskana so einsam? Waren denn gar keine jungen Kolleginnen dabei?«

»Doch, schon. Aber die interessieren mich nicht mehr so wirklich, wie du weißt. Aber erzähl schon. Was erwartet uns in Paris?«

»Lass uns erst mal bestellen. Wir haben noch die ganze Zugfahrt Zeit.«

Im »Ubu Roi« tranken beide traditionell Milchkaffee. Als sie den ersten Schluck genommen hatten, setzte Henriette an: »Das wird eine Überraschungsreise im wahrsten Sinne des Wortes. Wir wollen heute Nachmittag bei der Schwester von Azmera Yifter, sie heißt seit ihrer Heirat Fatuma Besson, in der Klinik auftauchen. Die erste Frage wäre, ob sie überhaupt da ist. Ich wollte sie nicht vorher kontaktieren, weil ich mir mehr davon verspreche, wenn wir schon vor Ort sind und sie überraschen. Dann ist es für sie schwerer, uns abzuwimmeln. Falls sie da ist, brauchen wir eine Gesprächsstrategie. Ich habe eine Idee, würde aber gerne deine Meinung hören. Falls sie nicht da sein sollte, würde ich vorschlagen, dass wir sie privat anrufen. Auch die privaten Kontaktdaten habe ich inzwischen von meiner Mitarbeiterin bekommen. Plötzlich bei ihr zu Hause anzuklopfen, hielte ich für kontraproduktiv. Was meinst du?«

Karl bugsierte etwas Rührei auf sein Baguette und biss kräftig ab.

»Kann ich so nachvollziehen. Die Gesprächsstrategie scheint mir etwas kompliziert zu sein. Wir wollen etwas von ihr, was will sie von uns?«

Henriette stocherte in ihrem Müsli herum.

»Keine Ahnung, aber das gilt es dann herauszubekommen. Vielleicht kann sie Hilfe gebrauchen. Vielleicht gibt es ein Visum-Problem, oder sie braucht eine weitere Unterkunft oder eine Zwischenfinanzierung.«

»Sag nicht, dass du sie kaufen willst!«, unterbrach Karl sie.

Henriette zuckte leicht zusammen. Jetzt hatte sie diese vorwurfsvolle Frage das zweite Mal innerhalb sehr kurzer Zeit gehört.

»Nein, ich will sie nicht kaufen! Aber hast du nicht eben gefragt, was sie von uns will? Hältst du es für möglich, dass sie schon immer danach gelechzt hat, ihre Geschichte in der ›Neuen Saarbrücker Zeitung‹ zu lesen? Oder dass sie über ihre Geschichte reden will, um die Öffentlichkeit und auch Nachwuchsläuferinnen über das System zu informieren, von dem wir nur sehr wenig wissen? Oder ist es vielleicht eher so, dass Aussteigerinnen etwas Unterstützung verdienen, wenn sie auspacken? Okay, es ist eine Gratwanderung. Hilfst du mir, das Gleichgewicht zu halten?«

»Gut, ich werde mir Mühe geben.«

»Weißt du, es ist einfach wichtig, was sie zu erzählen hat.«

»Das glaube ich allerdings auch.«

— Paris, Dienstag, 11.10.2016

Sie fuhren mit der Metro 5 und 1 vom Gare de l'Est bis zur Station Porte de Vincennes und gingen zuerst ins Hotel. Sie brachten ihr kleines Gepäck auf das Zimmer, tranken einen Kaffee an der Bar und machten sich dann auf den Weg in die Klinik. Gegen 15 Uhr fragten sie bei der Anmeldung nach Fatuma Besson. Karl übernahm diesen Part, er war im Französischen deutlich flexibler. Die Dame an der Anmeldung, sie war dunkelhäutig, und auf ihrem Namensschild stand »Djamila Zidane«, war freundlich reserviert.

»Worum geht es, wenn ich fragen darf?«

»Es ist eher persönlich. Sagen Sie ihr bitte, dass es um ihre Schwester geht.«

»Und wie ist Ihr Name?«

»Mein Name ist Dr. Karl Limbach, aber sie wird mich nicht kennen. Meine Begleiterin ist Henriette Courgette. Wir kommen aus Saarbrücken.«

Frau Zidane runzelte unmerklich die Stirn, griff sich aber ein Telefon und wählte eine interne Nummer.

»Hallo, Fatuma, hier sind zwei Personen aus Saarbrücken, die dich wegen deiner Schwester sprechen wollen.«

Frau Zidane wartete die Antwort ab, legte auf und sagte, dass Dr. Besson noch in einer Untersuchung sei, aber in einer Viertelstunde herunterkäme. Wenn sich die Herrschaften so lange in den Warteraum setzen wollten?

Fatuma hatte einen gehörigen Schreck bekommen. Was hatte dieser Besuch zu bedeuten? War das die deutsche Polizei? War es dieser Manager? Wer konnte überhaupt von ihr wissen und darüber hinaus noch von ihrer Arbeitsstelle? Ging es um Azmera oder um Bernard und sie selbst? Immerhin waren sie möglicherweise Doping-Unterstützer.

Sie war bei keiner Untersuchung, sondern saß am Schreibtisch und verfasste Berichte. Mit dieser kleinen Ausrede hatte sie Zeit gewonnen. Sie versuchte, Bernard anzurufen, aber der war in einer Besprechung und ging nicht an sein Handy. Azmera war auch nicht erreichbar. Wahrscheinlich war sie gerade beim Training.

Fatuma lief in ihrem Büro hin und her und versuchte, etwas ruhiger zu werden. Sie würde erst mal alles abstreiten und versuchen, herauszufinden, was die beiden eigentlich wollten – oder umgekehrt? Sie bekam ihren Kopf nicht klar.

Sie gab sich einen Ruck, nahm den Fahrstuhl ins Parterre und begab sich in den Warteraum der Anmeldung. Sie stellte sich den beiden Besuchern vor, sagte, dass sie in ihr

Büro gehen könnten, ging zum Fahrstuhl voran und sagte im Vorbeigehen: »Danke, Djamila.«

Sie saßen an einem kleinen Besprechungstisch. Fatuma hatte keine Getränke angeboten, sondern nur kurz auf die Stühle gezeigt.

»Wer sind Sie, und was wollen Sie?«

Sie konnte die Aggressivität ihrer Stimme kaum verbergen.

Henriette übernahm jetzt:

»Wir wollen eigentlich gar nichts von Ihnen. Machen Sie sich keine Sorgen. Wir wollen nur Ihrer Schwester helfen.«

»Wieso sollte meine Schwester Hilfe brauchen? Und wer sind Sie eigentlich?«

»Ich bin Journalistin bei der ›Neuen Saarbrücker Zeitung‹. Das ist mein Partner Dr. Karl Limbach. Wir haben Hinweise darauf, dass Ihre Schwester in ihrem Saarbrücker Trainingslager gravierende Probleme hatte und zu Ihnen geflüchtet ist.«

»Wie kommen Sie darauf? Ich habe von meiner Schwester das letzte Mal gehört, als sie mir eine Nachricht aus Rio geschickt hat. Was sollen das für Probleme sein, die sie in Saarbrücken gehabt haben soll?«

Henriette überlegte schnell, wie es weiterginge. Ihre gesprächstaktischen Überlegungen wurden von der realen Entwicklung schnell überholt.

»Die Polizei geht bei Ihrer Schwester von Eigenblutdoping aus und dass es dabei Komplikationen gegeben hätte.«

Henriette wusste, dass sie damit maximalen Druck auslöste. Andererseits hatte sie nun nicht mehr viele Trümpfe in der Hand.

Fatuma starrte sie an:

»Davon weiß ich nichts, und ich glaube es nicht.«

Henriette setzte noch einen drauf: »Als Medizinerin dürfen Sie davon auch nichts wissen, es könnte Sie Ihre Karriere kosten.« Sie wusste, dass sie damit womöglich über das Ziel hinausgeschossen war, aber irgendwie hielt sie es auch für angebracht.

Fatuma wurde jetzt ganz ruhig.

»Okay, ich habe verstanden, was Sie annehmen. Noch einmal: Was wollen Sie?«

Jetzt schaltete Karl sich ein.

»Frau Courgette«, er zeigte auf Henriette, »ist Journalistin und arbeitet an einem Artikel zum Leistungssportsystem. Sie möchte sich gerne mit Ihrer Schwester über ihre Erfahrungen in diesem System unterhalten und hat keinerlei Interesse, Ihre Schwester und Sie polizeilich verfolgen zu lassen.«

»Das hat sich aber eben etwas anders angehört«, sagte Fatuma, immer noch völlig ruhig.

»Wenn wir die Polizei einschalten wollten, hätten wir das schon tun können, haben es aber nicht. Vielleicht überzeugt Sie das?«

Henriette ergänzte: »Wenn Sie mit uns zusammenarbeiten, sichern wir Ihnen Anonymität zu.«

Während sie diese Worte sagte, war sie unsicher, wie das funktionieren sollte. Falls Azmera Yifter tatsächlich auspacken würde, könnte sich jeder halbwegs Eingeweihte sehr gut denken, wer dahinterstand, auch wenn ihr Name nicht genannt würde. Wenn sie auf solche Details, die ihre Informantin verraten würden, verzichtete, würde der Artikel im Allgemeinen verbleiben und so uninteressant, dass ihn niemand lesen wollte.

Fatuma stand auf. »Ich werde versuchen, mit meiner Schwester Kontakt aufzunehmen. Falls es mir gelingt, frage ich sie, ob sie mit Ihnen zusammenarbeiten will. Vorstellen kann ich es mir allerdings nicht. Wir können uns morgen um zwölf Uhr treffen, aber nicht hier in der Klinik, sondern in dem Bistro ›Chez Paul‹, das Sie 200 Meter links vom Haupteingang der Klinik finden. Darf ich Sie hinausbegleiten?«

Das abrupte Ende des Gesprächs überrumpelte Henriette und Karl. Sie nickten nur und folgten Fatuma. Ohne ein weiteres Wort wurden sie zum Klinikausgang geleitet.

— Paris, Dienstag, 11.10.2016

Azmera weinte, Fatuma und Bernard versuchten, sie zu beruhigen. Es war 17 Uhr, sie saßen in einem Café in der Nähe ihrer Wohnung und überlegten, was zu tun sei.

Fatuma hatte Bernard letztlich doch telefonisch erreicht und ihm von dem Besuch der beiden Saarbrücker Journalisten berichtet. Es wurde schnell klar, dass es einiges zu besprechen gab. Das wollten sie lieber nicht zu Hause tun, denn wenn ihre Arbeitsstelle bekannt war, dann vielleicht auch ihre Privatadresse, und sie wollten nicht zu dritt von einem eventuellen Polizeieinsatz überrascht werden. Bernard würde Lara vom Kindergarten abholen und sie zu seinen Eltern bringen. Glücklicherweise konnte er sich die Zeit nehmen. Dann hatte Fatuma auch Azmera erreicht und ihr den Café-Treff genannt, um, wie sie es ausdrückte, ein paar Neuigkeiten zu bereden.

Fatuma verließ die Klinik durch einen seitlichen Lieferanteneingang und sah sich schnell um. Sie war sich nicht sicher, ob die beiden Journalisten oder sogar die Polizei nicht vor der Klinik warteten, um sich von ihr zu Azmera führen zu lassen. Bis auf ein altes Muttchen war sie allein in der kleinen Nebenstraße. Über mehrere andere kleine Straßen erreichte sie einen Taxistand, stieg in das erste Taxi ein und nannte dem Fahrer die Adresse des Cafés.

Als Bernard und Azmera auch eingetroffen waren, berichtete Fatuma von dem merkwürdigen Besuch. Es spiegelte nur Azmeras psychische Verfassung wider, dass sie sofort zu weinen begann.

»Ich habe alles kaputt gemacht«, sagte sie immer wieder.

Irgendwann reagierte sie auf Fatumas wiederholte Antwort, gar nichts sei kaputt.

»Was schlägst du vor?«

»Ich finde, du solltest überlegen, ob du mit diesen Journalisten reden willst.«

»Aber worüber?«

»Über das ganze System, wie sie es nennen. Also von deiner Rekrutierung in Bekoji über die Funktionsweise deines Managements bis zum Doping.«

»Aber ich verdanke diesem System alles, wirklich alles.«

»Und Steven?«

»Steven war ein Arschloch, aber Arschlöcher findest du überall. Außerdem hat er irgendwie bezahlt, nehme ich an.«

»Ach ja, bezahlen. Ich nehme an, dass sie für deine Mitarbeit schon den einen oder anderen Euro springen lassen würden.«

Jetzt hatte sich Azmera beruhigt:

»Ich brauche kein zusätzliches fragwürdiges Geld, ich habe genug. Journalisten wollen ihre Story, okay, das kenne ich. Und vielleicht machen sie eine, auch wenn ich nicht mitspiele, okay, das kenne ich auch. Aber erst wenn ich mitspiele, wird es richtig ernst. Du sagst, sie würden mir Anonymität zusichern. Wie soll das denn gehen? Schon die Kombination der Talentsichtung in Bekoji mit der Tatsache, dass es eine Saarbrücker Zeitschrift ist, die den Artikel publiziert, würde Benny ausreichen, mich zu identifizieren. Und dann hätte ich ein richtiges Problem.«

Bernard unterstützte sie:

»Ich glaube, Azmera hat recht. Die Journalisten wollen eine gute Story, und Azmera hätte ein beträchtliches Risiko, nicht nur wegen Benny, sondern auch wegen der Polizei. Wir übrigens auch«, sagte er zu Fatuma gewandt. »Diese Risiken werden mit dem Geld der Journalisten bei Weitem nicht aufgewogen.«

Fatuma stimmte jetzt auch zu und fragte dann: »Aber wie geht es dann weiter? Was soll ich den beiden morgen sagen? Soll ich behaupten, nicht zu wissen, wo du bist, und dass es mir nicht gelungen sei, mit dir Kontakt aufzunehmen?«

»Würden die beiden dir das glauben?«, fragte Bernard zurück.

»Nein, das nehme ich nicht an. Die waren sich sehr sicher, dass Azmera irgendwo hier ist.«

»Dann sag ihnen besser«, meinte jetzt Azmera, »wir hätten telefoniert. Ich würde mit Sicherheit keine Zusammenarbeit wollen, das sei völlig auszuschließen. Und sag ihnen, ich sei untergetaucht und du wüsstest auch nicht, wo ich sei.«

Sie diskutierten noch eine Weile, blieben aber letztlich bei Azmeras Vorschlag.

Bernard ging noch weiter: »Ich glaube, es wäre besser, wenn du schon morgen nach Addis Abeba fliegst. Mein Eindruck ist, dass die Polizei aktuell noch nicht aktiv ist. Möglicherweise könntest du aber später Probleme bei der Ausreise bekommen. Und von Andualem oder der Familie gab es bislang keinerlei Hinweise auf irgendwelche Nachfragen bei dir zu Hause. Vielleicht wäre es nicht gut, wenn du in Addis Abeba sofort bei Andualem wohnst, das musst du dir noch überlegen. Heute Nacht solltest du hier jedenfalls besser in einem Hotel schlafen, und zwar unter Fatumas Namen. Madame Besson wird nicht gesucht, und ihr seht euch schon ziemlich ähnlich, zumindest für normale Mitteleuropäer. Von unserer Wohnung oder dem Schwesternzimmer würde ich abraten.«

Azmera schaute ihn mit großen Augen an und sagte erst mal gar nichts.

Fatuma nickte: »Azmera, ich glaube, Bernard hat recht. Zu Hause hast du jetzt mehr Möglichkeiten, unterzutauchen, wenn es notwendig sein sollte. Weißt du, wann Flüge gehen?«

»Abends um 22:15 Uhr. Das habe ich schon länger herausgesucht. Ich glaube auch, dass ihr recht habt. Ich versuche mal, ob ich einen Flug über die App von Ethiopian Airlines buchen kann.«

Sie tippte ein paar Minuten auf ihrem Smartphone herum, dann sagte sie: »Ich habe noch ein Ticket für heute Abend bekommen.«

Die Schwestern sahen sich an und nahmen sich dann in die Arme. »Das ging jetzt aber schnell«, sagte Fatuma leise. Sie unterdrückte die aufkommende Traurigkeit. »Aber es ist gut so. Komm, du willst sicher noch zu deinem Zimmer, deine Tasche packen, und dann bringe ich dich zum Flughafen.«

Bernard sprach jetzt betont langsam: »Ich glaube, es wäre besser, wenn ich das übernehme. Falls die Journalisten noch irgendwo herumgeistern und dich wiedererkennen, könnten sie euch folgen.«

»Danke«, antwortete Azmera, »aber ich finde auch allein zum Flughafen. Es ist ja nicht das erste Mal.«

Sie umarmten sich jetzt zum Abschied, und Azmera bedankte sich bei beiden für ihre große Hilfe, entschuldigte sich noch einmal für die Unannehmlichkeiten, die sie ihnen bereitet hatte, und trug ihnen ein Küsschen für Lara auf.

»Den Schlüssel vom Schwesternwohnheim lasse ich stecken, und morgen rufe ich euch in der Klinik an«, sagte sie noch, und im Hinausgehen mit einem optimistischen Unterton: »Spätestens zu meiner Hochzeit müsst ihr nach Addis Abeba kommen.«

Dann war sie draußen.

— Saarbrücken, Mittwoch, 12.10.2016

Der gestrige Abend und die Nacht waren für Henriette und Karl nicht besonders erotisch gewesen, dazu beschäftigte Azmera sie zu sehr. Beim Essen hatten sie die Situation noch einmal durchgesprochen und sich gegenseitig in ihren Erwartungen gebremst.

Am nächsten Tag setzten sie sich zehn Minuten vor zwölf Uhr im »Chez Paul« an einen freien Tisch, bestellten einen Kaffee und warteten. Fatuma kam pünktlich, setzte sich zu ihnen und erklärte ohne Begrüßung: »Ich habe meine Schwester erreicht. Es geht ihr gut. Wo sie sich aufhält, wollte sie mir nicht sagen. Aber sie hat mir in aller Deutlichkeit mitgeteilt, dass sie nicht mit Ihnen zusammenarbeiten möchte, und da gibt es keinerlei Diskussion für sie. Ich denke, das ist alles.«

Damit stand sie auf und verließ das Bistro. Henriette und Karl waren nicht einmal zu Wort gekommen.

Auf der Rückfahrt ließen sie die ganze Geschichte noch einmal Revue passieren. Letztlich einigten sie sich darauf, dass sie Fatumas selbstbewussten Auftritt ziemlich beeindruckend fanden und dass sie sich an Azmeras Stelle wohl ebenso verhalten hätten. Um 17 Uhr waren sie wieder in Saarbrücken und gingen vom Bahnhof zu Fuß zu Karls Wohnung. Als er gerade unter der Dusche stand, klingelte Henriettes Handy. Es war Ulrike Stanjowski.

»Hallo, Frau Courgette, Sie wollten mich sprechen. Geht es um Fußball?«

»Hallo, Frau Stanjowski, vielen Dank für Ihren Rückruf. Ja, es geht um Fußball, aber bei mir weniger um wirtschaftliche als um sportmedizinische Aspekte, wenn Sie verstehen.«

»Ach, du lieber Gott, sportmedizinische Aspekte. Da haben Sie sich ja ein schönes Thema ausgesucht, wenn ich es richtig einordne.«

»Das haben Sie anscheinend. Nun ist es schwierig, an Quellen heranzukommen, wie Sie sich sicher vorstellen können. Meine Frage wäre, ob Sie hierzu vielleicht eine Idee hätten?«

Ulli schwieg eine Weile.

»Hallo, Frau Stanjowski, sind Sie noch dran?«

»Ja, bin ich. Ich hätte da tatsächlich eine Idee, die funktionieren könnte. Aber ich muss erst noch ein wenig darüber nachdenken und vielleicht etwas telefonieren. Kann ich Sie nachher noch erreichen?«

Henriette überlegte kurz, hörte Karl unter der Dusche und erwiderte dann:

»Heute Abend ist es ungünstig, ich bin die ganze Zeit unterwegs. Ich könnte es allerdings zwischendurch bei Ihnen versuchen, wenn das in Ordnung ist.«

»Okay, geben Sie mir zwei Stunden.«

»Aber gerne, und vielen Dank schon einmal für Ihre Mühe.«

Karl kam im Bademantel in die Küche, setzte sich und goss ihnen beiden ein Glas Crémant ein. Henriette erzählte von ihrem Telefonat.

»Bist du mit meinem Zeitmanagement zufrieden?«

»Sind zwei Stunden nicht etwas knapp gerechnet?«, fragte er schelmisch zurück. »Schließlich musst du ja auch noch unter die Dusche und dann noch einmal telefonieren.«

»Gut, ich beeile mich.«

Sie warf kurzerhand ihre Kleidungsstücke auf den Boden, umarmte Karl und verschwand im Bad.

»Ich bestelle dann im ›Gemmel‹ für 20:30 Uhr einen Tisch«, rief er ihr hinterher.

Henriette winkte zustimmend zurück.

Zwischenzeitlich vergaß sie, Ulrike Stanjowski noch einmal anzurufen. Es war dann Karl, der sie daran erinnerte. Noch im Bett führte sie das Gespräch.

Ulli gab ihr die Telefonnummer von einem Frankfurter Anwalt namens Dr. Reuber und erklärte ihr das Prozedere. Sie solle mit Dr. Reuber Kontakt aufnehmen und auf diesem Wege klären, ob der betreffende Fußballspieler mit ihr reden wolle.

Lars hatte irgendwann einmal von Dr. Reuber erzählt und Ulli dessen Telefonnummer gegeben. Jetzt hatte sie ihn angerufen und gefragt, ob er hier vermitteln würde. Sie schilderte ihm die aktuelle Situation von Lars, soweit sie sie kannte. Dr. Reuber wusste nicht Bescheid, sagte aber zu, dass er sich darum kümmern wolle. Wichtig war beiden, dass Frau Courgette den Namen von Lars erst erführe, wenn die Bedingungen einer Zusammenarbeit klar wären und er zugestimmt hätte.

Henriette bedankte sich für die Telefonnummer. Sie würde Dr. Reuber morgen anrufen. Falls sie Frau Stanjowski einmal behilflich sein könne, gerne.

Henriette und Karl verzichteten auf eine weitere Dusche, zogen sich an und gingen die wenigen Hundert Meter zum »Gemmel«. Diesmal schafften sie es nicht ganz, pünktlich zu sein, aber ihr Tisch war noch frei. Nachdem sie bestellt hatten, fragte Karl nach dem Ergebnis des kurzen Telefonats.

»Ich soll irgendeinen Anwalt anrufen, der mir vielleicht irgendeinen Fußballspieler als Quelle vermitteln könnte. Aber ich würde gerne etwas ganz anderes mit dir besprechen, etwas nicht ganz Einfaches.«

»Nur zu«, antwortete Karl und griff demonstrativ zu seinem Glas Grauburgunder, als wolle er sich Mut antrinken.

»Mein Vater hat neulich mit mir über seine Patientenverfügung und seine Vorsorgevollmacht gesprochen. Meinst du nicht, dass wir so etwas auch tun sollten?«

Karl trank sein Glas jetzt in einem Zug aus und signalisierte der Bedienung, dass er Nachschub bräuchte.

»Holla, das ist wirklich kein einfaches Thema. Darüber hatte ich mir bislang überhaupt keine Gedanken gemacht.«

»Ich auch nicht.« Henriette legte ihre Hand auf seine. »Aber es kann uns jederzeit etwas passieren, und was dann?«

»Klär mich bitte kurz auf«, gab Karl jetzt zu. »Ich habe zwar eine Vorstellung, aber wozu ist das so wichtig?«

»Ach, der Herr Professor ist unwissend in den praktischen Fragen des Lebens? Na gut. Wenn du zum Beispiel einen Unfall hattest, im Koma liegst und dich nicht äußern kannst, muss entschieden werden, wie die weitere medizinische Behandlung erfolgen soll. Wer trifft diese Entscheidung? Oder wer entscheidet, in welches Pflegeheim du gehst, wenn du dich nicht selbst versorgen kannst und auch das nicht selbst entscheiden kannst? Wer bekommt die Vollmacht für dein Konto?«

»Gut, ich habe verstanden. Normalerweise sind das wohl die engsten Verwandten, aber da habe ich auch schon von Problemen gehört, weil nicht klar war, wie der Patient sich entscheiden würde, wenn er noch könnte.«

»Stimmt. Und wer wäre bei dir so ein enger Verwandter?«

»Meine Eltern sind beide tot, und Kinder habe ich keine, wie du weißt. Ich habe nur noch einen Bruder, mit dem ich aber seit dem Tod meiner Eltern nicht mehr gesprochen habe, und das ist schon mehr als zehn Jahre her.«

»Möchtest du, dass dieser Bruder zu solchen Entscheidungen befragt wird oder sie sogar selbst treffen kann?«

»Um Gottes willen, nein. Mir wäre es am liebsten, wenn du so etwas entscheiden würdest. Lass uns heiraten, dann gibt es das Problem nicht mehr.«

Henriette war Karls ironischer Unterton nicht entgangen.

»Du nutzt auch jede Chance, oder? Du weißt, dass ich das gerne noch etwas verschieben würde, auch weil es eine weniger schwierige Lösung für das aktuelle Problem gibt: eine Patientenverfügung und eine Vorsorgevollmacht«, entgegnete sie deshalb genauso ironisch.

»Was ist am Heiraten so schwierig?«, fragte Karl jetzt weniger ironisch.

»Vielleicht nicht das Heiraten, sondern eher das ›Verheiratetsein‹. Und außerdem ist ›schwierig‹ eine subjektive

Kategorie, also geht es nicht um das ›Verheiratetsein‹ an sich, sondern um das ›Verheiratetsein‹ für mich, lieber Psychologe.«

»Gut, ich gebe mich vorläufig geschlagen, aber nur vorläufig. Wer würde denn für dich entscheiden?«

»Formal mein Vater. Aber wer weiß, wie lange er das noch kann. Und er weiß ziemlich wenig über mich. Eigentlich habe ich auch an dich gedacht.«

Henriette nahm den Faden von eben noch einmal auf:

»Zu heiraten ist übrigens nicht wirklich die ultimative Lösung. Es geht immer um den Willen des Betroffenen und wie man ihm am besten gerecht wird. Im Zweifel ist es deshalb am besten, sich selbst darüber Gedanken zu machen, was im Falle des Falles geschehen soll, und das schriftlich zu fixieren. Das schafft die größte Sicherheit für beide Seiten. Wir sollten das mal in Angriff nehmen.«

»Das bedeutet, dass wir solche Szenarien besprechen sollten, oder?«, meinte Karl etwas skeptisch.

»Ja, genau. Ich glaube aber, es ist das Beste, wenn ich mal mit meinen Verfügungen anfange. Daraus ergeben sich dann die wichtigen Gesprächspunkte, und es wird etwas konkreter.«

»Ja, das ist eine gute Idee, so machen wir's.«

Karl war aktuell nicht klar, ob er die Idee wirklich gut fand oder ob er nur froh war, dass das Thema damit für heute vom Tisch war.

Karls Entrecôte und Henriettes Dorade wurden serviert, und sie aßen, zunächst schweigend.

»Und wie geht es mit uns jetzt konkret weiter? Willst du heute Abend noch nach Hause?«, unterbrach Karl Henriettes Gedanken.

»Verzeih, ich war noch einmal in Gedanken bei unserer Läuferin. Ich will nur nach Hause, wenn du mitkommst. Ich habe morgen um elf Uhr die Besprechung mit Stefen und Sabine. Vorher muss ich auf jeden Fall nach Hause zum Wäschewechseln. Wenn du jetzt mitkämst, würde mich das entlasten. Wie ist denn dein Tag morgen?«

»Ich habe keine Termine, sollte aber am Vormittag, wenn Ingeborg da ist, mal vorbeischauen. Wir können es so machen, dass wir bei mir vorbeifahren, damit ich ein frisches Höschen mitnehmen kann, dann fahren wir mit dem Cabrio zu dir. Die zwei Kilometer sollte ich alkoholmäßig schon hinkriegen. Morgen ist es dann entspannt, oder?«

»Du bist ein Schatz, so machen wir es.«

Henriette hatte diese Variante vorher bedacht, sie hatte geahnt, dass sie nach dem Paris-Ausflug gerne die Nacht mit Karl verbringen wollte. Die Betten waren frisch bezogen, Henriette hatte nur die Nacht von Montag auf Dienstag darin geschlafen, und dies war auch ein Beweggrund für sie gewesen, den Montagabend lieber bei Roberta zu verbringen.

Kapitel 14

— Paris, Samstag, 19.12.2015

Sie hatten in Caen 3:0 gewonnen und in der Tabelle der Ligue 1 19 Punkte Vorsprung vor Monaco auf dem zweiten Platz. Jetzt hatten die Spieler über Weihnachten und Silvester 14 Tage Urlaub. Sie stießen in der Kabine kurz an, und zwei Stunden später saß die Mannschaft im gecharterten Jet. Die regenerativen Maßnahmen nach Spielende waren diesmal ausgefallen, alle wollten nach Hause.

Es war bislang eine äußerst positive Saison für Lars. In der Champions League hatten sie die Gruppenphase erfolgreich absolviert. Auch im Pokal waren sie bislang gut dabei, und der Tabellenplatz in der Ligue 1 sprach Bände. Lars hatte alle Spiele von Anfang an bestritten. Nur in einem Pokalspiel setzte er aus. Nach dem Tritt eines Gegenspielers auf sein Sprunggelenk verordnete ihm der Trainer eine Pause. Er hatte sich im Nachhinein über die Situation ziemlich geärgert, aber eher über sich selbst als über den Gegenspieler. Lars hatte ihn kommen sehen, wollte hochspringen, war aber zu langsam. Das passierte ihm inzwischen glücklicherweise sehr selten. Er war sich sicher, dass sein Doping auch für seine äußerst geringe Verletzungsquote verantwortlich war. Er kam kaum in diesen Ermüdungszustand, in dem man nicht mehr so schnell reagieren kann, wie es manchmal nötig war.

Er hatte auch alle Spiele der Nationalmannschaft bestritten. Die EM-Qualifikation hatten sie als Gruppenerster abgeschlossen. Und dann war da noch am 13. November dieses Freundschaftsspiel in Paris gegen Frankreich gewesen, also praktisch ein Heimspiel für ihn. Auf dem Spielfeld hatten sie die Explosion des Terrorangriffs deutlich gehört.

Die anschließende Nacht konnte er so schnell nicht vergessen. Das Spiel gegen die Niederlande in Hannover ein paar Tage später wurde abgesagt.

Am wichtigsten war ihm jedoch, dass er sowohl in seinem Pariser Team als auch in der Nationalmannschaft großen Respekt erfuhr. So, wie er das empfand, galt dies für seine fußballerischen Qualitäten ebenso wie für seine Person.

Die Schattenseite war, dass er ständig hochdrehte und praktisch ohne Pause unterwegs war. Training, ein bis zwei Spiele pro Woche, die Reisen zu den Spielorten und nach Madrid. So hatte er etwas den Kontakt zu seinem Körper verloren, aber das war ihm noch nicht wirklich bewusst.

Dazu kam eine zunehmende soziale und psychische Isolation. Mit seinen Mannschaftskollegen und den anderen Personen des Vereins, zu denen er Kontakt hatte, führte er gute, aber ausschließlich professionelle Beziehungen. In Paris gab es leider keinen Sergio wie in Frankfurt, mit dem er zumindest ansatzweise mal über etwas Persönliches sprechen konnte.

Seine Eltern hatte er nach ihrem Besuch in Paris nicht mehr gesprochen. Einmal hatte er seine Mutter an ihrem Geburtstag angerufen, aber das war ein Pflichttermin und nur ein sehr kurzes Gespräch gewesen, dabei war es geblieben. Zur Hochzeit seiner Schwester hatte er wegen eines Termins mit der Nationalmannschaft nicht kommen können. Er lebte inzwischen tatsächlich in einer anderen Welt, obwohl er sich anfangs beharrlich dagegen gewehrt hatte. Er betrachtete das Geschäft seiner Eltern nicht etwa mitleidig, was die Einkünfte anging. Es interessierte ihn schlichtweg nicht mehr.

Über sein Doping sprach er nach wie vor nur mit Dr. Enrico. Einerseits hatte er sich inzwischen daran gewöhnt, alle im Zusammenhang mit seinem Doping stehenden Lebensumstände zu verdrängen. Andererseits missfiel ihm diese Heimlichtuerei, wie es sein Vater genannt hätte. Seine Flüge nach Madrid koordinierte er mit Aufenthalten von Ulli in Frankfurt, so dass sie ihr nicht auffielen. Im Verein begründete er seine Abwesenheit, wenn es denn notwendig war, mit dringenden geschäftlichen Terminen. Es gab nie Schwierigkeiten. Er hatte keine Ahnung, ob oder wie es die anderen Spieler machten, aber bei einigen gab es auch hier und da kurze Abwesenheiten, die nicht weiter thematisiert wurden.

Seine Beziehung zu Ulli wurde stark belastet, als Axel ihn am Telefon darüber informierte, dass sie in Frankfurt wahrscheinlich nicht bei einer Freundin wohnte, sondern bei einem Dr. Klaus Brahmbeck. Nach dem ersten Fußball-Artikel von Ulli hatte Axel einfach mal ein bisschen losrecherchiert, er hatte sie auf dem Kieker. Journalistisch hatte er nichts gegen sie gefunden, aber eben diese Ungereimtheit mit ihrer Frankfurter Wohnsituation. Er war über seine guten Beziehungen in die Frankfurter Journalistenszene darauf gestoßen. Es hieß, Dr. Brahmbeck sei ein älterer, einflussreicher Banker und beide hielten ihre Beziehung unter dem Teppich. Axel hatte versucht, sich rückzuversichern, und dabei einen Telefoneintrag unter Ullis Frankfurter Adresse, die Lars ihm mal genannt hatte, mit dem Namen Brahmbeck gefunden. Es schien also zu stimmen.

Lars hatte Angst, dass Ulli ihm abhandenkommen könnte. Er brauchte sie in seiner Pariser Situation als persönliche Vertrauensperson. Sie war die einzige, die er hatte. Er stellte sie nicht zur Rede und fragte auch nicht nach, nicht einmal vorsichtig. Er verdrängte auch diesen Dr. Klaus Brahmbeck einfach. Eine Ahnung sagte ihm, dass das nicht gut sei, aber er hatte keine andere Strategie.

Sexuell lief es inzwischen etwas ruhiger, aber es wurde nicht langweilig. Nach Axels Information über Brahmbeck spürte Lars zuerst eine gewisse Reserviertheit; nach zwei englischen Wochen mit Spieltagen jeweils mittwochs und samstags, in denen Ulli in Frankfurt blieb, war diese Unlust allerdings vergangen. Möglicherweise spielten hier auch seine punktuellen Fantasien eine Rolle, die sich darum drehten, was Ulli in der Zwischenzeit mit Dr. Brahmbeck trieb, aber diesen Abgründen wollte er nicht weiter folgen.

Irgendwann Anfang November hatte Ulli gefragt, ob sie über Silvester verreisen wollten.

»Habe ich auch schon überlegt«, antwortete Lars. »Wollen wir wieder nach St. Moritz? Ich habe da recht gute Erinnerungen.«

»Ich auch. Aber ob es noch mal so wird? Willst du denn wieder trainieren?«

»Ja, würde ich gerne. Aber Langlauf und Studio könnten wir auch zusammen machen.«

»Wie stellst du dir das vor? Studio geht vielleicht, aber Langlauf? Wir sind nicht in der gleichen Leistungsklasse, glaube ich.«

»Studio ist überhaupt kein Problem, und beim Langlauf mache ich einfach eine schnellere Runde hinterher, während du einen Cappuccino trinkst. Also, ich denke schon, dass das ginge.«

»Gut, ich glaube, darauf kann ich mich einlassen. Und Weihnachten?«

»Wie meinst du das? Wir könnten zu meinen Eltern, die würden sich wahrscheinlich freuen. Aber das muss nicht sein. Ich muss da nicht jedes Jahr hin. Lieber würde ich gleich nach St. Moritz fahren, dann hätten wir zwei Wochen, am 4. Januar muss ich wieder beim Verein sein.«

»Ich habe keinerlei Weihnachtsambitionen, auch nicht in Frankfurt«, warf Ulli ein.

Lars zuckte innerlich leicht zusammen, versuchte, sich nichts anmerken zu lassen, und sagte dann: »Na, dann würde ja nichts dagegensprechen.« Er schaute kurz in seinen Handy-Kalender. »Ich komme am Samstag, dem 19.12., relativ spät aus Caen zurück. Du bist wahrscheinlich in Frankfurt. Ich könnte am Sonntagnachmittag nach Frankfurt fliegen, du steigst zu, dann sind wir am Abend da. Rückflug wäre dann 14 Tage später, was meinst du? Ich würde dann gleich das Hotel reservieren.«

»Einverstanden! Ich glaube, dass mir ein wenig sportliche Betätigung auch nicht schaden würde.«

Es war mittlerweile zwischen ihnen unausgesprochen klar, dass Lars so einen Posten wie diese Reise allein bezahlen würde. Ulli würde sich hier und da mit einer Restaurant-Rechnung beteiligen.

Lars versuchte, dieselbe Junior Suite wie letztes Jahr zu bekommen, aber weil schon alle Junior Suiten vermietet waren, entschied er spontan, eine Kategorie höher zu buchen. Da gab es noch etwas.

— St. Moritz, Samstag, 26.12.2015

Seine Anreise nach Frankfurt sah dann im Detail doch etwas anders aus, als er sie mit Ulli besprochen hatte. Sein Wintersport-Gepäck hatte er schon vor der Abreise nach Caen gepackt. Er flog relativ früh nach Madrid, um sich Blut abnehmen zu lassen. Die dadurch bedingten Leistungseinbußen konnte er in St. Moritz verschmerzen, für Ulli würde es reichen. Damit er in 14 Tagen wieder halbwegs fit wäre, würde er dort weiter dopen. Das Entdeckungsrisiko hielt er für geringer als in Paris. Die Box mit seinen Dopingmitteln wurde entsprechend aufgefüllt.

Da die Box nicht gekühlt werden musste, bewahrte er sie normalerweise in Paris in einem Schubfach seines Kleiderschranks auf. Ulli hatte einen eigenen Kleiderschrank. In St. Moritz würde er sich etwas anderes einfallen lassen müssen.

Von Madrid flog er nach Frankfurt, und Ulli stieg zu. Sie konnten sich immer noch über Cappuccino und Mineralwasser amüsieren. Jetzt hatten sie Urlaub!

Lars hatte vorab einen Range Rover gemietet. Sie warfen ihr Gepäck hinein und fuhren zum Hotel. Es schneite stark und St. Moritz zeigte sich von seiner schönsten Seite. Die Straßen waren weiß, und am nächsten Tag erfuhren sie, dass der Flughafen Samedan zwei Stunden nach ihrer Ankunft geschlossen worden war.

Im Hotel wurden beide überaus freundlich empfangen. Die Rezeptionistin fragte Lars, ob es für eventuelle Besucher dieselbe Regelung wie im letzten Jahr geben solle, und er bejahte. Ulli war überrascht, weil die Suite noch einmal deutlich größer und besser ausgestattet war, und fragte nach der Besucherregel. Lars entschuldigte sich für die Größe der Suite mit dem Hinweis, dass alles andere schon ausgebucht gewesen sei. Und schlecht wäre sie ja nicht, oder? Die Besucherregelung diene dazu, spontane Fanbesuche zu verhindern.

Anfangs war es ganz gut gelaufen. Sie hatten sich Langlaufausrüstungen geliehen und waren die gleiche Runde über den Silvaplanersee gelaufen, mit der Lars im letzten Jahr mit Rüdiger gestartet war. Ulli bewegte sich gekonnt auf den Brettern, es war nicht ihr erster Langlauf-Versuch. Das Tempo war für ihn sehr moderat, aber annehmbar. Er begleitete sie zum Café in Sils und machte sich auf den Weg zu einer Acht-Kilometer-Schleife, die er im Sprinttempo absolvierte. Als er ziemlich abgekämpft wieder im Café auftauchte, war Ulli gerade mit ihrem Kuchen fertig. Den Rückweg gestalteten sie dann wieder in moderatem Tempo. Insgesamt hatte das gut funktioniert.

Sie waren auch im selben Studio gewesen, das Lars vom letzten Jahr kannte. Das gemeinsame Training hatte sehr gut geklappt, und sie hatten viel Spaß.

Für Heiligabend hatten sie einen Ausflug zum Muottas Muragl gebucht, einer Bergstation in fast 2.500 Metern Höhe mit einem Restaurant und einer fantastischen Aussicht. Sie waren mit der Standseilbahn von Punt Muragl, wo sie den Range Rover geparkt hatten, in einer knappen Viertelstunde hochgefahren. Kurz vor Mitternacht waren sie dann mit dem Schlitten zurückgekehrt. Es hatte deutlich länger gedauert, und das lag auch daran, dass sie einige alkoholbedingte Stürze, die aber alle glimpflich verlaufen waren, zu verzeichnen gehabt hatten. In einer Kurve hatten sie die Kontrolle verloren und waren mit dem Schlitten geradeaus in eine Schneewechte gepurzelt. Sie brauchten einige Minuten, bis sie sich aus dem Schnee befreit hatten und ihre Reise fortsetzen konnten. Die kurze Autofahrt zum Hotel absolvierten sie dann ohne irgendwelche Vorkommnisse.

Das Desaster begann am ersten Weihnachtsfeiertag. Sie waren, nicht nur, weil sie vom vergangenen Abendprogramm müde waren, lange im Bett geblieben und hatten sehr spät gefrühstückt. Lars drehte dann eine schnelle Runde über den See, während Ulli lieber in St. Moritz spazieren gehen wollte. Er kam zurück, Ulli war nicht da. Er nutzte die Gelegenheit, holte die Doping-Box aus dem ansonsten leeren Rollkoffer, nahm eine der vorbereiteten Einmalspritzen und schloss sich im Bad ein. Nachdem er sich gespritzt hatte, ging er unter die Dusche.

Als er zurück ins Schlafzimmer kam, bot sich ihm ein erschreckender Anblick. Ulli saß auf dem Bett und starrte ihn mit leerem Blick an. Neben ihr lag die geöffnete Doping-Box. Er hatte sie liegen lassen, weil er die gebrauchte Spritze nicht im Abfall entsorgen, sondern wieder zurück in die Box legen wollte. Er hatte nicht damit gerechnet, dass Ulli in der Zwischenzeit zurückkommen würde. Das war natürlich ein grober Fehler gewesen. Zu allem Überfluss hatte er die gebrauchte Spritze in der Hand.

»Wie lange machst du das schon?«, war ihre erste Frage.

»Seit etwa zwei Jahren. Verzeih mir. Ich hätte das nicht liegen lassen dürfen.«

Er legte die leere Spritze in die Box, schloss sie und packte sie zurück in den Rollkoffer.

»So kann man es auch sehen«, sagte Ulli bitter. »Versteh mich nicht falsch. Ich bin fürchterlich traurig und enttäuscht, aber weniger, weil du offensichtlich ein Junkie bist. Dass du dopst, hätte ich mir eigentlich denken müssen, es gab genügend Anzeichen. Damit könnte ich vielleicht leben. Aber dass du es mir die ganze Zeit über verheimlicht hast, dass du mir nie auch nur ein Sterbenswörtchen davon erzählt hast, damit kann ich nicht umgehen. Das ist für mich ein ganz schlimmer Vertrauensbruch.«

Lars bekam einen trockenen Mund. Das hatte er nicht gewollt. Er machte einen Schritt auf Ulli zu, hob den Arm und wollte ihr Haar streicheln.

Sie wich zurück. »Fass mich nicht an«, sagte sie völlig ruhig.

Er setzte sich auf einen Stuhl, und dann rutschte es ihm heraus, ohne dass er es verhindern konnte:

»Und was ist mit Dr. Brahmbeck?«

Ulli starrte ihn fassungslos an.

»Was weißt du von Klaus Brahmbeck?«, fragte sie immer noch völlig ruhig.

»Du hast mir erzählt, dass du in Frankfurt mit einer Freundin zusammenwohnst. Ich habe aber gehört, dass deine Freundin ein Herr namens Dr. Brahmbeck ist. Würdest du das nicht auch als einen ziemlichen Vertrauensbruch bezeichnen?«

Ulli sagte kein Wort. Langsam füllten sich ihre Augen mit Tränen.

»Das ist etwas ganz anderes.«

»Ach ja, das ist es immer«, reagierte Lars nun bissig.

Ulli schluchzte jetzt.

»Klaus hat mir nach dem Tod meiner Eltern sehr geholfen. Er war so etwas wie ein Mentor. Und ja, es gibt auch eine sexuelle Seite. Aber Klaus ist 62 Jahre alt. Er weiß von dir und stellt keinerlei Besitzansprüche.«

»Na super. Alle wissen Bescheid, nur mir hat keiner was gesagt«, war Lars jetzt lauter geworden, »und da redest du von Vertrauensbruch.«

Plötzlich wurde Ulli wieder ganz ruhig: »Gut, das war es dann wohl. Ich packe meine Sachen und setze mich in den Zug.«

Sie stand auf, ließ ihn sitzen und begann, ihre Sachen zu packen. Lars fühlte sich völlig hilflos, fing an zu weinen, konnte aber kein Wort sagen.

Nach zehn Minuten stand sie vor ihm: »Ich nehme mir ein Taxi zum Bahnhof und dann den ersten Zug in Richtung Deutschland. Du brauchst dir keine Sorgen zu machen, aber das ist wahrscheinlich überflüssig zu sagen. Ich wünsche dir alles Gute. Vielleicht hören wir ja mal voneinander.«

Sie wartete nicht auf eine Erwiderung, drehte sich um und verließ die Suite mit ihren zwei Reisetaschen.

Lars war wie betäubt und konnte im Nachhinein nicht mehr erklären, wie er den Abend und die Nacht verbracht hatte. Beim Frühstück am nächsten Morgen fragte ihn die Bedienung, ob seine Frau abgereist sei. Er bejahte, korrigierte dann, dass es nicht seine Frau gewesen wäre, und begann, wieder etwas klarer zu denken.

Er beschloss, in St. Moritz zu bleiben und sein Training und das Doping durchzuziehen. Mit dem Alleinsein hatte er keine grundsätzlichen Probleme, und den Trennungsschmerz würde er mit härterem Training und erhöhtem abendlichen Alkoholkonsum bekämpfen.

Nachts wachte er einmal auf und spürte, wie sein Herz förmlich raste. Er fühlte seinen Puls, der bei 140 lag. Nach einer Minute war das Spektakel vorbei, er schlief wieder ein. Am nächsten Morgen hatte er das Vorkommnis schon wieder vergessen.

— Paris, Samstag, 21.5.2016

Sie hatten das letzte wichtige Spiel dieser Saison gewonnen, das Pokalfinale. Es wurde eine rauschende Partynacht, und Lars war erst im Morgengrauen zu Hause.

Als Französischer Meister standen sie schon am 13. März fest, obwohl noch acht Spieltage fehlten. Sie hatten gegen Troyes mit 9:0 gewonnen, das reichte, um sie uneinholbar zu machen. Die verbleibenden Ligaspiele betrachtete er als Schaulauf. In der Champions League waren sie im Viertelfinale am 12. April ausgeschieden. Es war für die Mannschaft und auch für Lars persönlich eine sehr gute Saison gewesen, auch wenn sie das Aus in der Champions League wurmte.

Bis zum 27. Mai hatte er ein paar Tage frei, dann würden die Vorbereitungen auf die Europameisterschaften vom 10. Juni bis 10. Juli in Frankreich beginnen. Er hatte diese Situation schon Mitte April in Madrid besprochen, und sie hatten eine Lösung gefunden.

Lars' Freude war dadurch getrübt, dass sein nächtliches Herzrasen in der letzten Zeit häufiger aufgetreten war. Außerdem war er ein paarmal nachts mit merkwürdigen Brustschmerzen aufgewacht, die er nicht zuordnen konnte. Er lief dann herum, bis es wieder besser wurde. Das dauerte manchmal zehn Minuten, manchmal eine halbe Stunde. Der Physiotherapeut schaute nach seiner Brustwirbelsäule, fand natürlich auch etwas und rückte es gerade. Dummerweise wachte Lars eine Woche später wieder mit Brustschmerzen auf.

Er sprach mit niemandem darüber, vor allem nicht mit den Vereinsmedizinern, weil er seine Aufstellung nicht gefährden wollte. Außerdem traten diese Phänomene nie unter Belastung auf, und das beruhigte ihn. Dann wurden die nächtlichen Störungen seltener, und schließlich vergaß er sie.

Von Ulli hatte er in der Zeit seit Weihnachten eine E-Mail erhalten. Sie berichtete nur kurz, dass es ihr den Umständen entsprechend gut gehe. Er antwortete genauso knapp in ähnlichen Worten.

— Dillingen, Mittwoch, 25.5.2016

Seine Schwester hatte ihn gebeten, nach Dillingen zu kommen, ihre Mutter sei krank. Nach der Trennung von Ulli hatte Lars ziemlich selbstkritisch über das Verhältnis zu seiner Familie nachgedacht, wollte etwas wiedergutmachen und sagte für ein paar Tage zwischen dem Pokalfinale und der EM-Vorbereitung zu.

Am Dienstag flog er nach Saarbrücken-Ensheim, wo ihn Kathi mit dem Auto abholte. Sie berichtete ihm das Wesentliche auf der Fahrt: Ihre Mutter habe einen Schwächeanfall gehabt und sei ein paar Tage zu Untersuchungen in der Homburger Uniklinik gewesen. Jetzt sei sie wieder zu Hause, aber immer noch ziemlich matt. Ihr Vater sei gesund, die Firma auch, und Karl-Heinz habe sich gut eingearbeitet. Sie seien allerdings besorgt, weil Lars sich praktisch seit einem Jahr nicht mehr gemeldet hatte.

Lars‘ Mutter saß im Wohnzimmer in einem Sessel, las wohl gerade ein Buch und machte einen ziemlich entspannten Eindruck. Sie war alleine, sein Vater war noch in der Dillinger Zentrale ihres Buchhandels. Lars kam mit seiner Schwester in den Raum, trat an den Sessel, und als sie hochschaute, fragte er:

»Hallo, Mutter, wie geht es dir?«

»Ach, Lars, das ist ja schön. Jetzt haben wir dich so lange nicht mehr gesehen. Wir haben uns schon Sorgen gemacht. Und ja, mir geht es ganz gut, solange ich in diesem Sessel sitze. Aber schon der Weg ins Bad ist ziemlich anstrengend, kannst du dir das vorstellen?«

Er sah den Rollator neben dem Sessel.

»Aber sag mal, wie geht es dir? Ulli und du, ihr habt euch getrennt, wie ich gehört habe.«

»Ja, das stimmt. Und ich glaube, es ist in Ordnung so. Wir haben uns nicht mehr richtig verstanden.«

»Mein Eindruck war eigentlich ein anderer. Mit deinem Vater habe ich auch einige Meinungsverschiedenheiten gehabt. Wir haben uns dann aber immer wieder zusammengerauft. Aber vielleicht kann man das nicht vergleichen. Ich finde es nur schade, ich habe Ulli gemocht.«

Lars wusste nicht so recht, was er darauf antworten sollte.

»Ja, ich glaube schon, dass das etwas anderes war. Wann kommt Vater denn nach Hause?«

»So gegen halb sieben. Wir wollen dann zusammen essen. Vormittags ist immer Frau Pauli hier. Sie hilft mir im Haushalt. Heute hat sie Rouladen vorbereitet, die hast du früher immer sehr gerne gegessen.«

»Und was macht Karl-Heinz?«, fragte Lars mit einem Seitenblick auf seine Schwester.

»Karl-Heinz ist heute mit Freunden unterwegs«, antwortete Kathi. »Morgen wollen wir alle zusammen ins ›La Bécasse‹ zum Essen gehen. Ist das okay für dich?«

»Haben die vielleicht einen Extraraum für uns? Du weißt, falls mich irgendjemand erkennt und die Zeitung anruft, schmeckt uns das Essen nicht mehr.«

»Ja, die haben verschiedene kleine Räume. Ich habe daran gedacht.«

»Danke, Schwesterlein.« Und zu seiner Mutter gewandt: »Ich gehe mal in mein Zimmer rauf und ziehe mich um. Vor dem Essen könnte ich noch eine Stunde im Wald joggen.«

In einem neutralen Trainingsanzug, den er extra eingepackt hatte, ging er durch den Garten nach hinten, sprang wie früher über den Zaun und war direkt im angrenzenden Wald. Nach ungefähr zehn Minuten merkte er deutlich, dass das Laufen ihm heute nicht so leicht fiel wie sonst. Er fühlte sich irgendwie schlecht. Er reduzierte das Tempo, dann ging es für die nächsten zehn Minuten besser. Als sich dieses merkwürdige Unwohlsein wieder bemerkbar machte, legte er eine Gehpause ein. Ob er sich etwa einen Infekt zugezogen hatte? Das wäre so kurz vor der EM denkbar schlecht.

Den Weg zurück bewältigte Lars mehr gehend als laufend. Dann stellte er sich unter die Dusche und ließ minutenlang heißes Wasser auf Kopf und Schultern prasseln, bis das ganze Bad voller Dampf war. Er trocknete sich ab und legte sich kurz hin. Es ging ihm deutlich besser.

Die Rouladen schmeckten wie früher. So etwas Bodenständiges hatte er seit langer Zeit nicht mehr gegessen. Das Gespräch kreiste in erster Linie um die Befindlichkeit seiner Mutter. Die Ärzte wussten nicht so richtig Bescheid. Es gab keine klare und eindeutige Ursache für ihre Schwäche, aber Hinweise auf mehrere Organprobleme, die jetzt medikamentös angegangen werden sollten.

Sein Vater schien sehr besorgt zu sein. Er stellte infrage, dass der Vormittagsdienst von Frau Pauli auch wirklich das Beste sei, was sie zur Unterstützung seiner Frau tun könnten. Lars' Mutter versuchte, Ruhe auszustrahlen, was ihr aber nur ansatzweise gelang. Immerhin konnte sie ihren Mann überzeugen, dass Frau Pauli im Augenblick wirklich die beste Lösung war.

Lars berichtete, dass er sich müde fühle und früh ins Bett gehen wolle. Seine Befürchtung, er hätte einen Infekt, sprach er nicht an. Seine Familie entließ ihn und wünschte ihm eine gute Nacht.

Er ging in sein Zimmer, zog sich aus und legte sich sofort ins Bett. Die möglichen Infekt-Folgen beschäftigten ihn, aber irgendwann schlief er ein.

Mitten in der Nacht wachte er von den Brustschmerzen auf. Es war einerseits so, wie er es schon kannte, andererseits aber viel intensiver. Er wusste nicht mehr, wie er liegen sollte, lief hin und her, versuchte, den Schmerz durch Dehnen der Brust und des Rückens und durch tiefes Atmen zu lindern, aber es nutzte nichts. Dann begann er zu schwitzen. So etwas hatte er noch nicht erlebt. Er wusste nicht, was er tun sollte. Seine Schwester war bestimmt nach Saarlouis gefahren, da hatte sie mit Karl-Heinz ein Haus bezogen. Sie wollte morgen zum Frühstück wiederkommen. Er konnte doch nicht mitten in der Nacht seine Eltern aufwecken!

Lars zog sich einen Bademantel über und setzte sich in einen Sessel in seinem Zimmer. Die Schmerzen waren jetzt halbwegs erträglich, und das Schwitzen hatte nachgelassen. Er dümpelte so vor sich hin und versuchte zu überlegen, was er unternehmen sollte. Einen klaren Gedanken konnte er aber nicht fassen.

Um sieben Uhr stand er unter der Dusche. Dann zog er sich an und setzte sich wieder in den Sessel. Um acht Uhr ging er in die Küche herunter, wo seine Mutter mit Frau Pauli das Frühstück vorbereitete. Die Schmerzen hatten nicht weiter nachgelassen. Lars fühlte sich so mies wie noch nie.

»Na, so richtig ausgeschlafen wirkst du nicht«, meinte seine Mutter und schaute ihn besorgt an.

»Nein, die Nacht war nicht so gut. Ich gehe mal raus, etwas frische Luft schnappen.«

Er setzte sich draußen auf die Bank neben der Tür. Die Luft tat gut, aber der Schmerz in der Brust blieb. Nach einer Weile ging er zurück in die Küche.

Sein Vater kam auch gerade herein, sah ihn an und meinte: »Na, so viel haben wir gestern eigentlich nicht getrunken. Was ist los, mein Sohn?«

Bevor Lars antworten musste, klingelte es, und Frau Pauli ließ Kathi ein. Als sie die Küche betrat und ihn sah, fragte sie spontan: »Lars, wie siehst du denn aus? Du bist krank, oder? Komm, wir gehen vor dem Frühstück noch mal kurz nach oben.« Sie nahm ihn an der Hand und zog ihn unter den erstaunten Augen von Frau Pauli und seinen Eltern aus der Küche.

In seinem Zimmer ließ sich Lars in den Sessel fallen und fing stockend an, von der Nacht zu berichten. Kathi hörte eine Weile zu, dann unterbrach sie ihn:

»Das hört sich verdammt nach einem Herzinfarkt an. Du musst sofort zu einem Arzt, besser gleich in eine Klinik.«

Lars starrte sie an.

»Wie stellst du dir das vor? Wenn davon jemand etwas erfährt, bin ich erledigt.«

»Ich würde eher sagen, wenn du jetzt nicht schnell etwas unternimmst, bist du erledigt, und zwar endgültig.«

Er schluckte. »Okay, vielleicht hast du recht. Gibt es hier einen guten Kardiologen?«

»Na klar. Du kennst doch noch den alten Dr. Schmitz in Wallerfangen, oder?«

»Ach ja, der war doch früher unser Hausarzt, bevor unsere Eltern nach Dillingen gewechselt sind. Und der ist Kardiologe?«

»Ja, und er soll gut sein, wie man so hört. Ich rufe ihn jetzt mal an, ob er nach dir sehen kann, ohne dass du ins Wartezimmer musst. Die Praxis müsste schon geöffnet sein.«

Kathi holte ihr Handy aus der Hosentasche, suchte nach der Nummer, fand sie und rief an. Als sich die Praxis meldete, nannte sie ihren Namen, betonte die Familientradition und beschrieb dann das Problem mit Lars und seinem Bekanntheitsgrad. Dann deckte sie das Handy mit der anderen Hand ab und sagte: »Die Sprechstundenhilfe fragt jetzt Dr. Schmitz.« Nach zwei Minuten kam die Antwort, Lars möge gleich vorbeikommen. Dr. Schmitz würde ihn sofort untersuchen.

Jetzt ging alles sehr schnell. Seine Schwester erklärte seinen Eltern und Frau Pauli, dass Lars jetzt besser ohne Frühstück gleich zum Arzt führe. Sie würden sich später wieder melden. Dann waren sie draußen. Kathi dirigierte Lars zu ihrem Wagen, und nach zehn Minuten standen sie vor der Sprechstundenhilfe. Kathi nannte ihren Namen.

»Dr. Schmitz erwartet sie schon.« Die Sprechstundenhilfe ließ Lars eintreten.

Ein älterer, weißhaariger Mann schaute Lars besorgt an. »Hallo, Lars. Das darf ich doch wohl so sagen? Das letzte Mal haben wir uns gesehen, als du zehn Jahre alt warst.«

Lars erinnerte sich nur sehr dunkel, hatte aber nichts dagegen, dass ihn der alte Herr duzte.

»Gut, dann erzähl mal bitte.«

Lars erzählte von seiner Nacht und dass er das schon öfter, wenn auch weniger intensiv, gehabt hätte.

»Na, dann schauen wir mal nach.«

Mit einer hinzugekommenen Assistentin erstellten sie ein Ruhe-EKG, und anschließend führten sie eine Ultraschalluntersuchung des Herzens durch.

Dabei sagte Dr. Schmitz nur wenig. Als sie fertig waren und Lars wieder angezogen vor seinem Schreibtisch saß, eröffnete er ihm:

»Du hast einen Herzinfarkt. Ziemlich ungewöhnlich für einen jungen Mann mit deinem Hintergrund, aber so ist es. Und es war gut, dass du wenigstens gleich am Morgen hergekommen bist. Es sieht so aus, als ob die Hinterwand deines Herzens nicht mehr richtig versorgt wird. Ich schicke dich jetzt nach Homburg, wo du weiter untersucht wirst. Es ginge auch in Saarlouis, aber in Homburg sind sie besser ausgestattet. Und ich glaube nicht, dass es um Sekunden geht. Der Krankenwagen ist schon bestellt, und in Homburg warten sie auf dich.«

»Moment mal«, reagierte Lars. »Darauf bin ich jetzt aber gar nicht eingestellt.«

Dr. Schmitz lachte kurz auf, wurde dann aber wieder ernst.

»Lieber Lars, das ist wohl keiner in einer solchen Situation. Aber glaube mir: Du musst jetzt im wahrsten Sinne des Wortes alles stehen und liegen lassen und in die Klinik.«

»Und was ist mit der Europameisterschaft? Meine Schwester hat doch berichtet, was ich so treibe.«

»Natürlich weiß ich Bescheid. Und ich muss dir sagen, dass du die Europameisterschaft ganz bestimmt absagen musst und dass du vielleicht sogar überhaupt keinen Profifußball mehr betreiben kannst. Aber jetzt mach dir erst mal keine Gedanken darüber. Jetzt geht es darum, deinen Herzmuskel zu retten.«

Er brachte Lars hinaus und übergab ihn den schon wartenden Sanitätern, die ihn in einem Krankenstuhl zum Krankenwagen transportierten. Seine Schwester durfte mitkommen.

Mit Blaulicht brauchten sie eine halbe Stunde. Im Krankenwagen saß Kathi neben Lars. Seine Schmerzen hatten etwas nachgelassen. Er berichtete ihr von der Prognose, an der EM nicht teilnehmen zu können und vielleicht nie mehr Profifußball spielen zu können. Dabei standen ihm die Tränen in den Augen. Sie sah es und versuchte ihn zu beruhigen: »Jetzt warten wir erst mal ab, was die Ärzte in der Uniklinik sagen. Und es gibt Wichtigeres als Fußball, glaube ich.«

Kapitel 15

— Saarbrücken, Donnerstag, 13.10.2016

Nach einer eher kurzen Nacht, was das Schlafen anging, standen Henriette und Karl ohne die üblichen Morgenkuscheleien etwas schwerfällig auf, duschten und tranken beide einen Lungo. Sie sprachen nicht viel. Gegen zehn Uhr verließen sie Henriettes Wohnung und trennten sich in der Tiefgarage. Sie hatten sich für den kommenden Dienstag wieder verabredet.

In ihrem Büro machte sich Henriette zuerst einen zweiten Lungo, dann rief sie Dr. Reuber an. Er war direkt am Telefon.

Sie stellte sich vor, und Dr. Reuber wusste sofort Bescheid.

»Sie wollen also ein Interview mit einem Fußballspieler führen und nehmen an, dass ich hier vermitteln könnte?«, fragte er.

»Genau. Ich habe Ihre Telefonnummer von Frau Stanjowski, und genau so hat sie es mir erläutert.«

»Na gut. Um was soll es denn in diesem Interview gehen?«

»Ich interessiere mich für alle Aspekte des Lebens als Profifußballspieler: Training, Ernährung, soziale Fragen, medizinische Versorgung. Wirtschaftliche Fragen interessieren mich weniger.«

»Was meinen Sie denn mit ›soziale Fragen‹?«

»Ich stelle mir vor, dass so eine Mannschaft hochgradig kompetitiv funktioniert. Dazu kommen häufige Wechsel des Wohnortes und viele Reisen. Das wirft für mich schon einige Fragen auf.«

»Okay, ich verstehe, Sie meinen wohl eher psychologische Fragen. Schicken Sie mir doch bitte per E-Mail Ihre vollständigen Kontaktdaten, den Zweck und die geplanten Inhalte Ihres Interviews. Ich rufe Sie dann morgen an und teile Ihnen mit, ob das Gespräch grundsätzlich stattfinden kann. Außerdem bekommen Sie von mir unsere Veröffentlichungsbedingungen ebenfalls per E-Mail. Geht das so für Sie?«

»Ja, das ist gut so, vielen Dank und bis morgen.«

Henriette hatte wieder etwas Hoffnung, dass es doch noch mit einem Doping-Interview klappen könnte, aber sie verstand, dass Frau Stanjowski diesem Dr. Reuber nichts von ihrem Doping-Interesse berichtet hatte. Aber wenn sie sich richtig erinnerte, hatte sie ihr gegenüber auch nur Andeutungen gemacht. Das hieß, dass sich letztlich erst während des Gesprächs mit diesem Fußballprofi entscheiden würde, ob sie etwas über Doping erführe, falls dieses Gespräch denn überhaupt zustande käme. Sie schickte die gewünschten Informationen in Stichworten an Dr. Reuber.

Es klopfte, und Stefan betrat zusammen mit Sabine ihr Büro. Nach dem obligatorischen Lungo-Prozedere resümierte Henriette, was heute zu besprechen sei, und fragte, wer anfangen wolle. Stefan und Sabine waren sich einig, dass Henriette mit ihren Neuigkeiten beginnen solle.

Also berichtete sie von ihrem Paris-Besuch und wie sie von Azmeras Schwester abgeblockt worden war. Dass Karl dabei gewesen war, ließ sie unerwähnt. Dann schilderte sie ihre Telefonate mit Frau Stanjowski und Dr. Reuber. Es gebe noch diese letzte Chance. Morgen wisse sie mehr.

Sabine äußerte Verständnis für Azmera: »Was hätte sie schon davon, mit uns zu reden? In erster Linie zusätzliche Probleme, möchte ich meinen. Ich komme gleich noch einmal darauf zurück. Auf den Fußballspieler bin ich sehr gespannt.«

Stefan sagte gar nichts und schaute enttäuscht in seinen Lungo.

Henriette sah Sabine an: »Dann mach du doch bitte weiter. Worauf wolltest du zurückkommen?«

»Gleich! Zunächst einmal: Die Juristen sind über das Doping-Gesetz sehr verschiedener Meinung. Die eine Seite vertritt die Ansicht, dass es nicht Aufgabe des Staates sei, Regeln des Sports zu beschützen. Und zur Gesundheit fragen sie, warum nur einige wenige Leistungssportler vor sich selbst geschützt werden sollen, aber zum Beispiel nicht der Normalbürger vor seinem überhöhten Alkoholkonsum.

Die andere Seite bewertet das Gesetz positiv, weil der Sport alleine anscheinend nicht in der Lage ist, das Problem wirksam zu bekämpfen. Auf dieser Seite gibt es außerdem eine zunehmende Zahl von Vertretern, die eine Kronzeugenregelung im Doping-Gesetz für notwendig halten. Und das leuchtet mir ein. Wenn Azmera Yifter als Kronzeugin aussagen und ihr Straffreiheit zugesichert würde, hätte sie schon mal weniger zu befürchten. Wenn sie darüber hinaus noch Personenschutz erhielte, stiegen die Chancen auf eine Aussage noch weiter. Das wäre zusammengefasst das Resultat meiner Recherche.«

»Super Ergebnis«, lobte Henriette. »Die Kontra-Position leuchtet mir sehr ein. Der Leistungssport definiert für sich Fairnessregeln, um sein Sauber-Image besser vermarkten zu können. Dann schafft es dieser Leistungssport nicht, die Einhaltung der selbst aufgestellten Regeln zufriedenstellend zu kontrollieren, und jetzt soll es der Staat richten. Und wenn es schon ein Gesetz gibt, dann bitte mit Kronzeugenregelung, sonst wird da wenig passieren. Könntet ihr das so mit vertreten?«

Stefan merkte an: »Ja, aber was bedeutet die Kronzeugenregelung für mögliche Zivilklagen? Falls also zum Beispiel Werbepartner wie Adidas ihre bezahlten Gelder zurückfordern, wenn das Doping der Sportler bekannt wird?«

»Gute Frage, weiß ich auch nicht«, antwortete Sabine.

»Na schön, vorläufig bleiben wir aber bei dieser Zusammenfassung. Und was gibt es bei dir Neues?«, fragte Henriette Stefan.

»Ich glaube, dass das Thema jetzt vorläufig ausrecherchiert ist. Ich habe nichts Neues mehr gefunden.«

»Okay«, meinte Henriette. »Dann fang doch schon mal an zu schreiben. Wir bleiben bei dem geplanten Umfang. Ich schreibe auf jeden Fall einen ersten Teil zum Doping, ob mit konkretem Fußballer oder ohne. Außerdem entwerfe ich eine kurze Einleitung und die abschließende Zusammenfassung. Wenn wir die Manuskripte bis Dienstagabend rumschicken und wir den Mittwoch zum Lesen und Korrigieren nutzen, könnten wir versuchen, am nächsten Donnerstag fertig zu werden. Was meint ihr?«

Sabine nickte. »Ich habe ja nichts zu schreiben, oder?«

»Richtig«, meinte Stefan mit einem vorsichtigen Grinsen, »aber am Mittwoch hast du dafür am meisten zu tun. Ich würde nämlich vorschlagen, dass du aus unseren Bausteinen ein Gesamtmanuskript erstellst. Vielleicht könntest du dich außerdem mit Elsbeth bis dahin um die Story zur Ämterhäufung kümmern, einen ersten Entwurf könnten wir dann in der darauffolgenden Woche besprechen.«

Sabine grinste unverkennbar zurück, stimmte aber zu, und auch Henriette nickte: »Gute Idee, so machen wir's.«

Alles war gesagt. Als sie wieder allein war, machte Henriette sich einen weiteren Lungo und rief ihren Vater an.

»Hallo, Papa, wie sieht es denn heute mit meinem Besuch aus? Wann soll ich kommen?«

»Können wir uns heute lieber erst um 17 Uhr treffen?«, fragte er zurück. »Der Paul ist vor ein paar Tagen schwer gestürzt, und ich will ihn am Nachmittag im Krankenhaus besuchen.«

»Ach, du lieber Gott. Okay, bestell bitte gute Besserung von mir. Soll ich Kuchen mitbringen?«

»Nur für dich selbst, wenn du möchtest. Für mich ist das zu spät für Kaffee und Kuchen. Aber ich freue mich auch so über deinen Besuch.«

Sie dachte kurz darüber nach, was Pauls Sturz wohl für ihren Vater bedeutete, verschob das Thema dann aber auf ihren Besuch und begann, die Einleitung zu schreiben. Gegen 16 Uhr war sie mit einem ersten Entwurf fertig und hatte noch einen Teil ihres Doping-Parts geschrieben. Sie verließ ihr Büro, meldete sich in ihrem Sekretariat für morgen ab, parkte beim Türken und kaufte ein paar Bohnen, eine rote Paprika und zwei Kartoffeln für ihre Gemüsepfanne ein. Sie nahm noch eine Tüte Schalotten, einige Knoblauchknollen, Ingwer und drei Limetten mit. Dann fuhr sie nach Kirkel und stellte ihren kleinen Peugeot vor dem Haus ihres Vaters ab. Es war noch vor 17 Uhr, aber er war schon da.

»Wie geht es Paul?«, fragte sie als Erstes.

»Nicht gut«, antwortete ihr Vater.

Er sah ziemlich angefasst aus, das war selten.

»Paul hat sich den Oberschenkel gebrochen. Es ist ein ziemlich glatter Bruch. Sie haben ihn genagelt, und in den nächsten Wochen kann er wohl das Krankenhaus verlassen. So weit, so gut.«

»Aber das hört sich ja gar nicht so schlimm an, finde ich.«

»Das Problem ist, dass er kaum wieder richtig sicher wird laufen können, weil er einfach zu schwach ist. Das sagen jedenfalls die Ärzte. Und wenn er zum Beispiel nicht mehr alleine aufs Klo gehen kann, braucht er eine dauerhafte Pflege, weil Lena das nicht schafft. Der Paul ist ein schwerer Kerl. Dazu kommt noch die zunehmende Demenz. Er weiß nicht, dass er im Krankenhaus ist, geschweige denn, warum. Es nutzt auch nichts, ihm das zu erklären. Nach zehn Minuten geht es wieder von vorne los: Wo bin ich? Warum bin ich hier?«

»Ach, du lieber Gott. Das ist ja denn doch ziemlich gruselig.«

»Ja, das ist es. Und die Ärzte empfehlen, ihn nach dem Krankenhausaufenthalt in ein Pflegeheim zu geben.«

»Das hört sich verständlich an, nach dem, was du berichtest hast. Was sagt denn Lena dazu?«

»Lena ist am Boden zerstört. Ihren Paul in ein Pflegeheim zu geben kann sie sich nicht vorstellen. Aber sie weiß auch, dass sie das zu Hause nicht schaffen kann. Auch nicht mit einer Pflegehilfe. Was ist denn, wenn Paul nachts aufs Klo muss? Wer soll das machen?«

»Tja, und was macht das mit dir?«

»Ich sorge mich um Lena. Paul kriegt nicht mehr viel mit. Das hört sich vielleicht komisch an, und ich will auch, dass er möglichst wenig leidet. Ich glaube, dass ein Pflegeheim für ihn grundsätzlich das Richtige ist. Die Frage ist nur: welches? Wo gibt es genügend Personal? Wie gut ist die Qualität? Wann bekommt er dort einen Platz? Verstehst du? Selbst wenn Lena sich grundsätzlich für ein Pflegeheim entscheiden würde, sind die Probleme noch nicht im Ansatz gelöst.«

»Wie sieht es denn bei den beiden finanziell aus?«

»Paul bekommt eine gute Pension, und Lena hat noch etwas Rente dazu. Und dann haben sie noch einiges auf der hohen Kante, glaube ich. Solange das kein Luxus-Pflegeheim ist, sollte es kein Problem darstellen, den Pflegekassenteil selbst noch etwas aufzustocken.«

»Das ist ja beruhigend. Ich werde mal ein wenig recherchieren, mit dem Ziel, zwei bis drei Pflegeheime in der Umgebung herauszufinden, die halbwegs gut bewertet sind. Vielleicht kannst du denen dann mit Lena mal einen Besuch abstatten. Was hältst du davon?«

»Das wäre wirklich hilfreich. Aber ob Lena sich für diesen Schritt entscheidet, ist noch nicht klar. Ich glaube allerdings, dass kein Weg daran vorbeigeht. Also, vielen Dank schon mal.«

Henriette hatte noch andere Gedanken über Lena und ihren Vater, hielt sich aber zurück. Sie fand es nicht angemessen, jetzt danach zu fragen. Sie berichtete noch von ihren und Karls Überlegungen zum Thema Patientenverfügung, ohne allerdings das Heiratsthema zu erwähnen. Sie verabschiedeten sich, und Henriette sagte zu, in den nächsten Tagen anzurufen und von ihrer Recherche zu berichten.

Zu Hause gab es eine kleine Gemüsepfanne, und mit dem zweiten Glas Sauvignon begann Henriette ihre Pflegeheim-Recherche. Im Umkreis von zehn Kilometern um Kirkel fand sie knapp 20 Pflegeheime. Sie reduzierte die Zahl nach ihrem ersten und zweiten Eindruck auf zehn und beschloss, morgen Sabine um Hilfe zu bitten.

Dann setzte sie sich an ihr Doping-Manuskript. Als sie später auf die Uhr schaute, war es schon nach null Uhr, und sie beschloss, es gut sein zu lassen. Sie war mit den allgemeinen Passagen sehr weit gekommen, und jetzt musste sie abwarten, ob das mit dem Fußballspieler etwas werden würde.

— Merzig, Freitag, 14.10.2016

Lars saß früh in seinem neuen Büro. Seit 14 Tagen leitete er offiziell die Merziger Filiale des Familienbetriebs. Sie hatten einem alten ansässigen Buchhändler ein Angebot gemacht, das der nicht ausschlagen konnte. Einerseits war er schon in fortgeschrittenem Alter, und es war kein Nachfolger in Sicht. Andererseits hatten ihm die Schübels einen Euro-Betrag geboten, der 30 Prozent über dem Marktwert lag. Es war für beide Seiten ein gutes Geschäft, weil Lars nicht auf eine kurzfristige Rendite aus war. Er hatte genug Geld für diese Investition, und wenn damit eine Beteiligung am Familienunternehmen herauskam, die ihm langfristig ein gutes Auskommen und eine interessante Tätigkeit für sein neues Leben sicherte, waren ihm übliche Renditeüberlegungen völlig egal.

Er wurde von einem langjährigen Mitarbeiter seines Vaters, Harald Hartmann, unterstützt. Das jedenfalls war die offizielle Begründung der Zusammenarbeit. Eigentlich war es aber so, dass Harald mit drei weiteren Mitarbeitern die Arbeit machte und Lars ab und zu vorbeikam, um ihm über die Schulter zu gucken. Beide hofften aber, dass sich die Aufgabenverteilung bald ändern würde. Lars, weil er den Laden schon gerne wirklich führen wollte, wenn er sich dazu bereit fühlte. Harald, weil er lieber wieder in Dillingen arbeiten wollte, wo er wohnte.

In der Homburger Uniklinik hatten sie ihm vor knapp fünf Monaten einen Stent gesetzt. Das Gefäß sei noch nicht völlig verschlossen gewesen, aber ein Stent sei notwendig, hatte man ihm erklärt, und er hatte alles unterschrieben, was ihm vorgelegt worden war. Da man ihn vor Beginn des Eingriffs nicht konkret nach aktuellen Medikamenten befragt hatte, verschwieg er sein Doping. Auf dem Fragebogen hatte er ebenfalls nichts angegeben. Ein Gespräch über die Frage, ob sein Herzinfarkt etwas mit seinem Doping zu tun haben könnte, verbot sich deshalb von selbst. Er wollte es aber auch nicht wirklich genau wissen.

Erst nach dem Eingriff teilte ihm der behandelnde Arzt mit, dass ein kurzer stationärer Aufenthalt erforderlich sei, davon die erste Nacht auf der Intensivstation. Außerdem müsse Lars ab sofort lebenslang Aspirin einnehmen und zusätzlich für ein Jahr ein weiteres, die Blutgerinnung hemmendes Medikament.

Eine Fortsetzung seiner Laufbahn als Profifußballspieler war damit ausgeschlossen. Die Medikamente reduzierten das Thromboserisiko und erhöhten gleichzeitig das Risiko von Blutungen. Das betraf sowohl Blutungen innerer Organe als auch solche, die in Gliedmaßen durch äußere Einwirkungen hervorgerufen wurden.

Die folgenden Schritte waren klar gewesen, aber für Lars sehr schwierig. Er rief den Bundestrainer an und berichtete ihm kurz, wie es ihm ging. Der Bundestrainer reagierte besorgt und bestürzt. Er wünschte gute Besserung. Seit diesem Gespräch hatte Lars nichts mehr von ihm gehört.

Er rief anschließend Axel an und erklärte ihm die Situation. Axel brauchte eine Weile, bis er verstanden hatte, wie es um Lars stand. Dann fragte er ihn, was er tun solle.

»Ich denke, dass es um eine Vertragsauflösung mit Paris geht. Und kündige bitte auch mein Appartement und verkaufe alles. Versuch doch bitte, das hinzukriegen. Ich schicke dir die ärztlichen Unterlagen.«

»Das wäre aber so schnell nicht nötig. Du bist da vertraglich abgesichert.«

»Gut zu hören. Aber ich möchte Nägel mit Köpfen machen. Das ist für beide Seiten besser. Vielleicht kannst du diese Absicherung irgendwie in die Verhandlungen zur Vertragsauflösung einbauen, meinst du nicht?«

»Okay, ich werde es versuchen. Dann bleibt mir nur noch, dir gute Besserung zu wünschen.«

»Danke dafür. Aber wir brauchen dann auch noch eine Vertragsauflösung für uns beide, oder?«

»Ja, stimmt, aber mach dir darüber keine Sorgen.«

Zwei Wochen später hatte er von Axel die Unterlagen zur Vertragsauflösung mit Paris bekommen. Axel hatte erfolgreich verhandelt. Das Appartement war gekündigt und die Möbel verkauft. Von den Parisern hatte sich bis jetzt der Trainer einmal direkt bei Lars gemeldet, das war ein angenehmes Gespräch gewesen. Gewundert hatte er sich über den Anruf eines Spielerkollegen, mit dem er eigentlich nicht viel zu tun gehabt hatte. Es war kein weltbewegendes Gespräch, aber Lars hatte sich trotzdem gefreut.

Wieder eine Woche später lag auch die Vertragsauflösung mit Axels Beratungsfirma vor. Formal war jetzt alles in Ordnung.

Er wollte nicht mehr nach Paris zurück. Der Plan, in das Geschäft seiner Eltern einzusteigen, war schnell entstanden. Es gab einige mögliche weitere Standorte im Saarland, und sie bemühten sich intensiv. In dieser Zeit wohnte Lars in Rehlingen in einer Pension. Er konnte sich nicht vorstellen, bei seiner Schwester oder seinen Eltern zu leben.

Als sich die Übernahme des Merziger Buchladens abzeichnete, suchte er dort in der näheren Umgebung nach einem Haus und fand eines im Zentrum, knappe 500 Meter vom Laden entfernt. Es lag an einer ruhigen Seitenstraße, war ausreichend groß, auch für eine mögliche zukünftige Familie, und hatte eine Terrasse mit einem kleinen Garten nach hinten. Der Kaufpreis, die Renovierungsarbeiten und die Einrichtung verschlangen noch einmal einen Teil seines erspielten kleinen Vermögens. Es war ihm klar, dass er allmählich ein wenig auf sein Geld achten müsste. Noch hatte er ein gutes Polster, aber das sollte auch so bleiben. Wer wusste schon, ob das in Merzig wirklich gut gehen würde. Also warf er den Porsche-Prospekt zum Altpapier und kaufte sich ein gebrauchtes Saab-Cabrio.

Gesundheitlich ging es ihm besser. Er hatte seit dem Eingriff keinerlei nächtliche Schmerzattacken mehr gehabt. Die Herzrhythmusstörungen waren sehr selten geworden. Er joggte regelmäßig, anfangs sehr vorsichtig, nach einem individuellen Trainingsplan mit klaren Herzfrequenz-Obergrenzen. Inzwischen lief er nach Gefühl. Richtig unangenehm waren die Nebenwirkungen des Medikaments zur Hemmung der Blutgerinnung. Jeder kleinste Stoß an den Armen oder Beinen hatte sofort ein riesiges Hämatom zur Folge, das darüber hinaus auch noch wochenlang zu sehen war. Einmal hatte er morgens Blut im Stuhl und machte sich ziemliche Sorgen. Zum Arzt wollte er aber nicht sofort. Nach drei Tagen war glücklicherweise alles wieder okay. Aber diese Erfahrungen machten ihm deutlich, dass an eine Fortsetzung seiner Profikarriere tatsächlich nicht zu denken war.

Er hatte anfangs kurz überlegt, ob er nicht einfach ein Jahr aussetzen und danach einen Neuanfang starten sollte. Aber er wusste, dass dieser Neuanfang sehr schwer werden würde. Ohne Dr. Enrico brauchte er es gar nicht erst zu versuchen. Ein Jahr müsste er einkalkulieren, um wieder sein früheres Niveau zu erreichen. Die Frage war auch, welcher Verein sich auf ein solches Experiment überhaupt einließe. Und was die Ärzte grundsätzlich dazu sagen würden, wusste er auch nicht.

Lars hatte auch nie gefragt. Im Grunde war ihm klar, dass mit dem Fußball Schluss war. Manchmal hatte er sogar das flüchtige Gefühl, dass dies die Chance war, zu einem normalen Leben zurückzukehren, bevor es zu spät sein könnte.

Sein Telefon klingelte. Es war Dr. Reuber.

»Hallo, Dr. Reuber, das ist aber eine Überraschung.«

»Hallo, Lars, wie geht es dir?«

»Das kommt darauf an. Was wissen Sie denn?«

»Ich glaube schon, dass ich so halbwegs auf dem Laufenden bin. Mit der juristischen Beratung deiner neuen Filiale habe ich zwar nichts zu tun, das macht ja jetzt dein Schwager, und das ist auch völlig in Ordnung. Aber mit deinem Vater habe ich noch regelmäßig Kontakt. Und jetzt hat mich Ulli angerufen.«

Lars brauchte ein paar Sekunden.

»Ulli?«, fragte er zurück. »Woher kennen Sie Ulli?«

»Kennen tue ich sie gar nicht. Aber sie wusste offensichtlich von mir und hatte auch meine Telefonnummer.«

»Ja, das kann sein, dass ich einmal von Ihnen berichtet habe. Was wollte sie denn?«

»Es geht um eine Medien-Anfrage. Eine Zeitungsjournalistin interessiert sich für die Situation von Fußballprofis. Und sie dachte, dass du vielleicht zum Abschluss deiner Karriere etwas zu sagen hättest.«

»Ach, du lieber Himmel! Und weshalb hat Ulli Sie eingeschaltet?«

»Das war ziemlich klug. Bis jetzt bist du völlig anonym. Zwischen uns gibt es ja nichts Offizielles, was man recherchieren könnte. Ich kann also mit der Journalistin verhandeln, sie kommt übrigens von der ›Neuen Saarbrücker Zeitung‹ und heißt Henriette Courgette, und erst wenn alles klar ist, taucht dein Name auf. Falls du grundsätzlich daran interessiert bist, schicke ich dir ein paar Materialien zu, also Kontaktdaten, Zielstellung und Interview-Themen. Außerdem schicke ich dir einen Vorschlag für unsere Veröffentlichungsbedingungen, aber dir muss klar sein, dass diese Bedingungen nur weich sind.«

»Ja, das ist mir klar. Wenn eine Nachricht mal draußen ist, nutzen Klagen wenig.«

»Genau! Letztlich bleibt es eher eine Frage des persönlichen Vertrauens.«

»Gut. Ich muss mal darüber nachdenken. Schicken Sie mir die Sachen doch bitte zu, ich melde mich dann noch im Verlauf des Vormittags.«

Zehn Minuten später hatte Lars die Unterlagen ausgedruckt. Er las sich alles durch, lehnte sich zurück und war eigentlich schon überzeugt. Diese Frau Courgette schien sich tatsächlich für das Leben von Fußballprofis zu interessieren, und da hatte er schon einiges zu berichten. Wenn dann auch noch die Schübelschen Buchhandlungen in der »Neuen Saarbrücker Zeitung« genannt würden, umso besser.

Er mailte Dr. Reuber eine positive Antwort und bot drei Termine an, alle in seinem Büro in Merzig: diesen Abend, Samstag- oder Sonntagabend, jeweils 19:30 Uhr. Nach einer Stunde hatte er die Bestätigung für den heutigen Abend.

— Merzig, Freitag, 14.10.2016

Henriette hatte heute etwas länger geschlafen. Mit dem ersten Lungo des Tages klickte sie sich noch in ihrem Schlaf-T-Shirt durch die Internet-Nachrichten. Gegen zehn Uhr klingelte ihr Handy. Es war Dr. Reuber.

»Guten Morgen, Frau Courgette, wenn Sie mit unseren Veröffentlichungsbedingungen einverstanden sind, könnte das Interview stattfinden.«

»Guten Morgen, Herr Dr. Reuber. Okay, Ich schicke Ihnen das Manuskript vor der Veröffentlichung zu. Ihre Antwort müsste allerdings ziemlich direkt erfolgen. Journalisten stehen immer unter Zeitdruck.«

»Das kann ich Ihnen zusagen.«

»Gut. Wann kann das Gespräch denn stattfinden?«

»Gerne schon heute Abend. Alternativ morgen oder übermorgen Abend.«

»Heute Abend würde für mich gehen.«

»Na, dann kommen Sie bitte heute um 19:30 Uhr in die Buchhandlung Schübel in der Hochwaldstraße 47 in Merzig.«

»Moment, ich muss mir das notieren.«

Henriette holte sich einen Block und notierte die Adresse.

»Okay, alles notiert. Ich werde pünktlich sein. Vielen Dank, Herr Dr. Reuber, Sie hören von mir.«

Damit waren die Internet-Nachrichten passé. Henriette googelte »Schübel Fußball« und las sich durch das üppige Material. Wenn es tatsächlich um Lars Schübel ginge, hätte sie einen absoluten Hochkaräter an der Angel. Dann fiel ihr ein, dass sie Sabine wegen der Pflegeheime um Hilfe bitten wollte, und rief sie an.

»Hallo, Sabine, ich würde gerne deine Recherche-Qualitäten anzapfen. Es geht um die Qualität von Pflegeheimen, ist aber privat für einen Bekannten meines Vaters in Kirkel.«

»Ja, ich glaube schon, dass ich da was herausfinden könnte.«

»Das wäre toll. Ich habe schon etwas herumgesucht. Es gibt im näheren Umfeld ungefähr 20 solcher Einrichtungen. Nach meinem Eindruck habe ich erst mal zehn im Topf gelassen. Ich würde dir die Daten dieser Heime mailen. Wäre das okay? Ich wäre dir sehr dankbar.«

»Wenn ich dir damit helfen kann. Ich würde mich heute Abend ransetzen und dir dann die Ergebnisse zurückmailen«

»Das wäre super. Vielen Dank schon mal.«

Es war gegen Mittag, Henriette duschte, zog sich an und ging zu Fuß Richtung St. Johanner Markt. Im »Thonet« aß sie einen Lachsteller und las ein wenig in der Zeitung, ohne sich auf eines der dort behandelten Themen konzentrieren zu können, dann ging sie zurück nach Hause. Eigentlich war sie die ganze Zeit in Gedanken schon in Merzig und bei der Frage, wie sie Lars Schübel dazu bewegen könnte, etwas über Doping im Fußball zu berichten.

Wieder zu Hause, überarbeitete sie ihr bisheriges Manuskript und schrieb einige neue Teile. Bis auf die Fußball-Passagen war sie schon ziemlich weit gekommen. Sie aß noch ein Käsebrot und machte sich um 18:30 Uhr auf den Weg. Punkt 19:30 Uhr klingelte sie an der geschlossenen Eingangstür der Buchhandlung. Es öffnete ein großer junger Mann mit dunklen Haaren und einem gewinnenden Lächeln.

»Frau Courgette, nehme ich an?«

»Korrekt. Und Sie sind Lars Schübel?«

»Auch korrekt. Dann kommen Sie mal rein.«

Er schloss die Eingangstür wieder, nachdem sie an ihm vorbeigetreten war.

Henriette schaute sich um. Es war ein ganz normaler Buchladen. Teilweise sah es frisch renoviert aus.

»Wir gehen in mein Büro«, sagte Lars, »oder wollen Sie vorher eine Führung durch das Geschäft?«

»Nein, danke. Nicht, dass ich es uninteressant fände, aber nachher fehlt uns vielleicht die Zeit.«

»Dann gehe ich mal voraus.«

Sie betraten einen kleinen Fahrstuhl.

»Der Laden geht über drei Etagen. In die vierte Etage kommt man nur per Schlüssel, dort sind die Büroräume.«

Oben angekommen, betraten sie Lars' geräumiges Geschäftszimmer mit Blick über die Merziger Altstadt. Er nahm Henriette die Jacke ab und wies auf einen Stuhl an einem kleinen Besprechungstisch.

»Nehmen Sie bitte Platz. Möchten Sie etwas trinken?«

»Nein, danke. Meinetwegen können wir gleich anfangen.«

Sie stellte ihr Aufnahmegerät auf den Tisch.

»Gut. Dann starten Sie mal.«

Sie stellte das Gerät an.

»Wann und wie sind Sie zum Fußball gekommen?«

Lars erzählte von seinen sportlichen Anfangszeiten. Nach einer Weile waren sie über Saarbrücken, Kaiserslautern und Frankfurt in Paris angekommen. Er schilderte auch einige Anekdoten aus der Nationalmannschaft, ohne das Ansehen der einstigen Kameraden zu lädieren. Der erste Teil des Gesprächs endete gegen 21 Uhr mit der Eröffnung der Merziger Buchladen-Filiale.

»Okay, Ihr Werdegang ist wirklich beeindruckend«, rundete Henriette diesen ersten Teil ab. »Wie sieht es denn in einer so bewegten Welt mit den Beziehungen aus?«

»Ach, da habe ich nicht so viel zu bieten. Das waren ein paar Beziehungen, die maximal ein Jahr hielten. Meist scheiterten sie an den vielen ausgebuchten Wochenenden. Da hatte ich ja kaum mal Zeit. Zum Schluss war da Ulli. Die haben Sie ja zumindest telefonisch kennengelernt, oder? Da war es genauso.«

»Ja, aber wir haben nur kurz miteinander gesprochen. Das scheint eine patente und kompetente Frau zu sein.«

»Das stimmt wohl, sie ist eben Journalistin«, lächelte Lars sie offen an.

Henriette fühlte sich kurz angebaggert und hatte das Gefühl, rot zu werden. Dann dachte sie an den Altersunterschied. Sie war mindestens zehn Jahre älter als er. Gut, sie fühlte sich nicht so, aber ...

»Entschuldigung! Habe ich etwas Falsches gesagt?«, unterbrach Lars ihre Gedanken.

»Nein, überhaupt nicht. Wieso?«

»Sie sahen irgendwie betroffen aus.«

Henriette musste wieder Oberwasser bekommen und entschied sich für die Offensive:

»Vielleicht sollten wir morgen Abend weitermachen, falls Sie noch einmal für mich Zeit hätten. Heute wird es sonst zu spät, fürchte ich.«

»Gerne. Dann treffen wir uns morgen wieder um 19:30 Uhr?«

»Gut. Morgen würde ich mich gerne über medizinische Aspekte mit Ihnen unterhalten, also etwa Verletzungen und wie Sie damit umgegangen sind und auch die medizinische Betreuung in den Vereinen. Und vielleicht können Sie mir auch etwas über Doping im Fußball berichten?«

Lars schaute sie irritiert an. Nach einer kurzen Pause sagte er sehr pointiert:

»Ich bin mir sehr sicher, dass ich Ihnen über Doping im Fußball nichts berichten kann.«

Er lächelte jetzt kein bisschen mehr.

»Und diese überraschende Wendung des Gesprächs gefällt mir ganz und gar nicht. Ob ich mich morgen noch einmal mit Ihnen treffen möchte, muss ich mir erst noch überlegen.«

Er stand auf, reichte ihr wortlos die Jacke und ging voraus zum Fahrstuhl. An der Eingangstür drehte Henriette sich zu ihm um:

»Es tut mir leid, wenn ich Sie mit der Doping-Frage bedrängt haben sollte.«

Lars ging nicht darauf ein, sondern sagte nur:

»Ich rufe Sie morgen Vormittag an.«

Dann schloss er grußlos hinter ihr die Tür.

Henriette blieb noch kurz im Auto sitzen, bevor sie losfuhr. Zuerst machte Sie sich Vorwürfe wegen ihres verbalen Überfalls. Aber dann wurde ihr immer klarer, dass es daran nicht gelegen hatte. Es war das Thema an sich, das ihn zu dieser Blockade veranlasste.

Gerne hätte sie sich jetzt mit Karl oder Roberta getroffen, um das aktuelle Geschehen zu besprechen. Aber beide Beziehungen waren nicht auf nächtliche Spontanbesuche ausgelegt. So fuhr sie nach Hause, sah bei einem Glas Sauvignon blanc noch etwas fern und ging dann ins Bett.

— Merzig, Freitag, 14.10.2016

Lars fühlte sich überrumpelt. Ob Ulli von dem offensichtlichen Doping-Interesse dieser Henriette Courgette gewusst hatte?

Na, egal. Er würde jedenfalls keinen Ton sagen und sich auch morgen nicht mehr mit ihr treffen. Die bisherigen Inhalte waren harmlos, sollte sie damit machen, was sie wollte. Und wenn der Buchladen genannt wurde, umso besser.

Reizen würde es ihn schon, mal mit jemandem über dieses Thema zu reden. Aber er hatte keinerlei Chance. Wenn er nur an seine letzten beiden Verträge dachte, wurde ihm leicht schlecht. Das könnte ihn ruinieren.

Schade, dachte Lars. Diese Henriette hatte ihm gefallen. Sie schien etwas älter zu sein als er, aber das störte ihn nicht. Er hatte schon überlegt, sie vielleicht nach dem zweiten Gespräch in Merzig zum Abendessen einzuladen. Aber das hatte sich definitiv erledigt. Es würde kein zweites

Treffen geben. Und Journalistinnen sollten ihm in Zukunft bitte vom Hals bleiben. Er machte sich auf den Heimweg.

Als er vor seinem Haus stand, stutzte er. Die Haustür war nur zugeschnappt. Er war sich sicher, dass er sie am Vormittag verschlossen hatte. Vorsichtig betrat er den Flur. Er schaltete das Licht an, es sah alles normal aus. Als er aber den großen Wohn- und Essraum betrat, bekam er einen Schock. Es sah aus, als hätte eine Horde Elefanten darin gewütet. Sie hatten nichts ausgelassen. Alles war kaputt.

Lars setzte sich auf die Reste eines Sessels. Was war hier geschehen? Wer hatte es auf ihn abgesehen? Gestohlen worden war anscheinend nichts. Sein nagelneuer großer Flachbildfernseher war noch da, aber eingeschlagen. Auch die neue Regalwand war völlig zerstört. Es gab buchstäblich nichts, was unversehrt geblieben war. Er konnte kaum normal denken. Nach einer Weile stand er auf, um sich die anderen Räume anzusehen. Es war überall genauso: die Betten zerschnitten, seine Kleidung zerrissen. Nur der Eingangsflur war noch intakt – und der große Spiegel im Bad. Auf dem stand in großen roten Buchstaben: »Don't talk too much!«

Jetzt verstand er.

Lars verließ sein Haus, schloss ab und rief bei seiner alten Pension in Rehlingen an. Ein Zimmer war glücklicherweise frei. Er würde morgen früh Harald anrufen, sich für den Samstag entschuldigen und dieser Frau Courgette absagen. Er würde ins Haus fahren, die Schrift vom Spiegel entfernen und dann die Firma anrufen, die den Innenausbau organisiert hatte. Die musste das Problem seriös und diskret lösen. Das kostete ihn wieder eine schöne Stange Geld, aber es musste sein. Außerdem würde er bei der Einbruchssicherung aufrüsten. Die Polizei würde er nicht einschalten, er wollte möglichst wenig Aufsehen erregen.

Er würde mit niemandem über die wahrscheinlichen Verursacher reden. Er war leider das Opfer schlimmsten Vandalismus geworden.

— Saarbrücken, Montag, 17.10.2016

Die Redaktionskonferenz lief glatt. Henriette berichtete über den Stand der Manuskriptarbeiten zum Thema Doping und Medikamentenmissbrauch im Sport. Sie kündigte die Endfassung für die kommende Woche an. Auch die Fortschritte des Beitrages »Ämterhäufung und Interessenkonflikte« wurden besprochen sowie Beiträge der anderen Ressorts.

Lars Schübel hatte am Samstag recht früh angerufen und ziemlich brüsk alle weiteren Gespräche abgesagt. Mit dem bisher Besprochenen könne sie machen, was sie wolle. Dann hatte er das Gespräch einfach beendet. Aber Henriette hatte mit nichts anderem gerechnet. Über das Wochenende hatte sie dann ihren Doping-Part und die anderen Manuskript-Teile, die sie übernommen hatte, fertig geschrieben.

Jetzt rief sie ihren Vater an. Von Sabine hatte sie eine E-Mail bekommen. Die zehn Einrichtungen waren von ihr auf jeweils einer Seite charakterisiert worden, es gab Qualitätsbewertungen und Preise. Henriette hatte sich schon per E-Mail bedankt und jetzt noch einmal mündlich. Diese Frau hatte schon ganz besondere Internet-Qualitäten.

Henriette nannte ihrem Vater die drei Einrichtungen, die ihr als am besten und preislich moderat erschienen. Zwei davon kannte er. Er bedankte sich und meinte, dass Lena sich bestimmt über die Hilfe freuen würde.

Am Nachmittag besorgte sie ein frisches Baguette, fuhr dann beim Türken vorbei und kaufte vier Merguez, ein paar Kartoffeln und einen Salat. Heute würde sie sich mit Roberta wieder am Ilseplatz treffen. Roberta hatte am Wochenende kurz angerufen und diskreten Gesprächsbedarf angemeldet. Die »Tomate 2« wäre dafür gänzlich ungeeignet. Dabei war Henriette aufgefallen, dass sie Roberta noch nicht von ihrem Paris-Besuch erzählt hatte. Das würde sie nachholen. Die Betten waren schon frisch bezogen.

Nach dem Training fuhren sie direkt zu Henriette. Duschen wollten sie hier. Das taten sie dann auch. Sie nahmen sich für die Körperpflege sehr viel Zeit, aber bald saßen sie mit den üblichen kurzen Sweatshirts an der Küchentheke. Henriette goss Sauvignon blanc ein und bat Roberta, den Salat zu waschen und die Vinaigrette vorzubereiten. Dann schnitt sie die Kartoffeln in dünne Scheiben und briet sie in einer großen Pfanne an. Als sie die erste Farbe angenommen hatten, gab sie die Merguez dazu, wartete, bis sie gut angebraten waren, regelte die Temperatur herunter und legte einen Deckel drauf.

»Was gibt es denn nun so diskret zu besprechen?«

»Na ja, eigentlich darf ich ja gar nicht darüber reden, aber du hältst ja die Klappe, oder?«

»Ich schweige wie ein Grab, das ist mein Beruf.«

»Ha, ha, aber bitte wirklich. Das ist kein Spaß. Es geht um einen prominenten Lokalpolitiker, der Gelder veruntreut haben soll.«

»Und was ist da Besonderes dran?«

Roberta stellte die Salatschüssel und zwei Teller auf den Tisch, Henriette kam mit Baguette und dem Besteck.

»Du bist mir ja eine schöne Zynikerin. Es geht um den Landtagspräsidenten und den Landessportbund, dessen Präsident er auch ist. Da ist richtig Sprengstoff drin.«

»Oha, und wann darf ich darüber schreiben? Wir sind gerade an einem Artikel über Ämterhäufung und Interessenkonflikte, das könnte ja passen.«

»Das ist alles noch völlig unter dem Deckel, und möglicherweise dauert es noch Monate, bis die Öffentlichkeit davon erfährt. Im Augenblick sind nur sehr wenige Personen eingeweiht. Aber ich sag dir als Erste Bescheid, wenn es nach draußen gehen darf. Und weißt du, worauf wir gerade gestoßen sind? Der Landessportbund hat den Aufenthalt von Azmera Yifter großzügig gesponsert. Kannst du dir das vorstellen?«

»Wahrscheinlich haben sie das als so etwas wie sportliche Entwicklungshilfe verbucht, oder?«

»Vielleicht, Genaues wissen wir aber noch nicht.«

Henriette holte tief Luft.

»Unser Paris-Besuch war übrigens nicht von Erfolg gekrönt. Die Schwester von Azmera Yifter hat uns völlig abgeblockt. Und am Wochenende ist dann auch der Fußballspieler abgesprungen. Dabei fing es vielversprechend an.«

»So, so. War er nett, der Herr Fußballspieler?«

»Ja, das auch«, gab Henriette zurück. »Und wir hatten ein ganz gutes Gespräch. Als ich dann aber nach Doping im Fußball gefragt habe, hat er direkt zugemacht. So ein bisschen erinnert es mich jetzt an das Gespräch mit Horst Medow, ich hatte dir davon erzählt. Plötzlich gingen die Lichter aus.«

»Ein Schelm, wer Böses dabei denkt. Und was wird jetzt aus dem Artikel?«

»Der ist eben ohne konkrete Aussagen von Leistungssportlern. Ich habe meinen Teil schon fertig. Am Donnerstag wird die Endfassung zusammengestellt.«

Der Salat war aufgegessen. Henriette räumte ab und goss die Gläser voll. Sie nahm den Deckel von der Pfanne, regelte die Temperatur hoch und ließ alles noch einmal richtig durchbrutzeln.

Roberta beobachtete Henriettes Aktivitäten aufmerksam und meinte dann: »Kalorienarm wird das heute wohl nicht.«

»Stimmt. Aber wozu haben wir denn sonst so hart trainiert?«

Als die Pfanne auf dem Tisch stand, waren die Gläser wieder leer. Henriette füllte nach. Sie diskutierten noch eine ganze Weile Robertas neuen Fall. Dabei rutschten sie immer weiter in mögliche politische Konsequenzen ab. Wenn der Landtagspräsident angeschossen wurde, war das nicht ohne. Dann brachte Henriette noch etwas Käse. Die Szenerien, die sie sich ausmalten, wurden mit fortschreitendem Abend immer kreativer.

— Saarbrücken, Dienstag, 18.10.2016

Die Zahlen der Studienanfänger waren jetzt da. Es waren eher 50 Prozent Zuwachs als die vermuteten 30 bis 40 Prozent. Aber die Zahlen waren nur vorläufig. Genaues wüsste man erst in der zweiten Semesterwoche.

Für Karl war es der ganz normale Wahnsinn. So chaotisch ging es schon seit Jahren zu. Immerhin war er mit seiner Planung auf der sicheren Seite. Er hatte die ersten Vorlesungstermine komplett vorbereitet und Informationsmaterial über die Prüfungsmodalitäten für die Studierenden ins Netz gestellt. Die Multiple-Choice-Klausur war fertig. Seine Mitarbeiter hatten gute Arbeit geleistet. Es gab sechs verschiedene Varianten, so dass Abkupfern sehr schwer würde. Die Klausurbögen sollten gescannt und automatisch ausgewertet werden. Das hatte zwar Entwicklungszeit gekostet, diese Zeit würde sich aber in den nächsten Jahren amortisieren.

Karl hatte Henriette am Sonntag angerufen und sie für heute zu einem Semesterferien-Abschluss-Fest eingeladen. Er hatte ein »bretonisches Menü« vorbereitet, wie er es nannte. Vielleicht war es nicht so richtig bretonisch, aber es sollte immerhin in Butter pochierte St. Jacques als Vorspeise, einen bretonischen Steinbutt, einen Turbot, mit Fenchel-Apfel-Gemüse als Hauptgang und Crème Brûlée als Nachtisch geben. Er hatte Henriette um »festliche Kleidung« gebeten, sie wusste, wie es gemeint war, und hatte darauf hingewiesen, dass es diesmal möglicherweise etwas später würde. Ob sie es so einrichten könne, am Mittwochmorgen die Chance zum Ausschlafen zu haben? Sie hatte zugesagt und Karl erklärt, dass sie das Doping-Manuskript schon am Dienstag an die Kollegen verschicken würde, dass dann am Mittwoch Sabine mit ihrer Arbeit dran sei und sie den Vormittag freinehmen könne.

Zehn Minuten nach 19 Uhr klingelte sie an seiner Tür. Draußen war es etwas frisch, sie trug einen leichten Mantel mit einem Schal. Als er ihr aus dem Mantel geholfen hatte, fiel ihm buchstäblich die Kinnlade herunter. Henriette trug ein knallrotes, knielanges Kleid mit einem äußerst tiefen Ausschnitt, dazu schwarze Pumps. Zusammen mit ihren schwarzen Haaren fand er sie einfach hinreißend.

»Da läuft mir ja das Wasser im Mund zusammen«, nuschelte er zwischen den langen ersten Küssen.

Er war auch feierlich angezogen. Bei ihm hieß das, dass er ein weißes Hemd trug. Henriette löste sich leicht und schaute an ihm herunter: »Nicht nur das, wie mir scheint.«

Sein Plan, den gemeinsamen Abend mit den Jakobsmuscheln einzuläuten, ging ziemlich schief.

Einige Zeit später saßen sie dann noch etwas erhitzt an seinem großen Esstisch und stießen mit Grauburgunder an. Henriette hatte ihr rotes Kleid und Karl sein Hemd wieder übergestreift.

Für die Jakobsmuscheln hatte Karl noch etwas Limettensaft an die Butter gegeben. Die Limettenbutter durfte nicht zu heiß werden, das war das Problem. Nach ein paar Minuten nahm er die St. Jacques heraus und drapierte sie mit einigen Rucolablättern auf die Teller. Es war köstlich.

Nach der Vorspeise strahlte Henriette ihn an: »Das war insgesamt eine wundervolle Einstimmung in den Abend.« Sie reichte ihm ihr leeres Glas, und er schenkte nach.

»Ich hatte es mir im Detail etwas anders vorgestellt, aber manchmal muss man eben flexibel sein.«

Karl gab ihr einen Kuss, räumte den Tisch ab, nahm einen Schluck aus seinem Glas und begann, Knoblauch und Schalotten zu würfeln.

»Was macht denn deine Semestervorbereitung?«, fragte Henriette.

»Die ist eigentlich schon in trockenen Tüchern.«

Karl schwitzte die Schalotten und den Knoblauch mit einigen Zweigen Rosmarin an, gab später Grauburgunder, Lorbeerblätter und etwas Ricard dazu und ließ das Ganze vorsichtig köcheln. Dann würfelte er den Fenchel.

»Genaue Studierendenzahlen gibt es zwar immer noch nicht, aber wahrscheinlich war die Idee mit der neuen Vorlesung genau das Richtige, es sollen circa 50 Prozent mehr Studierende werden als im vorigen Jahr.«

Karl fischte die Lorbeerblätter und den Rosmarin aus dem Sud, tat die Fenchelwürfel hinein und ließ alles weiter köcheln.

»Na, dann wünsche ich dir einen guten Semesterstart. Nächsten Montag geht es los?«

»Ja, aber die Vorlesung ist erst am Dienstag.«

Der Turbot war schon im Backofen, und zwar pur, ohne jegliche Gewürze, nur mit etwas Olivenöl. Karl gab jetzt noch Crème fraîche an das Fenchelgemüse, schälte einen Apfel, schnitt ihn in feine Spalten und gab sie dazu. Dann ließ er das Ganze mit geschlossenem Deckel ziehen.

Henriette tranchierte den Fisch und verteilte die Filets auf zwei vorgewärmte Teller, Karl tat das Fenchel-Apfel-Gemüse dazu. Dazu gab es etwas Baguette.

Als sie am Tisch saßen und den ersten Bissen des delikaten Fisches genossen hatten, fragte Karl: »Was hältst du davon, wenn wir im nächsten Sommer für zwei Wochen in die Bretagne fahren? Es ist zwar noch ziemlich weit hin, aber wenn wir ein schönes Häuschen mieten wollen, müssten wir bald buchen.«

»Das hast du jetzt geschickt eingefädelt, mir mit diesem himmlischen Mahl den Mund wässrig zu machen und dann so eine Frage zu stellen.«

»Zugegeben, das war leicht zu durchschauen. Aber was meinst du denn dazu?«

»Ja, das stelle ich mir sehr schön vor. Aber glaubst du denn, dass wir es 14 Tage am Stück miteinander aushalten?«

»Ach, ich bin da ganz optimistisch. Ich finde, wir sollten es mal probieren.«

»Gut, dann lass uns beim nächsten Mal nach einem geeigneten Zeitraum suchen. Ich habe jetzt meinen Kalender nicht dabei.«

Nach dem letzten Bissen meinte sie dann: »Ganz konkret hätte ich übrigens Lust auf einen Zwischengang.«

Sie stand auf und zog Karl zum Sofa.

Der Zwischengang dauerte etwas länger. Es war schon ziemlich spät geworden, aber da sie morgen ausschlafen konnten, machte das nichts, und sie setzten ihr Programm fort.

Henriette räumte den Tisch ab, Karl holte die vorbereitete Crème Brûlée aus dem Kühlschrank, streute etwas braunen Zucker darüber und hielt den Brenner darauf. Sofort entstand ein süßer Karamellduft.

Sie beobachtete das Geschehen: »Pass bitte gut auf, dass da nichts ankokelt.«

Karl lachte und servierte das Dessert mit zwei Tassen Espresso.

»Erzähl doch mal, ob das mit dem Fußballspieler geklappt hat«, sagte Karl.

Henriette berichtete von den Vorgesprächen mit dem Anwalt Dr. Reuber und dem Treffen mit Lars Schübel.

»Na, das wäre allerdings ein Knaller gewesen. Der Schübel war ja einer der Stars der Nationalmannschaft.«

»Das stimmt wohl. Aber weißt du was?«, fragte Henriette. »Für mich ist das Thema abgeschlossen. Kannst du dich noch an unser Gespräch neulich im ›Angelini‹ erinnern? Es ging unter anderem um Bundestagsabgeordnete und Alkohol. In diesem Sinne bin ich wirklich froh, dass die Journalistenvereinigung niemals beschlossen hat, dass wir nach Fertigstellung unserer Manuskripte eine Urinprobe abgeben müssen, um sie auf Koffein und Alkohol zu testen. Dann wären wir nämlich so ziemlich alle dran.«

Außerdem erschienen von Robert LeFaouët:

Tiefer Fall

Henriette Courgette (2): Medizinische Leitlinien

Medizinische Leitlinien sind unverzichtbare Entscheidungshilfen für Ärzte. Aber wer verfasst diese Leitlinien eigentlich? Welchen Einfluss nimmt die Pharmaindustrie?
Die investigative Journalistin Henriette Courgette deckt diese Zusammenhänge auf, und ein renommierter Mediziner stirbt.

Henriettes privates Beziehungsgeflecht muss eine harte Bewährungsprobe bestehen. Eine neue Nebenbeziehung entwickelt sich, eine andere zerbricht.

Außerdem erschienen von Robert LeFaouët:

Vierte Macht

Henriette Courgette (3): Journalistische Abgründe

Medien können eine enorme und gefährliche „Vierte Macht“ darstellen. Henriette Courgette, eine investigative Journalistin, nutzt diese Macht rücksichtslos für einen Feldzug gegen ihren Ex-Chef Mutschler, der in der Branche als ausgemachtes Arschloch gilt. Allerdings gibt es Kollateralschäden.

Henriettes erotische Beziehungen zu Karl und Roberta stabilisieren sich, dafür gerät ihr Verhältnis zu einer Toten in den Fokus. Wer war eigentlich ihre Mutter?

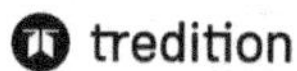

Zeitfracht Medien GmbH
Ferdinand-Jühlke-Straße 7
99095 Erfurt, Deutschland
produktsicherheit@kolibri360.de